現代コーポレートガバナンス

戦略・制度・市場

Corporate Governance

江川雅子
Egawa Masako

日本経済新聞出版

はじめに

「こんなレポートは迷惑だ。ワラント債はマイナス金利だから、有利な資金調達だと社内で説明しているのだから」

バブル時代の1988年、外資系投資銀行のバンカーとしてワラント債発行を予定している企業を訪問した際、財務部長さんにレポートを投げつけられんばかりに叱られた。ドル建てのワラント債の金利を円にスワップするとマイナスになるが、本来、資金調達コストの計算にはワラント（新株引受権）の資本コストも考えるべきだという内容だった。

国内企業同士の合併について、株価を踏まえると合併比率は7：3ぐらいになるが、対等合併にできないか、という相談を受けたこともあった。

ウォールストリートで経験したCFOとの会話との落差が、私にとってコーポレートガバナンスに関心を持つきっかけとなった。

2013年以降、コーポレートガバナンス改革が経済政策の重要な課題となり、官民の間で活発な議論が交わされている。そうした現在の状況は、1990年代からコーポレートガバナンスについて考えてきた筆者にとっては、隔世の感がある。

機関投資家も、ESG（環境・社会・ガバナンス）などの非財務情報や長期的な企業価値の向上に関心を寄せるようになった。企業経営者の意識も大きく変わった。ROE（自己資本利益率）や株主還元が増え、株価も上昇した。独立取締役の導入も進んだ。一連の改革は大きな意義があった。

一方、ルールや報告書が増え、制度面の要請をクリアしているか否かというチェックボックス的対応に追われるあまり、本質的な議論が十分にできていないという可能性はないだろうか。

最近、中期計画などでROEの目標値を開示する企業が増えた。ところが、資本コストに関する認識に、機関投資家と企業の間で大きな隔たりがある。生命保険協会の調査では、投資家の半数近くは、日本企業のROE水準は資本コストを下回っているとみている一方、企業側は4割以上が上回っていると答えている。無回答も含め自社の資本コストを把握していない会社が2割近くある。

投資家がROEに関心を持つのは、企業の資本コストを上回るリターンを上

げて企業価値を向上させてほしいと考えているからである。ROEは8％が目標とされているが、資本コストは各社で異なるので、本来は、自社の資本コストを上回る水準に設定すべきだ。2018年6月に改訂されたコーポレートガバナンス・コードは、資本コストを把握した上で経営目標を設定するように求めている。

仮に資本コストが10％なら、ROEが8％では企業価値を破壊していることになる。その場合、成長率が高いほどマイナスが大きくなってしまう。成長率が高いのはいつでも良いとは限らない。

このように、コーポレートガバナンスを考えるに当たっては、法令・規則の遵守や投資家からの要請への対応ばかりでなく、どのような規律付けのメカニズムが働くのか、それがどのように企業価値の向上につながるのか、という本質的な問題に焦点を当てる必要がある。

本書は、コーポレートガバナンスに関心を持つ社会人、学生を幅広く対象とする。2010年から続けている東京大学経済学部での授業と、現在教鞭を執っている一橋大学での授業・ゼミの講義ノートがもとになっている。さらに、取締役会や指名・報酬委員会で議論されるテーマや課題を取り上げ、社外役員を務める読者の参考になるように心掛けた。株式市場の改革に取り組んでいる政策担当者や市場関係者にも手に取ってもらえればと思う。

本書では財務戦略の重要な論点もカバーするように配慮した。企業金融や株式市場に関する最低限の知識は、今日のビジネスリーダーや起業家に不可欠となっている。もはや「財務は経理部長任せ」では済まない。

コーポレートガバナンスは学際的な分野だが、本書は主に経営学的な観点からコーポレートガバナンスについて概観する。本書の特徴は、①コーポレートガバナンスの議論の根底に流れる理論をわかりやすく解説している、②コーポレートガバナンスの主要な論点・テーマをバランスよくカバーしている、③理論ばかりでなく実践面でも役立つ内容を取り入れている、である。

第Ⅰ部でコーポレートガバナンスの理論や基礎となる考え方、第Ⅱ部で日本企業のガバナンスの変遷、を解説し、第Ⅲ部で個別のテーマについて、実務的な観点も踏まえて述べている。多様なテーマを俯瞰するようにしたため、深く掘り下げることができなかった部分もある。さらに深く学びたい方はそのテーマに特化した本で補っていただきたい。大学での授業をベースにしているので、一部の社会人にとっては常識となっている内容、企業財務の基礎的な知識も含

まれている。

　コーポレートガバナンスは、Never Ending Journey（終わりのない旅）だという人がいる。本書がコーポレートガバナンスの本質を見つめ、さらなる高みを目指すためのきっかけとなれば幸いである。

　本書の執筆に当たっては多数の方々に貴重な助言や支援をいただいた。一橋大学や他大学等の研究者、仕事で知り合った多くの方々から教えて頂いたことが本書に反映されている。紙幅の制約もありお名前を挙げることはできないが、一人ひとりに心より御礼を申し上げたい。東大の私の授業を2010年度に履修した槙野尚氏（みさき投資株式会社）は、原稿のすべてを丁寧に読んで有益なコメントをくださった。謝して感謝の気持ちを伝えたい。編集を担当された日本経済新聞出版社の堀口祐介氏には、数年越しのプロジェクトで大変お世話になった。私事になるが、私の良き理解者、相談相手である夫の宇野求に改めて感謝の言葉を贈りたい。

2018年11月

江川雅子

目　次

第 I 部
コーポレートガバナンスとは何か

第 1 章　コーポレートガバナンスの捉え方 …………………… 2
1. コーポレートガバナンスとは何か　2
　　コーポレートガバナンスの語源　／　コーポレートガバナンスの定義
2. 株式会社の歴史　6
　　大航海時代と初期の株式会社　／　有限責任と株式会社の発展
　　米国における巨大企業の誕生　／　専門経営者の台頭
3. コーポレートガバナンスに関心が高まった背景　13

第 2 章　コーポレートガバナンスの理論 …………………… 15
1. コーポレートガバナンスに関する問題提起　15
　　バーリとミーンズによる問題提起
2. エージェンシー理論　17
　　エージェンシー理論とは　／　エージェンシー理論が受け入れられた背景
　　エージェンシー理論に対する批判
3. 取引費用の経済学と不完備契約論　21
　　取引費用への着目と取引費用の経済学　／　不完備契約論
4. シェアホルダー・モデル　24
　　エージェンシー理論・不完備契約論の前提
　　シェアホルダー・モデルに対する批判
5. ステークホルダー理論　28
　　ステークホルダー理論の系譜　／　ステークホルダー理論の3つの側面
6. 従業員の役割と人的資産の重要性　32
　　人的資産への着目　／　従業員の役割と経営者支配

7. スチュワードシップ理論　34

第3章　**規律付けのメカニズム**　…………………………………… 36
　　1. 株主（株式所有構造）による規律付け　37
　　　　株式所有構造の変化と国による違い　／　大株主の役割
　　　　インサイダー株主による規律付け
　　　　アウトサイダー株主による規律付け
　　2. 取締役会による規律付け　45
　　　　社外取締役の機能　／　取締役会の規模・構成
　　　　社外取締役の属性　／　取締役会の意思決定
　　　　取締役会の実効性に影響を与える要因
　　3. 経営陣の報酬契約　51
　　4. 敵対的買収と会社支配権市場　53
　　5. 債権者及び負債による規律付け　55

第4章　**資本コストと資本政策**　………………………………… 58
　　1. 株式会社の価値創造と資本コスト　58
　　　　経営の効率性とエージェンシー問題
　　　　投資家の立場から見た株式の位置付け
　　　　株式会社の存在意義　／　資本コストの求め方
　　　　日本企業のROE水準　／　1倍を下回るPBRの意味
　　　　資本コストに対する企業と投資家の認識のギャップ
　　　　日本企業の株式の資本コストに対する考え方
　　2. 資本構成と負債によるガバナンス　67
　　3. 株主への利益還元とペイアウト政策　69
　　　　日本企業のペイアウトの動向　／　米国企業のペイアウトの動向
　　　　配当を決定する要因　／　自社株買いを決定する要因
　　　　ペイアウト政策に関する考え方の違いと今後の課題
　　4. 現金保有とリスク投資　76

第 II 部
日本企業のコーポレートガバナンスの変遷

第 5 章 日本の株式会社のしくみ …… 80
1. 株式会社の特質　80
法人格の具備　／　株主の有限責任　／　株式（持分）の自由譲渡性

取締役会への経営権の委任（所有と経営の分離）　／　株主による所有
2. 戦後の株式会社の仕組みと法的枠組み　85
会社法と金融商品取引法　／　会社の種類　／　株式会社の機関

株主総会　／　取締役　／　取締役会　／　代表取締役　／　監査役

監査役会　／　会計監査人
3. 監査役会設置会社　94
監査役の役割　／　監査役の役割の変遷

監査役会設置会社の事例──三菱商事

第 6 章 戦後日本企業のコーポレートガバナンス …… 99
1. 戦後日本企業の特徴と多様な資本主義　99
2. 従業員の重要性　103
日本企業における従業員の役割　／　歴史的背景

アンケート調査に見る従業員の重要性
3. メインバンク制度　107
メインバンク制度の歴史的経緯　／　メインバンクの役割（系列金融の利点）

メインバンク制度に対する評価

1980年代以降のメインバンク制度の変化
4. 株式持ち合い　113
株式持ち合いの実態　／　株式持ち合いの歴史的背景

株式持ち合いがコーポレートガバナンスに与えた影響

第 7 章 高まる株式市場と投資家の役割 …… 120
1. 株式市場がコーポレートガバナンスに果たす役割　120
株式上場の意義　／　機関投資家の重要性
2. 機関投資家の台頭　122

機関投資家の株式保有の拡大
機関投資家の種類――資金源による分類
機関投資家の種類――運用方法による分類
ウォールストリート・ルールからアクティビズムへ
3. 日本の経営者と投資家の関係　128
株主を重視しなかった戦後日本の経営者
経営者が株主を重視しなかった要因
より根本的な構造的要因　／　株式市場以外の要因

第8章　激変の時代――1990年代以降の改革 ……………… 137
1. 1990-2000年代のコーポレートガバナンス改革　137
コーポレートガバナンスに対する関心の高まり
コーポレートガバナンス改革の始まり
2002年商法改正と委員会等設置会社
モニタリング・モデルの導入
2. 2010年代のコーポレートガバナンス改革　144
日本再興戦略と「攻めのガバナンス」　／　スチュワードシップ・コード
コーポレートガバナンス・コード　／　会社法改正と監査等委員会設置会社
『伊藤レポート』とJPX日経インデックス400
3. 制度設計の多様化　158
3つの制度設計　／　3つの制度設計の比較
4. 企業経営者の姿勢の変化　161

第Ⅲ部
コーポレートガバナンスの実践

第9章　取締役及び取締役会の役割 ……………………………… 166
1. 取締役会改革の動向　166
取締役・取締役会の重要性
取締役会の監督機能の強化と社外取締役の増加

取締役の人数と任期　/　執行役員制度の見直し
2. 独立社外取締役の役割　170
　　独立社外取締役の機能——監督と助言
　　独立社外取締役の役割と社長の姿勢
　　独立社外取締役の実態　/　独立社外取締役の条件
　　独立社外取締役の選任プロセス　/　独立社外取締役の責任
3. 取締役会の運営　176
　　所要時間と議題　/　取締役会議長
　　取締役への情報提供と取締役の活動　/　独立社外取締役の貢献と連携
　　取締役会の実効性評価
4. 社長の選任と指名委員会　182
　　社長選任の重要性　/　社長の選任方法と課題
　　指名委員会の急増　/　指名委員会の役割
　　サクセッションプラン（後継者育成計画）

第10章　役員報酬と報酬委員会 …………………………… 191

1. 役員報酬の位置付け　191
2. 海外における役員報酬の動向　193
3. 株式報酬の類型　195
　　報酬価値の変動幅による分類　/　グラント、ベスティングの条件による分類
4. 日本の株式報酬制度　198
　　ストックオプション　/　株式交付信託　/　特定譲渡制限付株式
5. 報酬委員会の役割と制度設計上の留意点　203
　　報酬委員会の役割と運営　/　報酬委員会における役員報酬の検討
　　役員報酬の開示に関する規制　/　社外取締役に対する株式報酬

第11章　情報開示と内部統制 ……………………………… 209

1. 情報開示の重要性と必要性　209
　　情報開示のメリットとデメリット　/　情報開示の規制は必要か
2. 情報開示の種類と制度　212
　　法定開示　/　取引所の規則による開示（適時開示制度）
　　フェア・ディスクロージャー・ルール
3. インベスター・リレーションズ　216
　　インベスター・リレーションズとは　/　IRの目的と効果

インベスター・リレーションズ部門の活動
シェアホルダー・リレーションズ ／ 非財務情報の重要性と統合報告書
4. 内部統制とリスクマネジメント 221
会社法における内部統制 ／ 金融商品取引法における内部統制
リスクマネジメント
5. 内部監査と三様監査 227
内部監査の位置付け——独立性とダイレクトアクセス
3つのディフェンスライン ／ 三様監査

第12章 エンゲージメントと議決権行使 ……………………… 233

1. アクティビズムからエンゲージメントへ 233
アクティビズムとは何か ／ 機関投資家によるアクティビズム
エンゲージメントとアクティビズムの関係
エンゲージメントの手段 ／ エンゲージメントの課題
機関投資家と企業の視点の違い
2. ヘッジファンドによるアクティビズム 242
アクティビストの変遷 ／ アクティビスト・ヘッジファンドの特徴
日本企業とヘッジファンドのアクティビズム
ヘッジファンドに対する評価
3. 株主総会の変化と議決権行使 246
株主総会の変化 ／ 議決権行使の変遷 ／ 議決権行使助言会社
議決権行使結果の開示
4. 少数株主の権利 250
MBO（マネジメント・バイアウト） ／ 親子上場
5. 議決権の異なる株式 255
一株一議決権の法則と種類株式 ／ 優先株式
デュアルクラス・ストラクチャー ／ トヨタAA型種類株式

第13章 M&Aと買収防衛策 ……………………………………… 262

1. コーポレートガバナンスから見たM&Aの課題 262
買収案件に関する留意事項
2. 敵対的買収と株式公開買付 264
敵対的買収とは何か ／ 株式公開買付
日本における敵対的買収の事例

- **3. 米国の買収防衛策** 268

   買収防衛策を巡る判例の動向 ／ 最近の傾向——ライツプランの廃止

- **4. 日本の買収防衛策** 271

   日本企業による買収防衛策の導入

   買収防衛策に対する投資家の見方と企業の対応 ／ 買収防衛策の事例

第14章　企業を取り巻く多様なステークホルダー …… 277

- **1. 企業の社会的責任** 277

   CSRの変遷

   CSRの位置付けの変化——リスクマネジメントと価値創造

   企業の法人格と社会的責任 ／ 企業経営者の考え方の変化

   経営者の責任

- **2. ステークホルダーとの関係** 284

   ステークホルダーとの関係の深化 ／ 顧客に対する責任

   従業員への責任 ／ 株主（投資家）への責任 ／ ソーシャルライセンス

- **3. SRIとESG投資** 292

   SRI投資の歴史 ／ 責任投資原則 ／ ESG投資の現状

- **4. 非財務情報の重要性と統合報告書** 297

   非財務情報への関心が高まった背景 ／ 統合報告書

おわりに——21世紀の会社の姿 …… 303

参考文献 …… 306

第 I 部

コーポレートガバナンスとは何か

第 1 章

コーポレートガバナンスの捉え方

1. コーポレートガバナンスとは何か

　社長人事と指名委員会の役割、買収した海外子会社での不適切な会計処理、取締役選任議案に関する株主の反対、業績に連動する経営者のインセンティブ報酬、事業再編を求めるアクティビストからの提案——。これらはすべてコーポレートガバナンスに関わり、企業経営に甚大な影響を及ぼしている。

　私は、コーポレートガバナンスとはパソコンのOS（Operating System）のようなものだ、と説明している。OSが機能しないと、優れたアプリケーションソフトを導入してもうまく作動しないのと同様に、会社のコーポレートガバナンスが機能していないと、優れた経営戦略やマーケティング計画を導入しても企業価値は向上しない。コーポレートガバナンスは、企業経営の基盤を支えるプラットフォームのようなものだと考えると、なぜ経営に広範な影響を与えるのか理解できるだろう。

コーポレートガバナンスの語源

　歴史的に「コーポレートガバナンス」（Corporate Governance）という言葉や概念はいつごろ生まれたのだろうか。

　元来、「ガバナンス（統治）」は、国家や都市の支配や管理に係る法律的・政治的概念であった。だが、米国やドイツでは初期の株式会社の頃から、会社設立時の文書の議決権に関する規定に「統治」という法律的・政治的概念のアナロジーが用いられていた。つまり、株式会社のガバナンスという概念自体は、株式会社が成立した当初から存在していたことになる。

　一方、「コーポレートガバナンス」という言葉が、文献に現れたのは比較的新しく1960年のことで、Eells（1960：108）が嚆矢とされる（Becht et al.,

2003)。同書は、「『経営管理』については、われわれは多くを知っていたり、あるいは知っていると思っている」が、「企業に関する学問分野の中で、最も理解されていないものの一つ」が「企業統治」であると指摘し、"the structure and functioning of the corporate polity"（「企業の行政組織の構造と機能」）を意味する語として用いた[1]。

経営管理（Business Administration）は、目標を効率的に達成するために、組織の諸活動を調整・総括することを指す。これはマネジメントとも呼ばれ、主に会社内部の管理である。企業戦略の決定、経営資源の獲得・配分、組織管理と人材管理が含まれる。それに対して、コーポレートガバナンスは、外部の利害関係者（ステークホルダー）による経営者の規律付けを指し、外部のステークホルダーとの相互作用である。適切な経営者の選択、経営者の誘導と牽制、利害関係の調整を通じて実行される。

「ガバナンス」の語源について、イギリスの経営者キャドバリー卿（Adrian Cadbury）[2]は、次のように述べている。

> ガバナンスのラテン語の語源である "gurbernare" には、舵を取るという意味があり、その文脈に沿うと「指導する人物は船尾に静かに座して、めったに身動きしない[3]」を意味する引用句にたどり着く。ガバナンスは高圧的なものである必要はないし、またそうあるべきではないことを示唆した点には、私も大いに同感である。統治者は企業という船の舵を最小限に操作して、針路からはずれないように保つことができなければならない。

キャドバリー卿が1992年に取りまとめたコーポレートガバナンスに関する報告書は、キャドバリー報告書[4]と呼ばれ、その後のコーポレートガバナンスに関する議論に大きな影響を与えた。日本語にも「経営の舵取り」という言い回しがあるが、このコメントは企業の大きな方向性を決定するというコーポレートガバナンスの役割をうまく表現していると言えよう。

---

1) 訳語は企業制度研究会訳（1974）『ビジネスの未来像──協和的企業の構想』（雄松堂書店）による。
2) イギリス王室御用達の老舗食品メーカー、キャドバリー社（後にシュウェップスと合併してキャドバリー・シュウェップスとなった）の社長を24年間務めた後、1990年前後に立て続けに起こった大型の企業不祥事を受けて設置された委員会の座長を務め、コーポレートガバナンスに関する報告書（下記の注4参照）を取りまとめた。
3) Cicero, *De Senecture*（翻訳）

コーポレートガバナンスの定義

　コーポレートガバナンスの議論が盛んになった今日でも、この言葉の定義は必ずしも確立していない。一般的には「企業経営者を規律付ける仕組み」を指すが、どの側面に焦点を当てるかにより、見方が分かれる。以下にいくつかの定義を紹介する。

> 1) Shleifer and Vishny（1997）
> 株式会社に資金を提供した投資家がいかにして投資収益を確保するか
> 2) Cadbury（1999）
> コーポレートガバナンスは、経済的目標と社会的目標のバランス、個人の目標と共同体の目標のバランスをどのように取るかという問題に関係する。個人、企業、社会の利益を可能な限り一致させるのが狙いである
> 3) Tirole（2001）
> 経営者がステークホルダーの厚生を内部化するように誘導ないし強制を図るような制度のデザイン
> 4) 日本経済団体連合会（2006）
> 企業の不正行為の防止と競争力・収益力の向上を総合的にとらえ、長期的な企業価値の増大に向けた企業経営の仕組み
> 5) コーポレートガバナンス・コード（2014）
> 株主をはじめ顧客・従業員・地域社会等の立場を踏まえた上で、透明・公正かつ迅速・果断な意思決定を行うための仕組み
> 6) OECD（2015）[5]
> コーポレートガバナンスの目的は、長期的な投資、金融の安定及びビジネス秩序を促進するために必要な、信頼性、透明性及び説明責任に係る環境を構築することを手助けし、それによって、より力強い成長とより包摂的な社会をサポートすることである（前文）

---

[4] 1992年12月に公表された『コーポレートガバナンスの財務的側面検討委員会報告書（Report of the Committee on the Financial Aspects of Corporate Governance）』の通称。同委員会は、1991年5月に財務報告評議会、ロンドン証券取引所及び会計専門職業団体によって設置された。この報告書は、各国のコーポレートガバナンスの問題を検討する際、最も影響力を有する文献のひとつとされる。
[5] OECDコーポレートガバナンス原則は1999年に策定された後、世界中の政府や規制当局の基準としての役割を果たしている。2004年に見直しが行われた後、世界的な金融危機や金融情報インフラの進展などを背景に2013年から包括的な改訂が検討され、2015年9月に合意に至った。

これらの定義から、①株主の利益、ステークホルダーの利益のいずれに焦点を当てるか、②法令遵守（コンプライアンス）と経済的効率性の向上のいずれに重きを置くか、③事前の制度設計、事後の監督のいずれに焦点を当てるか、という3つの論点が浮かび上がる。

　株式会社はリスクの高い事業に取り組んで経済的価値を創造するための仕組みであり、企業価値の最大化を目的とする。この目的の達成のために、外部の関係者と経営者の間にどのような相互作用が必要かが議論のポイントとなる。

　①の株主の利益、ステークホルダーの利益のいずれに焦点を当てるかは、会社の目的や存在意義に関わり、長く議論の焦点となっている。経済学分野のコーポレートガバナンスのサーベイ論文、Shleifer and Vishny（1997）は、資金の提供者である投資家の利益に焦点を当てた定義を採用している。それ以外の定義は、幅広いステークホルダーの利益を対象としている。

　1990年代までは株主の利益に焦点を当てた定義が多かったが、近年、株主や投資家のみならず、ステークホルダーの利益も包含する見方が一般的である。企業の社会的責任に対する期待が高まった今日では、幅広いステークホルダーの利益も含めるのが適切と考えられる。

　②の法令遵守（コンプライアンス）と経済的効率性の向上のいずれに重きを置くかの論点に関しては、コーポレートガバナンスとコンプライアンスが同義のように理解されることがある。実際、日本でも海外でも、大型の企業不祥事がコーポレートガバナンスに対する社会的関心が高まるきっかけとなった。

　しかし、本来コーポレートガバナンスは企業価値の向上を目指すものである。コンプライアンスが確立していないと、企業価値が毀損される可能性があるので、コーポレートガバナンスはコンプライアンスを包含するとも考えられる。従って、「攻めのガバナンス」という語に象徴されるように、経済的効率性の向上というプラスの側面を意識することも重要である。

　③の事前の制度設計、事後の監督のいずれに焦点を当てるかはあまり議論されないが、どちらも重要である。株式会社の活動は、人、モノ、お金などの資源を調達・配分して事業を行い、生まれた利益を分配することである。つまり、資源の調達・配分、利益の分配が適切に行われるような制度を事前（ex-ante）に設計した上で、事後（ex-post）にうまく実行されたかをチェックして、改善する必要がある。つまり、コーポレートガバナンスの規律付けの対象として、事前の制度設計、事後の監督の両方を考えなくてはならない。

これらの論点を踏まえて、本書では、コーポレートガバナンスを「ステークホルダーの利益を最大化するために、経営者に資源と利益の効率的な配分を促し、それを監督する制度」と定義する。経営者の規律付けという観点から、市場での競争やマスコミの圧力などをコーポレートガバナンスに含める考え方もある。だが、これらは企業戦略、マーケティング、社会学などの学問分野で扱われてきたことから、ここではそれらは含めない。

2. 株式会社の歴史

コーポレートガバナンスについて考えるに当たっては、株式会社が歴史的にどのような経緯でできたのかを理解する必要がある。株式会社の仕組みは、長い歴史の中で時間をかけて出来上がってきた。有限責任制や所有と経営の分離は人類の叡智であると同時に、現代のガバナンスの問題を生じさせた原因でもある。コーポレートガバナンスを考察するには、これらの仕組みや歴史的経緯を踏まえなくてはならない。そこで、以下に株式会社の歴史を簡単に振り返る。

株式会社の淵源は必ずしもはっきりしていないが、古代ギリシアやローマには会社の原型のようなものが存在していた。紀元前にメソポタミアで行われていた商取引は、単純な物々交換の域を超えており、財産の所有関係を証明するための契約書も考案されていた。

紀元前2000年ごろに活躍したアッシリア人は、現代のベンチャーキャピタルファンドのような契約に基づいて投資を行っていた記録もあるという。これらの契約は、フェニキア人が海上貿易に活用し、地中海沿岸全域に広まった。海上貿易は、陸上貿易と比べて多大な費用と時間を要し、リスクも大きかったからである。

18世紀の法学者ウィリアム・ブラックストンは、「会社の発明者」という名誉はすべてローマ人のものだと述べている。第二次ポエニ戦争（紀元前218-202年）の頃には、何人かが一株ずつを所有して「ソキエタス」と呼ばれる会社を作り、兵士用の盾・剣の製造などを手掛けていた。また、職人・商人が集まって作る「コレギア」または「コルポラ」と呼ばれる公認のギルドも存在し、経営者を選んでいた。このように、ローマ人は、法人格、経営の委任、有限責任などの基本的な概念を生み出したのである。しかし、当時のソキエタスはまだ実体の乏しいものだった。

10世紀になると、複数の人の作る集団が、個々の成員と切り離された集合的アイデンティティを持つという考え方も芽生えた。1300年頃には複式簿記が導入され、やがて為替状による送金も始まった。出資者の有限責任制、公開市場で売買される株式の概念も次第に発達した。

大航海時代と初期の株式会社

16-17世紀の大航海時代には、貿易・植民地経営のために大規模な会社が設立された。これらの貿易会社は国王の勅許により一定期間の独占的営業権が与えられ、株主の私的利益を追求する一方、植民地会社として国家の利益を代表する役割を担っていた。初期の貿易会社は、航海の都度出資を募り、航海が終わる度に配当・清算を行っていたが、中世から引き継いだ仕組みに基づいて、出資者は有限責任で、株式は公開市場で売買されていた。

1600年に設立されたイギリスの東インド会社は、近代的会社の嚆矢とされている。それまでの会社は貿易商人の組合のような性格だったが、東インド会社は自前の従業員を持つジョイント・ストック・カンパニー（合本会社）として設立され、アジアの貿易に関して独占を許可された。同社は軍隊を持ち、広大な地域を支配したが、後にインドの植民地統治機関へと変貌し、インドに行政組織を構築して徴税や通貨発行を行い、法律に基づいて統治するようになった。350名以上の社員を擁し、274年間も存続したのである。

イギリスに対抗して、オランダも1602年にオランダ東インド会社を設立した。これは継続的な資本を持った世界最初の株式会社であり、株式会社の起源とされている。当時、インドネシアの香辛料を求める航海は、現代の宇宙探査と同じくらいリスクが高かった。リスクを回避するために、オランダの商人は国を発起人として共同出資する方策を選んだ。オランダ東インド会社はすべての航海を21年間継続する事業の一部と見なし、有限責任を明確に謳った。また、同社の株式は初めて常設の証券取引所で取引された。

初期の株式会社は帝国主義に利用されたばかりでなく、投機の対象になった。南海泡沫事件の発端となったイギリスの南海会社は、1711年にスペイン領アメリカと貿易を独占的に行うために設立された。同社は、本業の貿易活動は全く振るわなかったが、国債引き受け会社として成長した。1720年にイギリスの国債全額を南海会社が引き受けると公示されると、同社の株価はわずか数カ月の間に10倍にも高騰し、空前絶後の投機ブームが起こった。だが、南

海会社の倒産と信用危機により、同社の株価も急落した。政府は南海会社を事実上国営化し、投資家は莫大な損失を被った[6]。

1720年に泡沫会社禁止法が制定されたため、イギリスでは新たな会社の設立は困難となった。だが、植民地として開拓された米国では、株式会社がインフラ整備のために積極的に利用された。米国の各州は独占権を与えた特許会社を、大学、銀行、教会、運河、地方自治体、道路などを整備するのに用いたのである。

当初少なかった営利企業は、独立後に増加した。1800年当時、335の営利企業があったが、その3分の2はニューイングランドにあり、大部分は運河、有料道路などの運輸や銀行の分野で、製造業・商業は全体の4％にすぎなかった。これらの会社のほとんどは独占権を与えられていたが、政府はすぐに方針を変更して、特許権の内容を書き替えてしまうことで悪名高かった。しかし、1819年にダートマス大学と州が争った裁判で、最高裁はあらゆる法人は私権を有し、州が恣意的に特許状を書き替えることはできないとし、大学の法人格を認める画期的な判決を下した。

有限責任と株式会社の発展

19世紀以降、各国で規制緩和が進み、株主の有限責任が法律に明記され、国王の特許ではなく法律に基づいて、公共事業以外の目的でも会社を設立できるようになった（法律上の要件を満たしていれば会社の設立が認められるので、準則主義と呼ばれる）。出資者のリスクを軽減する有限責任に基づく会社は中世から存在したが、債権者からの批判も大きかったので、制度として確立されるのに時間を要したのである。

フランスでは1807年の商法典で、株式を売買できる新しい形態として、株式合資会社（societe en commandite par actions）が認められた。経営に関与しない出資者に有限責任が認められ、登記だけで会社を設立できるようになった。米国では、1830年に米マサチューセッツ州議会が、公共事業と関係のない会社にも有限責任の特権を認めた。

有限責任を巡って、イギリスでは1840年代、株式会社法制定の前後に大論

---

[6] イギリスの南海泡沫事件と同じ年に、フランスでも株式会社のガバナンスの問題が顕在化した。フランスでは、ミシシッピ会社が中央銀行を巻き込んだ詐欺で投機ブームを起こし、大混乱を招いた。

争が起こった。1844年に株式会社法が成立し、登記だけで株式会社を設立できるようになったが、有限責任を認めるという肝心の条項は含まれていなかった。そのため、1850年代前半には、コストがかさむにもかかわらず、約20のイギリスの会社がフランスの株式合資会社として設立されていた。

株式会社がフランスや米国に流出することを恐れたイギリス政府は、有限責任を認め、1856年株式会社法により、株式会社を自由に有限責任にできるようにした（銀行と保険会社を除く）。最低資本金もなく、要件は7人が定款に署名し、事務所を登記し、社名に「Ltd.（有限責任）」を入れて法的地位を明言することだけとした。6年後、同法を修正して包括的な1862年会社法が制定された。

その後、欧州の他の国も自由化に踏み切った。フランスでは1863年に株式会社の設立に準則主義を導入した。ドイツでは1870年に株式会社を簡単に設立できるようにした。

大規模な資本を必要とする鉄道は、規制緩和と株式取引の発展に大きな影響を与えた。イギリスでは、1830年にスティーブンソンのロケット号が世界最初の定期旅客鉄道として運行を開始した後、鉄道網が急速に拡大した。建設資金は政府と地元の実業家が提供したが、鉄道会社が優先株を発行するようになり、主に地方の取引所で売買された。1843年に創刊されたエコノミスト誌は、1845年にRailway Monitor欄を新設し、投資情報を満載した。

当時の株式会社は、現代のそれと比べると未熟で、投資家保護もほとんどなかった。例えば1900年まで監査報告書を提供する必要がなく、会社の財務諸表の信頼性も低かった。1897年のサロモン対サロモン社の判決までは、会社の独立した法人格も確立していなかった。この頃は、資本金の分割払込が一般的で、ロンドン取引所に上場されている会社の株価がマイナス値になったこともあった。

米国における巨大企業の誕生

米国でも、イギリスと同様に、鉄道網の拡大によって近代経済のインフラが整備され、投資家文化が発達した。建設には巨額の資金が必要だったが、主にイギリスからの投資によって賄われた。

1898年には鉄道株が米国の上場株式の60%を占めるようになった。当時の鉄道会社は資本金が少なかったので倒産が多く、ヴァンダービルトやモルガン

などの経営者はこれらを統合して整理した。鉄道により電報電話、郵便制度が大きく発展したばかりでなく、鉄道網を通じて広大な国は一つにまとまり、大量の貨物を早く確実に輸送できるようになったのである。

この結果、米国では第一次世界大戦までに巨大企業が現れ、経済が大きく拡大した。1913年には米国は世界の工業生産高の36％を占めるようになったのである（ドイツは16％、イギリスは14％であった）。この時代に誕生した巨大会社が現代米国経済の基礎を築くことになった一方、労働者が世界各地から米国の大都市に集まり、労働組合と反トラスト法が発達した。

鉄道会社は、近代的な会社の発展を支えたが、それ自体が最初の近代的株式会社として、主にイギリスから大規模な資本を調達し、多数の常勤の経営管理者を雇うようになり、会計制度や情報システムなど、近代的な経営手法が開発された。

小売業のシアーズ・ローバックは、1880年代にミネソタ州の小さな町で駅長をしていたシアーズが、通信販売から小売業を始めてチェーンストア事業に進出し、近代的な経営管理に基づく全米規模の大企業に発展させたものである。

製造業を営む会社でも、電気や内燃機関などの新技術を利用して製造工程が見直され、1920年代半ば以降、生産性が飛躍的に向上した。製鉄会社を設立し、鉄鋼王として知られるアンドルー・カーネギーは、工場にライン生産システム（流れ作業）を導入して、業務の標準化、規模の経済を追求した。また、何層もの管理者が、工場の現場管理、財務、販売、マーケティングなどを担当するヒエラルキー型の組織を築いた。

ライン生産システムを完成させたのはヘンリー・フォードである。コンベヤー、ロール式滑り台、重力式滑落装置などを導入した。T型フォードの製造時間は12時間から、1914年春には1時間半に短縮され、1日の生産台数が1000台に達した。

オハイオ州で石油精製業を営んでいたロックフェラーは、精製所の買収を通じて、1870年にスタンダード・オイルという株式会社を設立した。その後も石油業界の合理化を進めたが、1892年に州の最高裁が、同社が独占状態を形成しているという判決を下したため、89年に全米一自由な会社設立法を制定したニュージャージー州に移転した。他の会社もそれに続いてニュージャージー州に移転した結果、1901年までに1,000万ドル以上の資本を持つ米国企業

の3分の2が同州に移転した。

その後、各州間で大企業の誘致競争が起こり、企業にとって最も使い勝手の良い会社法を制定したデラウェア州が最終的に勝利を収めた。大恐慌までに、ニューヨーク証券取引所に上場する会社の3分の1以上が同州に本社を置くようになった。

19世紀末から20世紀初めにかけて、J.P. モルガンなどの金融資本が主導して合併ブームが起こり、製造会社が株式市場を利用して資金を調達するようになった。それまでは、製造会社は投資家からリスクが高いと見なされる一方、オーナーも自社の株を手放さず、家族や銀行借り入れを通じて資金を調達していた。

カーネギーは、1901年にカーネギー・スティールを4億8,000万ドルでモルガンらに売却したが、モルガンは同社を200社ほどの中小会社と合併させて、USスティールとして14億ドルで株式公開した。これ以降、製造会社が次々と株式公開するようになった。

専門経営者の台頭

1920年代には事業部制組織という革新的な管理手法が生まれ、会社の規模が飛躍的に拡大し、米国の大企業は大発展した。会社の規模が拡大すると、次第に家族や友人だけで経営するのが難しくなり、経営者を外部から雇うようになった。専門的経営者が登場し、株式会社の所有と経営の分離が徐々に進んだ。株式会社の主人公が、カーネギー、モルガンのような資本家から、専門経営者に入れ替わったのである。所有と経営の分離について初めて問題提起した、バーリとミーンズの『近代株式会社と私有財産』が出版されたのは1932年だったが、これについては次章で紹介する。

1923年にゼネラル・モーターズ（GM）の社長に就任したスローンは、専門経営者として有名になった最初の人物で、事業部制（デュポンが1920年に初めて導入）を取り入れた。一人の経営者がすべて管理するのは不可能だと考え、乗用車、トラック、部品など各事業単位を自律的な部門として独立させ、分権化を進めたのである。組織の最上層部10人の経営会議を設けて、そこで全社的な経営戦略を決定した。

スローンは個性に頼らない組織を築いて会社を拡張し、優れたマーケティング戦略を導入した。対照的に、自動車製造で先行したヘンリー・フォードはす

べて自分で管理しようとして失敗し、その結果、両社のシェアは1927年に逆転した。

事業部制組織や科学的な経営管理手法は、他の会社でも実践された。デュポンは、イノベーションを担当する部署を設けてそれを制度化した。コカコーラでは科学的研究に基づいて販路や広告を決め、売り上げを伸ばした。P&Gもマーケティングに資源を投入し、ブランドマネジメントを導入した。

科学的管理手法の重要性が高まるにつれ、経営の専門的知識への需要も高まった。19世紀後半のビジネス教育は、せいぜい秘書業務と簿記を教える程度であったが、20世紀初頭までにはビジネススクールが創立されて、マーケティング、企業財務などを教えるようになった。アーサー・D・リトルやマッキンゼーなどの経営コンサルタントも登場し、米国経営者協会も設立された。

1920年ごろまでに、専門的能力と会社への忠誠心という2つの特徴を備えた「カンパニーマン」像が形成された。1924年にIBMを立て直したワトソンはその典型だった。IBMは家族主義的な経営で知られているが、社員は終身雇用で会社に対する忠誠心が強く、取締役会は内部昇進者で占められていた。

1950年代から60年代にかけてはこのような会社が大部分を占めていたので経営者の地位も安定していた。株主ばかりでなく、顧客、従業員、地域社会など幅広いステークホルダーの利益に配慮し調整を行うのが経営者の役割であると考えられていた。海外への進出も加速し、規模の拡大、多角化も進んだ。

ところが、1970年代の企業業績の低迷や株価の下落により、利益を伴わない規模の追求や多角化に投資家の厳しい目が向けられるようになった。経営者は株主利益の最大化という目的を達成するための株主の「代理人」である、というエージェンシー理論が、投資家の懸念に対するわかりやすい説明の枠組みとして受け入れられ、コーポレートガバナンスに対する関心が高まった。その結果、80年代には株主価値向上のためのM&AやLBO[7]が盛んになった。

90年代以降、機関投資家の台頭やITバブルにより株主価値への傾斜が加速した。2001年エンロン[8]の粉飾決算・破綻を契機に、会計・監査・情報公開

---

7) Leveraged Buyoutの略。買収対象企業の資産やキャッシュフローを担保にして資金を調達して買収を行う。買収後は資産売却や経費削減によりキャッシュフローを増やして負債を返済する。
8) エンロンは米国のエネルギー会社で、90年代に急成長したが、2001年に粉飾決算が発覚し、当時米国市場最大の企業破綻となった（簿外資産を入れると400億ドル超と言われる）。同社の監査を担当していた全米有数の会計事務所、アーサー・アンダーセンは解散に追い込まれた。

などの制度が見直され、翌年サーベンス・オックスリー法が制定された。その後、2007～08年には米国の住宅バブル崩壊を契機とした金融危機（所謂「リーマン・ショック」）が起こり、金融機関のガバナンスに対する批判が高まった。

3. コーポレートガバナンスに関心が高まった背景

　コーポレートガバナンスが重視されるようになったのは、経営者の規律付けによって、経営の効率性を高め、企業価値を向上させることができると考えられているからである（Gompers, Ishii and Metrick, 2003）。

　1970年代以降コーポレートガバナンスに対する関心が高まった背景としては、特に以下の要因が考えられる[9]。
1) 所有と経営が分離した大企業において、株主が経営から疎外され、株主の利益が十分に保護されていないという認識が高まった
2) 企業は様々な利害関係者と関わりを持つ社会的存在であるとの認識が高まり、利害関係者の利益の調和を考慮した対応が不可欠となった
3) 資本市場の自由化・国際化により、機関投資家が「物言う株主」として行動するようになり、資本主義の影響が世界中に広まった。この背景には、年金基金の急成長、1980年代の米国のM&A急増、社会主義経済の崩壊と各国の国営企業民営化の動き、1998年のアジア危機、などが挙げられる
4) 企業の不祥事が相次いで顕在化し、法令遵守（compliance）の重要性が認識された

　コーポレートガバナンスの議論が最初に勃興した米国では、1970年代以降の日独企業の競争力向上、経営者報酬の急増なども、この問題に関心が寄せられるきっかけとなった。

　日本では1990年代以降議論が盛んになった。その背景として、上記に加え日本企業に特有の要因として、バブル崩壊後の企業業績の悪化と株価低迷、メ

---

9) Becht et al.（2003）, Blair（1995）, 大村・増子（2003）、小佐野（2001）、菊池・平田（2000）などによる。

● 図表1-1　日本の上場企業のROE（株主資本利益率）

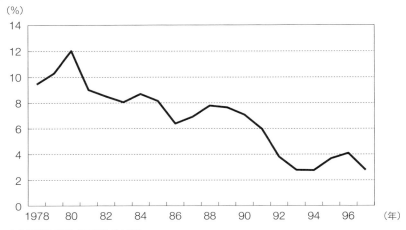

出所：東京証券取引所『証券統計年報』

　インバンクの影響力が低下し株式持ち合いの解消が進んだこと、グローバル競争の激化により経営の効率性が問われるようになったこと、株主代表訴訟手続きの簡素化により経営者が経営責任を問われる機会が増えたこと、などが挙げられる（詳しくは第8章第1節参照）。**図表1-1**に示すように、1990年以降、上場企業のROE（株主資本利益率）は大きく低下した。

第 2 章

コーポレートガバナンスの理論

1. コーポレートガバナンスに関する問題提起

　コーポレートガバナンスの問題は、17世紀初頭に株式会社が発足した時から始まったと言っても過言ではない。世界で最初の株式会社は1602年に設立されたオランダ東インド会社だったが、同社には出資者が1,000人以上もいたとされる（Frentrop, 2003：46）。

　アダム・スミスの『国富論』が出版されたのは1776年だったが、その中で、スミスは、経営者が必ずしも株主の利益に忠実に経営に当たるものではないと指摘した。

> 　こういう会社の取締役は、自分の金というより、むしろ他人の金の管理人であるわけだから、合名会社の社員が、自分自身の金を見張る時にしばしば見せるのと同じ鵜の目鷹の目でひとの金を見張るとは、とても期待できない。……だから、こういう会社の業務運営には、多かれ少なかれ怠慢と浪費がつねにはびこること必定である[1]。

　スミスはこのような指摘をしたものの、当時の会社の取締役・投資家について強い意見を持っていたわけではなく、当時、この問題は経済的・政治的にも主要な争点とはならなかった。

---

1) Smith（1838：訳書 pp. 83-84）．同書は、Joint Stock Company を「合本会社」、Private Copartnery を「合名会社」と訳している。

バーリとミーンズによる問題提起

　産業革命後、19 世紀には大規模な資本を必要とする会社が多数出現した。同世紀には法律で株主の有限責任が広く認められるなど、徐々に現代の株式会社に近い性質を備えるようになった。新興国アメリカでは、様々な事業を行うために株式会社が広範に用いられ、さらに発展し、規模も巨大になった。20 世紀初頭には投資家から広く資金を集め、鉄道・鉄鋼などの事業に投資する事業家が多く現れた。

　株式会社の規模の拡大、株主数の増加に伴って、外部から経営者を雇うことが増えた。その過程で、株主の会社経営に対する関心が薄れ、経営者の影響力が増大したが、それを「経営者による企業支配」として最初に指摘し、警鐘を鳴らしたのが、Berle and Means（1932）（邦題は『近代株式会社と私有財産』）である。法学者と経済学者によるこの研究は、その後の株式会社論やコーポレートガバナンス研究の展開に大きな影響を与えた。

　Berle and Means（1932）は、「支配」を「取締役会（または過半数の取締役）を選出する実際的権限」[2]と定義した上で、それは本来、所有に基づくものだったが、大企業では、株式の分散によって「法律的支配」(legal control)（議決権の過半数確保）では捉えきれない支配状況が現れており、経営者が「事実的支配」(factual control) を行っていると指摘した。同書の分析によれば、1929 年の米国の大企業 200 社（金融機関を除く）のうち、「経営者支配」として分類された企業は、全会社数の 44%、富の 58% を占めていた。

　分類に当たっては、最大株主の持株比率がおよそ 20% 未満の場合を「経営者支配」としたが、実際に「経営者支配」に分類された企業には、5% 以上の議決権を保有する大株主がいる会社は 1 社もなかった。すなわち、所有に基づかない支配、つまり「所有と支配の分離」が起きているという主張であった。

　「経営者支配」が広がったのは、専門経営者に経営を任せるケースが増えたのが背景だったが、当時、これを問題視する見方は少数派だった。法学者の間でも、会社は株主の利益ばかりでなく、従業員、顧客、社会の利益に配慮しながら経営すべきであると主張する研究者もいた。

　同じ 1932 年に Harvard Law Review に掲載された論文「経営者は誰の信託を受けているのか（"For Whom Are Corporate Managers Trustees?"）」

---
[2] Berle and Means（1932）。「支配」の定義は邦訳の pp. 88–89 より引用。

(Dodd, 1932)で、ハーバード大学教授のドッド（E. Merrick Dodd）は、経営者は従業員や顧客などを含めた幅広いステークホルダーの利益を追求すべきであると述べた。株主の利益を重視するバーリとの間で公開論争が繰り広げられたが、最後はステークホルダーの利益を擁護する立場に軍配が上がった[3]。つまり、会社法において、取締役（経営者）は株主以外のステークホルダーの利益に配慮することが認められている、と考えられていた。実際、1960年代までは多くの企業で、経営者は幅広いステークホルダーの利益に配慮して経営を行っていた。

「経営者支配」に関しては、その後ドラッカー、ガルブレイス、チャンドラーなどが経営学・経済学の観点から研究を続けた。それらは、株式会社の規模拡大や事業内容の複雑化により、高度な経営管理が求められるようになったことに着目したもので、経営者支配を肯定的に捉えた。

チャンドラーは「経営者企業」（managerial enterprise）という概念を打ち出して、トップレベルの経営者層に体現される企業経営に関する知識の集積を積極的に評価した。組織内部の知識は、市場より効果的な経済活動の調整メカニズムとして機能しうると考え、経営者の「見える手」が、アダム・スミスが唱えた「見えざる手」より優れていると主張した（Chandler, 1976）。

2. エージェンシー理論

エージェンシー理論とは

1932年のバーリとミーンズによる問題提起を受け継いで、1970年代になってコーポレートガバナンスの問題を論じたのは、Jensen and Meckling（1976）であった。企業を「契約関係の集合体の要」（a nexus of a set of contracting relationships）[4]と捉えて、企業を取り巻く利害関係者、特に経営者と株主の間の利害の衝突に焦点を当てた。

経営者は自分が経営する会社の事業内容や業績見通しについて詳しく知って

---

[3] 20年後の1954年に、バーリは自らの著書 The 20th Century Capitalist Revolution で、ドッドとの論争について、「ドッドの主張が明確に認められて決着がついた（少なくとも当面の間は）」と述べている。これはその前年に、ニュージャージー州最高裁が、企業の人道的な寄付活動を認める判決を出したからと考えられる。

[4] この企業観を最初に提示したのは Alchian and Demsetz（1972）である。

いるが、株主は必ずしもそうではない。このようにプリンシパル（依頼人、この場合は株主）とエージェント（代理人、この場合は経営者）が持っている情報量が異なることを、「情報の非対称性」があるという。

情報の非対称性があると、より多くの情報を持っているエージェントの裁量がふえるので、それを自らに有利に利用してプリンシパルに損害を及ぼすことがある。その結果、企業価値も減少することから、これを「エージェンシー・コスト」（agency cost）という[5]。

これらの経営者の行動は、モラルハザード、あるいは機会主義的行動と呼ばれる。例えば、株主は常時経営者を監督できないので、経営者が70%の経営努力しかしなかったり、公私混同したりしてもそれを見抜くことは難しい。経営者は本社ビルの建設やお気に入りの事業に過大な投資をしたりするかもしれない。また、自社の技術を利用して将来性のある新規事業に参入するチャンスがあるのに惰性で従来の事業だけを継続するのは、企業の成長機会を逃していることになる。株主はこの事業機会に気付かないかもしれないが、その結果、潜在的な企業価値が損なわれる。

Jensen and Meckling（1976）は、エージェンシー・コストは、株式・債券などの外部資本を導入することにより、必然的に発生すると述べた。エージェンシー・コストは、①エージェントを監視するための費用、②エージェントがプリンシパルとの絆を強化するためにとる行動に伴う費用（ボンディング・コスト）、③残余ロス、から構成される。①はプリンシパルが負担する。②は、エージェントが、情報格差をなくして自分自身への信頼を強化するためのコストであり、エージェントが負担する。例えば、会社の財務諸表を監査法人に監査してもらう、株主や金融機関に自発的に詳細な財務内容を開示する、などのコストが含まれる。③は①②でカバーされない費用である。

上記の考え方に基づいて、エージェンシー・コストを最小限にするために、プリンシパルにとって望ましい行動をとるインセンティブ（誘引）をどのようにエージェントに与えるかを考察する理論を「エージェンシー理論」と呼ぶ。Jensen and Meckling（1976）が端緒を開いたエージェンシー理論は、明快さ

---

[5] エージェンシー・コストは株主と経営者の関係にとどまらず、様々な段階で発生する。NPO、会員制の組織、業界団体など、メンバーと運営主体（執行部）が分離している組織には必ず発生する。また、投資信託の信託受益者とポートフォリオマネージャーの間、あるいは投資信託にファンドが組み込まれている場合、投資信託とファンドの間にもエージェンシー・コストは発生する。

とデータ分析の容易さから研究者の広い支持を得た。同理論に基づくコーポレートガバナンス分野の研究は1980年以降大きく進展し、実証研究が数多く行われた。

エージェンシー理論が受け入れられた背景

　1970年代の米国でエージェンシー理論が広く受け入れられ、コーポレートガバナンスに関心が高まった背景として、1960年代の合併ブーム[6]と70年代の業績悪化・株価下落が挙げられる。合併ブームではコングロマリットがもてはやされたが、株価が下落すると、コングロマリット・ディスカウント[7]が問題にされた。利益を伴わない規模の追求は、経営者による「帝国建設」（empire-building）として批判されたのである。

　経済学者のマリスと法学者のマンは、会社の支配権を巡る市場（market for control）、つまり敵対的買収により、会社は利益の最大化を図るように規律付けられると主張した（Manne, 1965；Marris, 1964）。しかし、当時、この見方は理論として受け入れられただけだった。

　1970年代に企業業績や株価が下落すると、多くの研究者はエージェンシー理論を支持した。業績悪化の原因は経営者が価値を生まない買収や帝国建設に走ったからで、敵対的買収やLBOはこれを早期に察知して修正したと考えた。特にジェンセンは、LBOでは株式保有の集中やキャッシュフローの制約により無駄な投資がなくなるので、ガバナンスが改善すると主張した[8]（Jensen, 1989）。

　敵対的買収は1982年ごろまではほとんどなく、アメリカでもそれを仕掛ける者は白い目で見られていた。ところが、抵抗感が次第に後退し、1980年代中ごろには主要投資銀行も敵対的買収の財務的支援を行うようになって、大型のLBOや敵対的買収が増加した。その結果、1980年代には敵対的買収の脅威が経営陣にとって現実のものとなった。

　エージェンシー理論は、株主は株式会社の所有者で、経営者は株主の代理人として株主の利益を最大化する責務を負っているとし、株主の利益を重視する

---

[6]　反トラスト法、税制による優遇、本業の成長の限界などを背景として、多くの企業が関連のない業界へ参入した。
[7]　多角化企業の価値が、個別の事業の価値の総和に比べて低く市場に評価されること。
[8]　LBOや負債のガバナンス効果については第3章第5節参照。

考え方（シェアホルダー・モデルといわれる）を前提とする。1960年代までの、会社は株主の利益ばかりでなく、ステークホルダーの利益に配慮すべきであるという考え方から、70年代以降、流れが大きく変わることになった。

エージェンシー理論に対する批判

　エージェンシー理論は、コーポレートガバナンスに関する理論として最も標準的、代表的なものだが、次のような問題点も指摘されている。

　第一は、原始的な個人企業を前提にした、プリンシパルとエージェントの二者間の契約という単純なモデルで、現代の大企業のコーポレートガバナンスを説明するのは無理があるという批判である。今日の株式会社の株主は分散し、投資の目的や時間軸も多様で一枚岩ではないため、現実に株主を代理することはできないと指摘されている。

　第二は、機会主義的な行動、モラルハザードなど、この理論が前提にしている自己中心的な人間観（性悪説）が妥当ではないという批判である。

　第三は、取締役は「株主」の「代理人」という見方は妥当ではないというもので、取締役が責任を負うのは会社であるという点と、取締役には裁量が認められているという点がポイントである。

　米国法においては、取締役は会社と株主の両方に対するフィデューシャリー・デューティ（Fiduciary Duty）を負うと理解されている（株主だけではない）。フィデューシャリー・デューティは日本語で信認（信任）義務、受託者責任などと訳されているが、簡単に言うと、受託者は委託者から一定の裁量を与えられる関係であり、委託者の利益のために行動しなければならない義務である。当初から、受託者に一定の裁量が与えられている点で、単なる「代理人」とは異なる。日本の法律でも、取締役は会社に対する忠実義務と善管注意義務を負っている。

　米国・日本の法律ともに、経営者（取締役・執行役）は会社の経営に対する責任を負うとする。さらに、経営判断について一定の裁量が認められており、これは「経営判断の原則」（business judgment rule）と呼ばれる。株式会社は不確実な情報に基づいて意思決定を行ったり、リスクのある投資判断をしたりする必要があるので、経営者を萎縮させないための考え方である。経営者が適切な情報収集や検討を経て下した経営判断について、それが著しく不合理なものでない限り経営者の裁量を認め、裁判所は立ち入らないとする。

経営判断の原則はもともと米国の会社法上の原則だが、多くの国に影響を与え、日本でも採用されている。このことからも、経営者（取締役・執行役）を委任された業務に対する裁量の余地がない「代理人」と見なすのは適切でないと考えられるだろう。

3. 取引費用の経済学と不完備契約論

　エージェンシー理論が指摘したコーポレートガバナンスに関する問題意識を引き継いで取引費用に着目したウィリアムソンは、資産特殊性に焦点を当てて、企業によるガバナンスの必然性とメカニズムを説いた（Williamson, 1985）。それを発展させたのが不完備契約論であり、所有権に基づくガバナンスのメカニズムを明らかにした。

取引費用への着目と取引費用の経済学
　近代経済学では、会社は単なる生産関数として扱われ、中はブラックボックスとされたので、なぜ会社が存在するのか、その内部でどのような活動が行われるのか、などについての考察はあまり進まなかった。20世紀にそれらの研究が大きく進展したが、会社の存在意義を明らかにしたのがロナルド・コースの取引費用（transaction cost）の理論である。
　市場を通じた取引が最も効率的だとすれば、なぜ階層的構造を持った会社の内部で経済的活動が行われるようになったのだろうか。そもそもなぜ企業が存在するのか。どの取引が市場を介して行われ、どの取引が組織を通じて行われるのだろうか。
　例えば、部品を組み立てて自動車を製造・販売する会社の活動のすべてを市場で行うとしよう。必要な部品、組み立てを行う労働者のそれぞれを市場から調達するには、それらの供給先を探索し、部品の品質や労働者のスキルをチェックし、毎回個別に契約を結ばなくてはならないので、膨大な手間と時間がかかる。このような場合、会社を組織して、部品会社や従業員と長期の契約を結ぶ方が、個々の取引にかかるコストを節約できるので効率的である。
　このように、市場での取引にかかる取引コストよりも会社を組織するコストの方が小さい場合に会社組織が選択される、というのがコースの取引費用理論である。コースの取引費用の概念は当初あまり注目されなかったが、後にウィ

リアムソンが着目したことで契約理論の研究者に広範な影響を及ぼした。

契約理論の研究は1970年代から盛んになった。それまでは市場経済を前提に議論が行われたが、実際の取引は完全市場では行われていないので、単に市場価格に着目するだけでは経済の動きを把握できず、個々の取引に応じて工夫された契約を分析する必要が生じた。そこで、契約理論が生まれたが、この「契約」は通常の意味より広義で、インセンティブを与える（アメとムチを通じて人を行動させる）仕組み全般を指す。契約理論では、主にどのような契約を結べば情報の非対称性から生じる問題を小さくできるかを考察した。前述したエージェンシー理論は、情報の非対称性、観察可能性が問題となるような、伝統的契約理論における一つのケースと位置付けられる。

しかし、実際にはすべての状況を想定して事前に契約に明記するのは難しい。そこで生まれたのが、新しい契約理論である。すべての状況を想定した契約がない状況、言い換えれば、想定外の事象が発生してから（事後的に）どのように対処するかを決定しなければならない状況、を出発点として、制度、法律、組織などがどのように契約を補完しているのか、あるいは補完すべきかをテーマとするので、不完備契約論（incomplete contract theory）と呼ばれる。これについては次項で詳しく述べる。

コースの問題意識を受け継いで取引費用の経済学（transaction cost economics）を生み出したウィリアムソンは、人間は合理的であろうと意図しても、認識能力の限界によって限られた合理性しか持ち得ないこと（限定合理性 bounded rationality）[9]や機会主義的行動などによって、完備・完全な契約を作成し実行させるのは不可能であると考えた。そこで、どのような場合に取引費用が大きくなるかを考察・整理して、取引の不確実性・複雑性、取引の生じる頻度、取引に必要な投資の特殊性が高くなるほど市場での取引よりも、その取引に特化した様式、つまり究極的には内部組織が適していると主張した。

先ほどの自動車メーカーの例に戻ろう。競争を前提とする市場取引では、契約もその都度行うので、従業員には、組み立て機械の操作に習熟するなどのスキルを蓄積するインセンティブがない。時間をかけて機械の操作に習熟しても、継続的に雇用される見込みがないからである。しかも、組み立て機械の操作というスキルを蓄積するための投資をしてしまうと、それを回収するには同じ自

---

[9] Simon（1947）で提唱された人間の認識能力についての概念。

動車メーカーで働くしかなくなってしまう。そのような弱い立場を自動車メーカーに利用されて、賃金の引き下げを要求されるかもしれないという恐れも、スキルを蓄積するインセンティブを失わせる。このような場合、会社を組織して従業員を長期に雇用することによって、従業員にスキルの蓄積を促すことができるので、市場よりも内部組織が適している。

この従業員によるスキルの蓄積のように、一度投資を行うとその費用を回収するには同じ企業との関係を継続する方が有利な投資のことを「関係特殊投資」(relationship-specific investment)という。また、上記の従業員が直面したような、関係特殊投資を行った者が、他の当事者から「関係を打ち切る」と脅かされて不利な条件を突き付けられる可能性が高まる問題は、「ホールドアップ問題」(「手を挙げろ」と銃を突き付けられることを指す)と呼ばれる。事前にすべての状況を想定した契約を結ぶことができない不完備契約と関係特殊投資(資産の特殊性)が共存しているために、ホールドアップ問題が起こる。

不完備契約論

ウィリアムソンが指摘した契約の不完備性、関係特殊投資の重要性に着目して、不完備契約から生じる問題の解決方法や企業の境界を考察したのが「不完備契約論」である。これは、Grossman and Hart (1980), Hart and Moore (1990)により提唱され、Grossman-Hart-Moore (GHM)理論ともいわれる。

契約が不完備な状況で関係特殊投資を促すためには、相手との交渉が必要となるが、その際に重要な役割を果たす権力は、所有権(より正確には「残余コントロール権」)から生じるとする。この「残余コントロール権」(residual rights of control)とは、あらゆる点で資産の利用をコントロールする権利である(ただし、契約・慣習・法律などで明示的に移転された権利を除く)。

例えば、資産をどのように利用するか決定する権利、資産への他人のアクセスを排除する権利、資産の形態を変化させる権利、資産を譲渡・売却する権利などである。通常、所有権は、「残余コントロール権」と「残余利潤請求権」から構成されると考えられる。しかし、不完備契約論では、残余コントロール権を企業にとって本質的な権利と見なす。これは、残余利潤請求権は、所有権を持たなくても契約によって取得できるが、残余コントロール権はそうではないからである(Hart and Moore, 1990)。

不完備契約論は、株主は物的資産を所有することにより取引を会社内に取り

込み、それにより残余コントロール権を獲得できるという前提に立脚している。つまり、物的資産をコントロールすることにより、それを使用する人的資産に対するコントロールも獲得でき、経営者や従業員による関係特殊投資を促すこともできるとするのである（Hart and Moore, 1990）。

残余コントロール権の獲得を通じて関係特殊投資を促した自動車業界の有名な事例として、GMとフィッシャー・ボディ社の関係がある。1920年代、GMは自動車の車体をフィッシャー兄弟が経営するフィッシャー・ボディ社から購入していた。自動車製造技術が進歩して、車体を木製から金属製に切り替えることになり、GMは新しい自動車組み立て工場に隣接して車体工場を建設するようにフィッシャー・ボディ社に要請した。そうすれば、フィッシャー・ボディ社の工場から車体を直接GMの生産ラインに移送できるからである。ところが、フィッシャー・ボディ社は、GMに過度に依存する事態を恐れてこの要求を拒否した。そこで、1926年にGMはフィッシャー・ボディ社を買収することによりこの問題を解決した。つまり、GMは別会社であるフィッシャー・ボディ社に関係特殊投資を行わせることができなかったので、フィッシャー・ボディ社を買収し、所有権（残余コントロール権）を手に入れることによって、自社の都合に合わせた投資を促したのである。

不完備契約論は物的資産の所有を重視し、企業を「物的資産の集合体」と定義している。このことから、不完備契約論の企業観は、「財産権理論」（The Property Rights Theory of the Firm）と呼ばれることがある。

4. シェアホルダー・モデル

エージェンシー理論・不完備契約論の前提

不完備契約論は、関係特殊投資を促すガバナンスの仕組みにおける残余コントロール権の重要性を指摘した。そこで前提となっている企業の目的は、株主の利益の最大化であり、この点はエージェンシー理論と共通している。エージェンシー理論、不完備契約論とも、経営者は株主の利益を最大化することが目的であるという考え方に基づいている[10]。この考え方はシェアホルダー・モ

---

[10] Jensen and Meckling（1976）は、株主との契約のみがopen-endedなので、株主価値を最大化することがすべての当事者にとって経済価値の増加に通じると主張した。Williamson（1985）は、株主の契約は、他のステークホルダーの契約に比べて保護が弱いので、株主の利益を保護すべきだと論じた。

● 図表2-1　損益計算書から見た株主の位置付け（イメージ）

出所：筆者作成

デル、あるいは shareholder primacy と呼ばれる（後者は「株主第一主義」「株主主権」などと訳される）。

　シェアホルダー・モデルが広まるきっかけとなったのは、ノーベル賞受賞の経済学者フリードマンが、1970年に「ニューヨークタイムズマガジン」に寄稿した論文である。同論文は、企業の目的は私的利益の追求であると明言し、それが市場を通じた資源配分を通じて社会的な利益につながると主張して、企業がCSR活動に関与することを批判した（Friedman, 1970）。これは大きな社会的反響を呼び、前述のJensen and Meckling（1976）と並んで、株主の利益を重視する考え方への転換を促した。

　シェアホルダー・モデルには、4つの条件があるとされる。それは、①株主が最終的なコントロール権を持つ、②他のステークホルダーの利益は契約や規制により保護される、③コントロール権を持たない株主は、大株主による搾取・収奪から保護される、④市場で取引される株式の価値が、株主の利益を評価する主な指標となる、である（Hansmann and Kraakman, 2001）。

　そもそもなぜ、株主は議決権を与えられているのだろうか。その根拠として、企業活動の成果の配分において、株主が最も弱い立場にあるからという説明が広く受け入れられている。上記②のように、従業員、顧客など他のステークホ

ルダーの権利は契約や法律で保護されているが、株主の配当を受ける権利はそうではないからである。

　株主が他の債権者への支払いが終わった後に分配を受けることは、損益計算書からも明らかである（**図表 2−1** 参照）。取引先への原材料費の支払い、従業員への賃金の支払い、銀行や社債投資家への金利の支払い、政府などへの税金の支払いはすべて契約や法律で定められており、これらの支払い後、残った利益から株主への配当が支払われる。配当は契約で定められていないので、利益が減少すると減配・無配もあり得る。

　このように、株主は残余利益から配当を受け取る立場なので、株主がコントロール権を保有して、企業価値を最大化するように経営者を規律付けることにより、他のすべての関係者も支払いを受けることができる。そのため、この仕組みが合理的であるとされている。

　シェアホルダー・モデルの考え方は会社法の仕組みや利益配分の構造と整合的なばかりでなく、経営者にとっても投資家にとってもわかりやすく、世界中で幅広く受け入れられ、実践されている。特に、1990年代以降、社会主義体制の崩壊によって資本主義が世界中に広がり、各国で機関投資家の影響力が強まると、ドイツなどのライン型資本主義[11]の国の企業の中にも、アングロ・サクソン型の経営手法を取り入れる企業が増えた（ダイムラーなど）。

　1990年代半ば以降、米国はインターネットなど「ニューエコノミー」による経済成長が目覚ましくイギリスの経済も好調だったことから、経済効率性の面でアングロ・サクソン型資本主義が優れているという見方が台頭した。世界中の企業のコーポレートガバナンスが次第に株主重視のガバナンスの仕組みに収斂するという主張も現れ、法学者の間には究極的には各国の会社法の差異がなくなるという大胆な見方も現れた[12]（Hansmann and Kraakman, 2001）。

シェアホルダー・モデルに対する批判

　近年、株主価値の最大化を企業の目的とする考え方に疑問を投げかける動きが出てきている。企業の社会的責任、経済格差など資本主義の矛盾に対する関心が高まったことが背景にある。フランスの経済学者ティロール（ノーベル経

---

[11] ライン型資本主義、アングロサクソン型資本主義については第6章第1節参照。
[12] 世界各国のコーポレートガバナンスの収斂をめぐる議論については、Yoshikawa and Rasheed（2009）参照。

済学賞受賞）は、経済学者は株主の利益に焦点を当てるが、社会全般はステークホルダーの利益を志向していると指摘した[13]（Tirole, 2001, 2005）。シェアホルダー・モデルに対する批判の主な論点は以下の通りである[14]。

最大の批判は、株主価値の最大化のみに焦点を当てるために企業経営が短期志向となることである。従業員の賃金切り下げ・解雇、取引先への値下げ要求など他のステークホルダーの利益が損なわれる、長期的な企業価値が棄損される、などの懸念が指摘される。長期的な研究開発やイノベーションが減少した、上場企業数が激減して企業の寿命が短くなった、という批判もある。

批判の第二は、株主には会社の所有者としての責任やインセンティブがないというもの。株主への配当は、他のステークホルダーの請求権がすべて履行された後の残余利益から支払われるので、株主には、企業価値を最大化するインセンティブがあり、株主にコントロール権を付与するのが合理的だとされる。

だが、実際の株主は多角化したポートフォリオを保有し、保有期間が短い場合も多く、個々の会社へのコミットメントが大きいとは言えない。所有権には責任が伴うべきだが、株主は会社の意思決定の責任を負うことはない（株主は有限責任なので、出資した金額以上の債務を負わないし会社の失敗で評判を傷つけられることもない）。有限責任の原則を濫用すれば、会社に大きなリスクを負わせて大きな利益を上げることもできるので、モラルハザードの可能性もある[15]。

第三の批判は、それが法律的に誤っているというものである。株主が所有しているのは株式であり、株主はそれによって議決権や配当を受ける権利を享受し、株式を売却して対価を受け取る。しかし、株主は会社の資産を使用したり、処分したりする権利は持っていない。株主は会社の本社や工場に自由に立ち入ることはできないし、会社の資産を自らの判断で売却できない。会社の重

---

13) ただし、多様なステークホルダーが支配権を共有する場合の非効率性も指摘して、実践が困難であると述べている。
14) Blair（1995）, Bower and Paine（2017）, Mayer（2013）, Stout（2012）などによる。
15) Mayer（2013）は、次のような簡単な事例で、公開会社の分散した株主には大きなリスクを取るインセンティブがあると説明している。例えば、株主資本15万ドル、負債15万ドルから成る資産30万ドルの会社が、50％の確率で価値が2倍になるかゼロになる投資を検討していると仮定する。この投資はプラス100％、マイナス100％の成果を同じ確率でもたらすので、期待収益はゼロである。しかし、株主は、投資が成功すれば自らの資本15万ドルを45万ドルに増やすことができる（60万ドルから債権者に対する債務15万ドルを差し引いた金額）。一方、失敗した場合は15万ドルを失うだけである。この場合、期待収益は7.5万ドル（期待収益率は50％）となり、株主にとって魅力的である。

要な事業の譲渡に株主総会の決議が求められるのは、それが企業価値に影響を及ぼす重要な意思決定だからであって、株主が会社の資産を売買したり、管理したりする権利を有するからではない。

シェアホルダー・モデルを見直す動きは経済学者の間にも広がっている。例えば、O. Hart 及び L. Zingales は、会社は株主価値の最大化ではなく、株主の厚生（welfare）の最大化を目的とするべきだと主張する論文を発表した。フリードマンの主張は会社の生産活動と外部性[16]を分離できる場合には成り立つが、実際には外部性を分離するのは不可能で、その場合、株主価値の最大化は株主の厚生の最大化にはつながらないと述べている（Hart and Zingales, 2017）。

株主価値の最大化だけを会社の目的と考える近視眼的な考え方には、投資家からも疑問符が投げかけられている。世界最大手の資産運用会社ブラックロックの CEO のフィンクは、2018年1月に主要企業のトップに宛てた書簡で、企業は利益ばかりでなく社会への貢献を重視すべきだと述べた。機関投資家の間では、環境や社会への貢献が企業の長期的価値の向上につながるという考え方が広がっており、ESG 投資に関心が集まっている（ESG 投資に関しては第14章で詳述する）。

5. ステークホルダー理論

ステークホルダー理論の系譜

株式会社の目的は株主の利益の最大化であるというシェアホルダー・モデルに対して、従業員・顧客・社会など幅広いステークホルダーの利益も考慮すべきであるという考え方は「ステークホルダー理論」「ステークホルダー・モデル」などと呼ばれ、社会で広く受け入れられている。特に日本では会社は「社会の公器」とされ、株主ばかりでなく幅広いステークホルダーに対する責任を果たすべきだと考えられてきた。

図表 2-2(a)のような経済学の伝統的な会社のモデルでは、株主、取引先、

---

[16] 経済学では市場を通じて経済活動が営まれると考えるが、市場の外側で経済主体に影響を与えるものもある。例えば、鉄道開通による需要増加のようにプラスの影響を及ぼすものを外部経済、工場排水による環境汚染のようなマイナスの影響は外部不経済と呼ぶ。本論文の「厚生」はこうした外部性も含む概念である。

● 図表2-2　伝統的な会社のモデルとステークホルダー理論の会社のモデルの比較

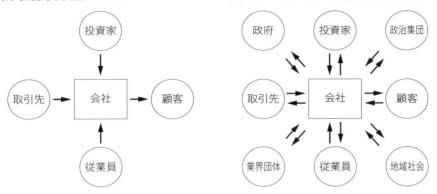

出所：Donaldson and Preston (1995)

従業員、顧客との関係は入力・出力関数として捉えられる。シェアホルダー・モデルもこのモデルに基づいて、株主の利益や株主との関係が重要であるとする。しかし、ステークホルダー理論では、(b)のように会社と多くの利害関係者の間に双方向の作用があり、各利害関係者の重要性、会社との関係の間に優劣はないと考える。

　学術研究においてはステークホルダー理論への批判も多く、研究者数・論文数とも少なかった。その背景としては、概念が曖昧で正確さに欠ける（ステークホルダーの定義や範囲について多様な考え方が乱立している）、倫理・哲学など経済学・経営学があまり対象としてこなかった分野と関連が深い、などがある。

　また、実践の面からの課題もある。ステークホルダーの利益は多様で、利害関係も複雑なので、経営者も複数の目的を追求しなければならない。意思決定が混乱したり企業活動の不確実性が高まったりして、株主の利益が損なわれる、と指摘される。経営者が誰に責任を負っているのかが曖昧で、経営者の裁量が大きくなって株主による規律付けが弱まってしまうという批判も根強い。

　1930年代に、法学者でハーバード大学教授のドッドが、経営者は従業員や顧客などを含めた幅広いステークホルダーの利益を追求すべきであると述べ、60年代までその考え方が広く受け入れられていたことは前述した。経営学の

分野でステークホルダー理論を最初に唱えたのは、フリーマンである。Freeman（1984）において、ステークホルダーを「組織の目的の実現に影響を与え得る、あるいは、それから影響を被るすべてのグループあるいは個人」と幅広く定義した[17]。

その後、1970年代にエージェンシー理論を唱えたジェンセンが、ステークホルダー・モデルとシェアホルダー・モデルを統合しようと試みた。Jensen（2002）は、「長期企業価値」という概念を用いて時間軸を導入することにより、多様なステークホルダー間の短期的な利益の対立やトレードオフに長期的に対処できるので、株主価値と企業価値を融合できるとした。これを「Enlightened Stakeholder Theory（正しい知識に基づいたステークホルダー理論）」と名付けた。

同様の考え方は、2006年に制定されたイギリスの会社法に取り入れられている。同法では取締役の責務を次のように定めている。

> 取締役は、株主協働の利益のために、会社の成功を最も促進すると考えるやり方で行動しなければならない。その際には、決定の長期的な影響、従業員の利益、サプライヤーや顧客等の関係育成の必要性、地域社会や環境への影響、高い倫理基準に関する名声の維持、株主間の公正等を考慮しなければならない。

この考え方は、長期投資家の役割を重視し、多様なステークホルダーの利益を反映させるために長期の株主価値に着目するもので、シェアホルダー・モデルとステークホルダー・モデルの中庸とみることもできる。

Porter and Kramer（2011）は、CSV（Creating Shared Value：共有価値の創造）という概念を提唱した。世界の社会問題に対し、企業はその力をもって解決することができるばかりでなく、解決すべきであり、そうすることにより事業機会が生まれ、企業と社会の持続的発展が可能となるとする。社会的な課題の解決と企業の競争力向上を同時に実現することを目指す。従来のCSR

---

[17] 同書によれば、ステークホルダーが最初に定義されたのは1963年で、「企業の存続のために支援を得ることが不可欠であるような利害関係者」（Stanford Research Institute's definition of stakeholders as "those groups without whose support the organization would cease to exist"）とされる（SRI, 1963; quoted in Freeman, 1984:31）。

が、企業の事業活動から生み出された価値の再分配であるのに対して、CSVはステークホルダーと一緒に新たな価値を創造する活動であると述べている。この考え方は、特に実務家に大きな影響を与えた。

ステークホルダー理論の3つの側面

　ステークホルダー理論は、多様なステークホルダーによる関与ばかりでなく、各ステークホルダー間の相互作用にも注目する。各ステークホルダーは、会社を通じて複数の目的を達成しようとするが、時にそれらの目的が相互に対立・矛盾する。ところが、論者によって理論の位置付けが錯綜しており、それがステークホルダー理論に関する理解がなかなか深まらない理由の一つとなっている。Donaldson and Preston（1995）は様々な議論を整理して、規範的（normative）、手段的（instrumental）、記述的（descriptive）の3つに分類した。

　規範的側面とは、ステークホルダー理論が「かくあるべき」という規範として位置付けられてきたという意味で、一般的に、社会科学分野の理論が社会現象を説明・記述するのに用いられてきたのとは対照的である。この側面によって、社会的規範を会社の経営理念に融合し、一定の価値基準に基づいた行動指針を与えることができるというメリットがある。しかし、会社がどのように運営されるべきか、多様なステークホルダーの利益をどのように調整すべきか、についての指針や説明を示すことはできない。

　手段的側面とは、ステークホルダーの利益に対する配慮を、企業価値の向上という会社の伝統的な目的を達成するための戦略的な手段として位置付ける見方である。例えば、自然環境に配慮した製品開発、雇用環境の向上などは、社会的問題の解決だけを目的として行うのではなく、社会や市場の信頼を高めてブランド価値向上や差別化につなげるための手段であるとする。長期的な企業価値向上につながる、社会の持続可能性に適合した企業戦略は、競争力の源泉となるとする見方で、それを示す実証研究も多い。長期的にはシェアホルダー・モデルと矛盾しない。

　記述的側面とは、ステークホルダー理論を会社の特性や行動を記述、説明するためのものと位置付ける。例えば、会社の特性、経営陣の経営に対する姿勢、取締役会の意思決定、などを説明する場合に用いられる[18)]。

　これらの側面は組み合わせて用いられることが多い。ステークホルダーを重視する企業特性の記述は、社会や環境に対する企業理念や企業価値との関係が

明らかにされなければ、外部には理解されない。つまり、記述的側面では、規範的側面や手段的側面との関連を明確にすることが重要である。これらの3つの側面は、会社が株主を含むステークホルダーへの責任を果たすために、方針、戦略、情報開示の3つに配慮しなければならないことを示唆していると捉えられる（首藤, 2015）。

6. 従業員の役割と人的資産の重要性

　ステークホルダー理論では、様々なステークホルダーを並列に扱う。だが、多様なステークホルダーの中でも、従業員は企業の価値創造に大きな役割を果たすことから、人的資産の重要性に着目した研究は多い。特に戦後の日本企業では経営者支配が一般的だったので、従業員や内部昇進経営者に関する研究が蓄積された。本節では、従業員の役割や人的資産の重要性に焦点を当てた国内外の研究を概観する。

人的資産への着目

　Blair（1995）は、シェアホルダー・モデルが依拠する論理を応用して、従業員の権利の正当性を述べた。シェアホルダー・モデルでは、株主は大きなリスクを負って資本を提供するのでコントロール権を与えられるべきだとする。同書は、企業に長年勤務してその企業に特化したスキルを蓄積した社員は人的資本を提供する上に、そのスキルはその企業以外では活かされないため、社員は大きなリスクを負っているとして、従業員も一定のコントロール権を持つべきだと論じた。

　O'Sullivan（2000）は、シェアホルダー・モデルが想定する資源の流動性を前提とするガバナンスの仕組みでは、イノベーションが生まれないと主張する。イノベーションは不確実性が高く蓄積が必要とされるので、資源配分もより組織的・戦略的なものとならざるを得ず、必然的にインサイダーによるコントロ

18）Kurtz（2012）はコカコーラ社の事例を用いて、この3つの側面の差異をわかりやすく説明している。規範的側面は、コカコーラ社は環境を保全する責任を負っているので、水資源に対する方針に留意すべきである、手段的側面は、コカコーラ社は、企業価値へのネガティブな影響を最小化するために、水資源に対する方針を適切に管理すべきである、記述的側面は、コカコーラ社の水資源に関する方針は、コカコーラ社の重要な特性である、とされる。

ールが要請されると考えたのである。さらに Lazonick and O'Sullivan（2000）は、1990年代に広まった「株主価値」のイデオロギーにより、企業は将来への投資を犠牲にし、合理化と株主還元に注力するようになったと批判した。

　伝統的な企業の理論は企業を物的資産の集合と見なしてきた。だが、近年、企業における人材の重要性に着目し、物的資産のみならず人的資産に対するコントロールも説明できるような新たな企業理論も提唱されている。

　Zingales（1998）は、「企業」を「特殊的投資の要：相互に特殊化した資産と人の集合体」（a nexus of specific investments：a combination of mutually specialized assets and people）と定義した。Rajan and Zingales（1998）では、関係特殊投資を促すためには、所有権（残余コントロール権）よりも、「アクセス」（重要な資源を使用したり、あるいはそれを用いて仕事をしたりする能力）の配分や統制が適切であると主張した。例えば、重要な資源が機械である場合、アクセスとはその機械を使用できることである。所有権を持っていると、関係特殊投資を行うことによる機会損失を恐れて、関係特殊投資そのものに消極的になる可能性があると述べ、所有権の「逆効果」を指摘した。

　Blair and Stout（1999）は、企業を「チーム生産」（Alchian and Demsetz（1972）が定義したモデル）として捉えた。チーム全体の利益を生み出すために、複数の関係特殊投資が行われるが、共通の利益を最大化するために、集団としてのチームの資産やアウトプットをコントロールする権限を、チームの総意として取締役会に委ねるとする。取締役会が、チームメンバー相互やステークホルダーの間に生じる利害の衝突を仲裁する、調停者としての役割を担うとして、「調停ヒエラルキー」（mediating hierarchy）という概念を提示した。

　これらは、企業の定義の中に人的資産を位置付けた点で、エージェンシー理論や不完備契約論と一線を画すものの、企業（法人）を実在しないと捉える法人名目説に立脚する点では共通している。しかし岩井克人は、法人実在説に基づいて、企業の存立基盤である組織特殊的資産を蓄積するには、法人としての会社が人的資産の「事実上」の所有者となって自律的に人的資産を育成する必要があると論じた（岩井、2002；Iwai, 1999）。岩井（2002）は、ポスト産業主義時代における無形資産の価値の上昇、特に人的資産の重要性を強調した。

従業員の役割と経営者支配

　戦後の日本企業における従業員の役割や経営者支配の実態に注目した研究を

紹介する。

伊丹（1987）は、「ヒトが経済活動のもっとも本源的かつ稀少な資源であることを強調」するために、「資本主義」に対して「人本主義」という語を作り出した。株主に比べて、従業員の貢献・負っているリスクの方が大きく、より本質的なので、従業員が企業の基本的な意思決定の権利を持つ従業員主権が合理的であると主張した（伊丹, 1991）。

加護野・小林（1988）は日本企業の終身雇用と年功序列賃金に注目し、従業員は会社に対して「見えざる出資」をしていると指摘した。加護野（2000）も、従業員の企業への長期的なコミットメントが従業員主権の正当性の根拠であると論じた。小宮（1988）は経営者支配や従業員の発言権に着目し、経済理論でいう「労務者管理企業」と類似の性格を持っていると述べた。

Aoki（1994）・青木（1996）は「双対的コントロール」（従業員と株主の両者が経営権を持つ）や「状態依存型ガバナンス」（企業の財務状況が良好な時は企業の内部者が経営権を掌握、残余利益を分配するが、財務状況が悪化すると経営権がメインバンクに移行する）の概念を提唱し、欧米企業の統治機構とは異なる日本企業のガバナンスの仕組みの経済合理性を説明した。

1990年代末から始まったコーポレートガバナンス改革に疑問を投げかけたり、日本企業のガバナンスの特徴を強調する研究も現れた。Dore（2000）は日本の歴史・文化に根ざすガバナンスシステムの重要性を説いた。小池（2015）や吉村（2007, 2012）は日本企業のガバナンスで従業員が果たした役割を指摘し、米国に倣うガバナンス改革に警鐘を鳴らした。広田（2012）は理論・実証の両面から従業員を中心としたステークホルダー型のモデルの構築を試みた。田中（2014）は監督やインセンティブ付与を通じた他律的なガバナンスに対して、経営者自身による自律的な規律付け（良心による企業統治）が優位だったと述べた。

従業員主権や経営者支配に対しては、ステークホルダー理論に対する批判と同様に、目標が増えることにより説明責任が低下する、経営者の裁量が大きくなり過ぎる、などの指摘がある。

7. スチュワードシップ理論

エージェンシー理論は、経済学的アプローチに基づき、性悪説に基づく人間

● 図表2-3　エージェンシー理論とスチュワードシップ理論の比較

	エージェンシー理論	スチュワードシップ理論
人間のモデル	経済人	自己実現的な人間
行動	利己的	集団主義的
心理的メカニズム		
動機	低次（経済的欲求） 外来的	高次（成長、達成、自己実現） 内在的
権力	制度的（正当性、強制、報酬）	個人的（専門性）
状況的メカニズム		
経営哲学 　リスクへの対応 　時間軸 　目標	統制・管理重視 　管理志向 　短期 　コスト管理	関与重視 　信頼 　長期 　業績向上
文化的差異	個人主義	集団主義

出所：Davis, Schoorman, and Donaldson（1997），p. 37 Table 1 に基づいて筆者作成

観を前提として、コーポレートガバナンスを経営者が自己利益を追求するのを防ぐための規律付けの仕組みとして捉えた。しかし、それとは対照的に、スチュワードシップ理論では、社会学的、心理学的アプローチにより、性善説を前提として、経営者を集団主義的、組織主義的で、信頼できる存在として位置付ける。Argyris（1973）の考え方を受けて、人間を成長や達成の欲求を持ち、自己実現する存在として捉える。

　スチュワードシップ理論の下では、経営者は、企業利益の最大化などの企業や組織の目的を達成するために行動する。株主（プリンシパル）の利益と経営者（スチュワード）の行動が合致するため、株主や取締役会による監視は必要ない。むしろ過剰な監視はやる気を削いで逆効果となる。そのため、取締役会は、経営者を信頼してその権限の多くを委譲し、経営者の自己実現行動を支援する。取締役会の役割についても、経営者へのアドバイスや外部資源との連結などの機能が重視される。

　このように、スチュワードシップ理論は、エージェンシー理論と大きく異なる人間観に基づいている。そのため、**図表2-3**に示すように、動機付けの仕組みや取締役会の機能も異なる。

第 3 章

規律付けのメカニズム

　1970年代にエージェンシー理論が登場し、コーポレートガバナンスに関心が寄せられるようになって以来、経営者を規律付けるためにどのようなメカニズムが有効かという視点から、多くの実証研究が蓄積された。本章は、それらの中で研究の蓄積が多いメカニズムを中心に概観する。経営者を規律付けるメカニズムは、大きく会社の内部と外部にあるものに分けられる。

会社内部のメカニズム
- 株主（株式所有構造）
- 取締役会
- 経営陣の報酬契約

会社外部のメカニズム
- 株式市場の投資家（アクティビズム、M&Aも含む）
- 債権者（メインバンクも含む）
- 会計制度・会計監査
- 格付・評価機関
- 商品・サービス市場における企業間の競争
- 法律及び政府などによる規制
- マスコミ・メディア

　上記の中で、企業が自ら設計できないメカニズムを除き、従来ガバナンス研究の対象とされてきた下記の5つのメカニズムについて説明する。それ以外のもの、規制環境、監査法人による会計監査、マスコミ・メディア、ガバナンス評価機関なども含むメカニズムについてはAguilera et al.（2015）に詳しい。

会社内部のメカニズム
①株主（株式所有構造）
②取締役会
③経営陣の報酬契約

会社外部のメカニズム
④敵対的買収
⑤債権者

1. 株主（株式所有構造）による規律付け

株式所有構造の変化と国による違い

　株式会社の株式所有構造は歴史的に大きく変化した。1970年代以降、世界各国の証券市場において、個人投資家から、保険会社や年金基金、投資信託などの機関投資家への資金シフトが進行した。これは「機関化現象」と呼ばれる。

　金融自由化、複雑な金融技術の発達により、資産運用について機関投資家の優位性が高まったため、個人投資家や企業（年金基金）などの最終投資家（アセットオーナー）が、自らの金融資産を資産運用の専門家である機関投資家（アセットマネージャー）に委託する動きが加速した。特に先進国では、高齢化に伴い、年金基金の成長、引退したベビー・ブーム世代による資産運用などにより、機関投資家の株式保有比率が高まった。

　図表3-1 (a)は、米国企業の1970年と2002年の株式所有構造の変化を比較したものである。1970年に7割近くを占めていた家計及びNPOの比率が2002年には36％に減少する一方、年金が9％から21％、投資信託が5％から19％に大きく伸びている。年金基金、保険会社、投資顧問会社、投資信託、海外投資家などを合わせた機関投資家の持株比率がおよそ3割から6割に増えた。(b)は1953-2005年の約50年間の米国の機関投資家の持株比率の推移を示しており、10％から60％超に上昇している。

　イギリスでも、1963年と2008年の上場会社の株主構成を比較すると、個人株主の比率が54％から10％に大幅に低下する一方、保険会社、年金基金、投資信託を合わせた国内機関投資家の比率が17％から28％へ上昇している（**図表3-2**参照）。さらに、外国人投資家（ほとんど機関投資家）の比率も7％から42％に大きく増えている。

　図表3-3は日本の株式所有構造の変化（1970-2017年）を折れ線グラフで表したものだが、個人の持株比率は38％（1970年）から17％（2015年）に下落する一方、信託銀行、生・損保、その他金融や外国法人等の保有が増えており、同様に機関化が進んでいることがわかる。

　株式所有構造は国によってかなり異なる。世界の49の国・地域の大企業の株式所有構造の特徴を分析した、La Porta, Lopez-de-Silanes, Shleifer and Vishny（1998）は、①米国、イギリスなどでは投資家の保護が強く、一般的

● 図表3-1　米国企業の株式所有構造の変化

(a) 米国企業の株式所有構造の変化

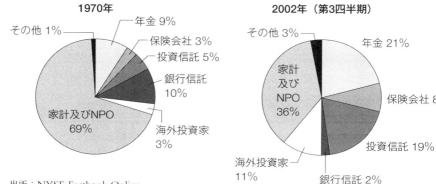

出所：NYSE Factbook Online

(b) 米国株式市場における機関投資家の持株比率の上昇

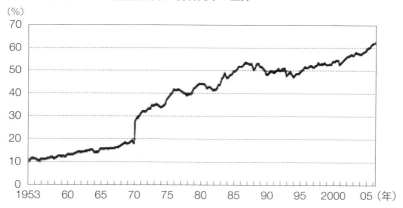

出所：Gillan and Starks (2007)

に株式所有が分散している、②フランスなどでは投資家の保護が弱く、株式所有が集中している、③ドイツ、スカンジナビア諸国などはその中間となっている、と指摘した。その後の論文も含め、世界各国の株式市場の所有構造や投資家保護に関わる法律・執行状況などを比較した一連の研究は、著者の頭文字を取ってLLSVと呼ばれている[1]。

　LLSVは、①慣習法（コモンロー）の国の方が、大陸法の国よりも投資家が

● 図表3-2　英国企業の株式所有構造の変化(％)

	1963年	2008年
個人	54	10
保険会社	10	13
年金基金	6	13
銀行	1	4
ユニットトラスト（投資信託）	1	2
外国人投資家	7	42

出所：Office of National Statistics（ONS）Share Ownership 2010 のデータによる（Baker and Anderson（2010），p. 395 より引用）

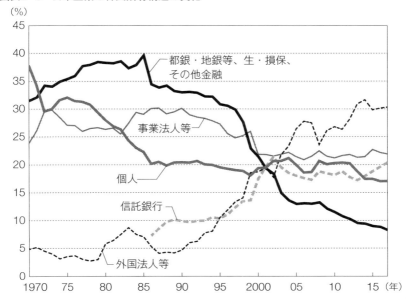

● 図表3-3　日本企業の株式所有構造の変化

注：1. 1985年度以前の信託銀行は、都銀・地銀等に含まれる
　　2. 2004年度から2009年度まではJASDAQ証券取引所上場会社分を含み、2010年度以降は大阪証券取引所または東京証券取引所におけるJASDAQ市場分として含む
出所：東証株式分布状況調査

---

1)　La Porta, Lopez-de-Silanes, Shleifer and Vishny（1997）、La Porta, Lopez-de-Silanes, and Shleifer（1999）、La Porta, Lopez-de-Silanes, Shleifer and Vishny（2000）などが含まれる。

強く保護されている、②投資家保護が強い慣習法の国々では株式所有が分散し、資本市場も発達している、と述べた。各国の法の起源がコーポレートガバナンスに影響を与えると主張したLLSVは活発な議論を巻き起こし、その後の研究や政策に多大な影響を及ぼした[2]。

大株主の役割

株式所有の集中は経営者の規律付けにどのような影響を及ぼすのだろうか。一般的に、株式所有が分散すると、各株主は自ら経営者を監督せずに、他の株主が情報収集、監督を行うことを期待する、というフリーライダー問題が生じる（Grossman and Hart, 1980）。株主は、投資先企業の監督によって生じる費用を自ら負担しなければならないが、その結果として得られる株価上昇などのメリットは、持株比率に応じてしか得ることができない。従って、自らは投資先企業に関与せず、他の株主の行動にただ乗りするのが合理的だからである。

だが、この問題も、大株主がいれば解決する（Shleifer and Vishny, 1986）。同論文は敵対的買収の可能性を示唆するが、それがなくても大株主は自らの利害が大きく、情報を収集して経営者を監督するインセンティブがある上に、議決権を行使して経営者に圧力をかけることができるので、大株主の存在が企業のガバナンスにプラスに作用すると考えられる[3]。

アメリカの経済学者ハーシュマンは、組織のパフォーマンスの改善を促す2つのメカニズムとして、発言（Voice）、退出（Exit）について分析した（Hirschman, 1970）。これを用いて、株主が経営者をどのように規律付けるかを説明しよう。

会社の業績が不調で株価が下落すると、株主はさらなる下落を恐れてその株式を売却する。この行動は退出（Exit）である。それにより株主の不満が解消されるばかりでなく、株主としての意見を、株式市場を通して間接的に経営者に伝えることができる。株式を売却する株主が増えれば株価が下落して、市場の評価が低くなる。株式による資金調達をしようとしても、投資家需要が乏し

---

[2] 後に、実証研究の前提となっている各国の投資家保護の水準の半分以上に誤りがあることが批判された（Spamann, 2010）。
[3] 大株主には情報開示の義務がある。米国のSEC規則は上場会社の5%超を保有する株主を"blockholder"と位置付け、Form 13Dによる開示を義務付けている。日本でも金融商品取引法により、5%を超えて保有した者は、5営業日以内に「大量保有報告書」を提出しなければならないことになっている。

く計画通りに実行できないかもしれない。株価の低迷が続くと、場合によっては経営者の交代を迫られたり、敵対的買収を仕掛けられたりするかもしれない。それを恐れる経営者は、株価を上げるために経営改善の努力をせざるを得ない。

　一方、株価が下落しても売却せずに、経営陣に働きかけて改善努力を促す株主もいる。この行動は発言（Voice）に該当する。面談や書簡を通じて会社に業績改善を促したり、経営戦略について意見を表明したりすることもできるし、正式な株主提案を行うこともあるだろう。議決権を行使して反対票を投じることもできる。このような株主からの声がプレッシャーとなるので、経営者は業績を向上させ、株価を上げるために最善の努力を重ねるだろう。このようなメカニズムを通じて、株主が経営者を監視、監督するという規律付けが働く。

　株式所有の集中、大株主の存在が経営者の規律付けに寄与するという見方は、広く受け入れられている（Shleifer and Vishny, 1997）。これは、多くの実証研究により裏付けられており、日本企業に関しても、大株主の存在が経営者の交代やリストラ策を促進させることが報告されている（Kaplan and Minton, 1994；Kang and Shivdasani, 1995；Kang and Shivdasani, 1997など）。ただし、株式所有が一貫して業績の向上に結び付くとは限らないという分析結果もある（Dalton et al., 2003）。

　一方、大株主はその影響力を利用して私的利益を得ようとすることがあり、それによって企業価値が毀損する可能性がある（Barclay and Holderness, 1989など）。例えば、大株主が自らの関係会社と、市場より不利な条件で取引をさせる、などが考えられる。大株主の存在はガバナンス向上に寄与することが多いものの、このようなマイナス面とのトレードオフに配慮する必要がある。

　さらに、大株主が複数存在する場合、それらの株主の間で意見が食い違うことがある。例えば株式を保有する期間（投資の時間軸）やリスクの許容度は株主によって異なり、意見の相違が生じやすい。

　同じ株主であっても、経営陣・取締役・従業員などのインサイダーと、機関投資家・ヘッジファンド・創業者ファミリーなどのアウトサイダーとでは、利害・立場が異なる。株式保有の目的は、インサイダーの場合は株主との利害の一致（alignment）、アウトサイダーの場合は支配・監督（control）となる。以下に、2つに分けて解説する。

インサイダー株主による規律付け

　経営者には一定の株式保有が求められることが多い。また、法律事務所、コンサルティング会社などパートナーシップの形をとる会社では、条件を満たした者はパートナーとなり、株式を保有し議決権を行使する権利が与えられる。株式保有によって個人の目的と会社・株主の目標を合致させ、エージェンシー問題が緩和されると考えられている。これを裏付けるために数多くの実証研究が、金融・経済・法学・経営などの分野の研究者によって行われている（Agrawal and Knoeber, 1996 ; Perry and Zenner, 2000 ; Dalton et al., 2003 など）。一方、経営者の株式保有と業績には相関関係がないとの報告もある（Himmelberg et al., 1999 など）。

　一方、Morck et al.（1988）は、経営者の株式保有は、一定程度は株主との利益の一致を通じて企業価値向上につながるものの、多くなると経営者の保身・利己的行動や保守的な経営につながると指摘した。これはエントレンチメント（entrenchment 塹壕に立てこもることを意味する）と呼ばれる。日本企業の実証研究でも同様な事象が確認された（久保・齋藤, 2009 ; 手嶋, 2000）。

　経営者と同様に、取締役も社内・社外にかかわらず、一定の株式保有が求められている。それが取締役個人の利益・目標と、株主の利益・目標の一致を通じて、ガバナンスの向上に寄与していることは、実証研究でも示されている（Hermalin and Weisbach, 2003）。

　従業員の株式保有は、株主の利益との一致、業績の向上に寄与するとされており、多くの企業が、従業員に報酬の一部として株式やオプションを付与したり、従業員が株式を購入・保有するために持株会などの制度を導入したりしている。株式保有は従業員の意欲を高め、離職率を引き下げる効果があるとされる。この理由については、従業員が経済的な利益を享受できる、会社経営への参画・影響に対して充足感を感じる、などの説がある（Pierce et al., 1991）。

アウトサイダー株主による規律付け

◆機関投資家

　機関投資家には多様な種類の金融機関が含まれるが、年金基金、投資信託、保険会社、投資顧問会社などが主である（詳しくは第7章参照）。公的年金を中心に機関投資家は、1990年代末から企業価値を向上させるために企業に働きかけるようになった。アクティビズムと呼ばれる機関投資家による介入は、

投資利回りを改善する効果を生んだのだろうか。

　Becht et al.（2008）は、イギリスの大手機関投資家 Hermes から提供された情報に基づいて、投資対象企業とのエンゲージメントについて分析し、企業への働きかけによってリターンが向上したことを明らかにした。だが、サーベイ論文である Denes et al.（2017）をはじめとして、Black（1998）, English et al.（2004）, Romano（2001）, Wahal（1996）など、機関投資家の行動は投資対象の企業価値にほとんどインパクトをもたらさなかったという報告が多い。理由として、機関投資家の行動を制約する規制、機関投資家内部のエージェンシー問題、戦略ミス（株主価値向上に効果の薄い本質的でない提案をしてきた）などが指摘されている。Coffee（1991）は、機関投資家には運用成績の改善に励むインセンティブが少ないと述べた。

　Karpoff（2001）は、機関投資家のアクティビズムに関する研究をサーベイし、期差任期取締役制度（staggered boards）の撤廃など、ガバナンスの仕組みの変化に焦点を当てた研究は、アクティビズムに効果があったと結論付けているが、株価や財務会計上の収益性を基準とした研究では、有意義な成果が見られなかったと述べた。だが、ガバナンスの仕組みの改善の目的は、本来株主価値の向上にあるはずで、結局、機関投資家のアクティビズムは株価向上や収益性改善に大きな成果を上げていないとしている。

　機関投資家の影響力が増大するにつれて、機関投資家が短期的なリターンを求めることが指摘されている。Yan and Zhang（2009）は、長期的・戦略的な経営判断への関心が薄い短期志向の機関投資家が、より高い投資収益率をあげていると述べた。Bushee（1998）は、短期的な利益を求めて頻繁に売買する機関投資家の保有比率が高い企業では、経営者の経営判断も短期志向になっているとする。

　資本市場のグローバル化により、各国で海外の機関投資家の影響が増大している。海外投資家のガバナンスにおける役割には 2 通りの見方がある。

　一つは、海外投資家はモニタリング能力に優れ、企業統治制度の整備促進を通じてパフォーマンスを向上させるという肯定的な見方である（Aggarwal et al., 2011 など）。もう一つは、海外投資家は情報の非対称性が大きく、投資期間が短いことから、モニタリング能力に対して懐疑的な見方である（Kang and Stulz, 1997 など）。宮島・保田・小川（2017）は 1990-2013 年の海外機関投資家の行動分析に基づいて、海外機関投資家による保有が日本の大企業の

統治制度、経営政策に影響を与え、企業パフォーマンスを向上させたと報告している。

機関投資家及びヘッジファンドのアクティビズムに関しては、第12章で詳述する。

◆ヘッジファンド

ヘッジファンド（Hedge Fund）は、元は金融派生商品など複数の金融商品に分散して、高い運用収益を得ようとする投資信託を指した。投資ポジションを金融派生商品でヘッジすることが多かったので、「ヘッジファンド」と呼ばれるようになったが、現在では投資戦略は多様化している[4]。通常の投資信託と異なり、リスクが高く流動性が低いので（非上場）、投資できるのは適格投資家[5]に限られる。

ヘッジファンドは他の機関投資家とは異なり、アクティビストとして、組織の再編や大幅増配など経営へのインパクトの大きい提案を行う傾向がある。中には短期的なリターンを目指すものもあって企業の長期的な成長性を損ねるという批判もある。だが、米国の大手化学メーカー、ダウとデュポンの合併・再編の例[6]に見られるように、ヘッジファンドの影響力は大きくなっている。日本の会社に投資してアクティビスト活動を行うヘッジファンドも増えている。

Bebchuck et al.（2015）、Brav et al.（2008）は、それぞれ1994-2007年、2000-06年の活動に関する実証研究に基づいて、ヘッジファンドが企業価値の向上に貢献していると述べた。また、Becht et al.（2017）は23カ国の1,700件以上の事例に基づいて、他のアクティビストと連携する場合、特に高い収益率に結び付いているが、日本は例外で期待したリターンが上がっていない、と報告している。Buchanan et al.（2012）は、日本企業に対してアクティビスト活動を行ったヘッジファンドが直面した課題を詳細に分析した。

---

[4] ヘッジファンドについては第12章第2節で詳述。
[5] 適格投資家（accredited investors）とは、米国証券取引委員会（SEC）によって非公開企業やヘッジファンドなど、リスクの高い未登録証券に投資することを認められた個人または法人で、一定の継続的な収入、資産を持っていることが条件となっている。
[6] 米国の化学大手ダウ・ケミカルと同業大手デュポンは、2015年12月、株式交換による対等合併に合意したと発表、その後事業ごとに会社を分割する計画を明らかにした。合併計画・分割とも、アクティビストファンドのサードポイント、トライアンがそれぞれダウ、デュポンの株式を取得して働きかけた。

◆創業者ファミリー

　ファミリー企業は世界中の企業の 65−90％ を占めるといわれ（Arregle et al., 2007）、創業者ファミリーが大株主として影響力を行使している会社は数多い。創業者ファミリーは経済的利益よりも、社会情緒的資産（socio-economic wealth）を重視するとされ、会社に対する強い感情的結び付き、事業による一族の永続など、非財務的な効用を追求する（Gomez-Mejia et al., 2007）。また、異業種への多角化などリスクの高い戦略を避け、保守的な経営を志向する（Gomez-Mejia et al., 2010）。ガバナンスの観点からは、ファミリーがコントロールする会社への資産の移転による小株主の搾取が問題とされ、これは「トンネリング」（tunneling）と呼ばれる（Bergstrom and Rydqvist, 1990）。

　創業者ファミリーの関与の度合いは国により異なる。日本ではトヨタ、LIXIL などに見られるように、同族の保有比率にかかわらず、海外に比べて経営への関与が大きい[7]（入山・山野井, 2014）。

◆政府（国営あるいはSWFによる所有）

　政府が会社の大株主となるのは、開発途上国、あるいは市場の失敗への対応のケースが多い。日本でも 1990 年代半ば以降の金融危機の際、経営難に陥った銀行の国有化、政府による優先株投資が行われた。近年、ノルウェー、UAE、中国などの大規模な SWF（Sovereign Wealth Fund の略。天然資源からの収入を原資とするものが多い）の存在感が増している。

2.　取締役会による規律付け

　株式会社では所有と経営を分離し、日常的な業務執行は経営者に委ねる。株式会社でなぜ取締役会が経営者の規律付けを行うようになったのかについて、確立した理論があるわけではない。だが、会社のみならず、NPO、国際機関、学校など多くの組織で同様の仕組みが用いられていること、世界中の多くの国で、法律により株式会社に取締役会を設置することが義務付けられていることから、この仕組みが機能している、あるいは他の選択肢よりも優れていると考えられる（Hermalin and Weisbach, 2003）。

---

[7]　日本のファミリー企業に関する研究を概観したものとして淺羽（2015）などがある。

取締役会の役割については第9章で詳述するので、ここでは、取締役会による規律付けに関連する国内外の学術研究を展望する。

社外取締役の機能

アメリカでは早くから株式会社に社外取締役が導入されてきたが、必ずしも監督機能を意識したものではなく、1970年代までは独立性に乏しいものが過半数だった（Gordon, 2007）。Mace（1971）は、米国企業のCEO（取締役会議長も兼務）が取締役会の人選や議題をコントロールし、取締役会が形骸化していた実態を指摘した。Lorsch and MacIver（1989）も大きな権力と情報を持つCEOに対して、独立社外取締役が監督機能を発揮する難しさを描いている。これらはインタビューに基づく研究だが、取締役会については公開情報を利用した実証研究が多く蓄積されてきた。

取締役会の監督機能に関しては、独立性を持つ社外取締役の役割について多数の研究が行われてきた。それらの研究では、社外取締役の導入により、企業価値、業績、経営者交代が増えるなど、ガバナンスの実効性が向上したことを示すものが多い（Duchin et al., 2010；Nguyen and Nielsen, 2010；Rosenstein and Wyatt, 1990 など）。

これらは米国企業に関する実証研究だが、イギリス企業、日本企業についても、実証研究に基づいて社外取締役の導入・増加によりガバナンスが向上したことが報告されている（Dahya et al., 2002；宮島・小川, 2012；齋藤, 2011 など）。齋藤・宮島・小川（2017）は、独立社外取締役について、経営者交代の業績感応度を高めるには少なくとも3人の選任が必要で、1-2人では規律付け効果はあまりないと指摘している。

ただし、社外取締役比率を増やす、社外取締役が取締役会の議長を務める、などにより独立性を高めることが必ずしも業績向上に結び付かない、という報告もある（Bhagat and Black, 1999；Dalton et al., 1998；三輪, 2010）。

Coles et al.,（2014）は、社外取締役の監督機能に影響を与える要因として、独立性よりも就任のタイミングが重要であると述べている。1996-2010年の米国企業のデータの分析に基づいて、CEOの着任後に就任した取締役の数が全体に占める比率をCo-optionと定義し、CEOの任期中にCo-option比率が上昇するにつれて、取締役会の監督機能が低下すると指摘した。これは、社外取締役でも、自分を選任してくれたCEOに対する忠誠心が生まれ、監督機

能が弱まるからとされる。取締役会の監督機能を説明する上で、Co-optionは、これまで多く用いられていた独立性よりも優れていると主張している。

　従来の研究では取締役会の監督機能が重視されてきたが、取締役会には助言機能も求められている。例えば、独立性の高い取締役会は、研究者の数が多く、よく知られた分野の技術に焦点を当てる傾向があり、よりリスクが高く、真のイノベーションにつながるような研究は増えていないという報告もある（Balsmeier et al., 2017）。社外取締役が監督機能に重きを置き過ぎると、情報入手や戦略策定への関与が難しくなるという指摘もある（Adams and Ferreira, 2007；Pugliese et al., 2009）。今後は監督機能ばかりでなく助言機能の研究にも力を入れる必要があるだろう。

取締役会の規模・構成

　取締役会に関しては、主に米国企業を対象に、取締役会の規模、構造（社外取締役比率など）と業績の関係、社外取締役比率の決定要因に関する研究が多く行われてきた。

　Eisenberg et al.（1998），Lipton and Lorsch（1992），Yermack（1996）をはじめとする多くの研究は、人数の多い取締役会は監督機能を発揮しにくく、実効性が低下することを示している。これは、取締役の人数が多くなると実質的な議論がしにくく相互の意思疎通が難しくなる、意思決定に時間がかかる、フリーライダー問題が生じる、などの理由による。

　しかし、会社の規模が拡大して事業内容が複雑になる、危機に直面して外部環境への対応が重要になる、などの場合、取締役の数は増える傾向がある（Linck et al., 2008）。これは、複雑な組織や外部資源への依存度が高い会社にとっては、相対的に助言機能が重要となり、員数が多い方が助言機能を果たしやすいからと考えられる。例えば、国際化が進んだ会社の取締役会は、規模が大きく、社外取締役比率も高まる傾向がある（Sanders and Carpenter, 1998）。このように取締役会の最適な規模は、会社の状況によって異なる（Boone et al., 2007；Coles et al., 2008 など）。

　社外取締役の比率の適切な水準についても、多くの理論及び実証研究が重ねられてきた。それらの研究によれば、全企業に共通の望ましい社外取締役比率はなく、各企業は、情報獲得コスト、資本市場からの圧力、業績、経営者の交渉力などの特性に合わせて、最適な社外取締役の比率を選択している。

監督機能が重要と考えられる会社は、社外取締役比率が高くなる傾向がある。例えば、公的サービスを営む会社、業績が悪化した会社は社外取締役の比率を高めるとされている（Hermalin and Weisbach, 1988 など）。一方、最新技術に基づく事業など、企業特殊的知識の重要性が高い企業は、情報獲得コストが高く、監督・助言が困難なので、社外取締役比率は低くなる傾向がある。

ところが、日本企業ではこの傾向が当てはまらない。外国人株主の保有比率が低い、持ち合い比率が高いなど、監視が有効と考えられる企業の方が社外取締役比率が低い一方、情報獲得コストが低い、あるいは経営者の私的便益が小さい企業の方が社外取締役比率が高いとの指摘がある。これは、経営者が社外取締役比率を決定しているからだとされる（内田, 2012；齋藤, 2011）。

社外取締役の属性

社外取締役の属性と会社の行動・属性の相関を分析した研究も多い。

個人の属性・経験の中で最も社外取締役に適任と考えられているのは、他の会社の CEO である。Fich（2005）によれば、業績の良い会社の CEO の社外取締役就任は株価を上昇させる。だが、他の社外取締役の場合と比べてほとんど差はなく、会社の業績や意思決定へのインパクトは中立であるという報告もある（Fahlenbrach et al., 2010 など）。

問題となるのは複数の CEO が相互の会社の社外取締役に就任する状況で、インターロック（Interlock）と呼ばれ、独立性に懸念が生じるとされる。Hallock（1997）等の研究で、業績不振、経営者報酬の高騰と相関関係があると指摘されており、ガバナンスの面から問題がある。

業界の知識・経験も重要で、特に創業間もない会社では、業界経験の長い人材が選任される。全般に経営陣の業界経験と、社外取締役の経験とは逆相関の関係にある（Kor and Misangyi, 2008）。特に社歴の短い会社は、知名度や評判の高い社外取締役を選任する傾向があり、それによって株式公開が成功する確率が高まるという研究もある（Certo, 2003）。

金融や会計の知識の豊富な銀行家が社外取締役を務める場合、監督機能が強化され、相対的に債務比率が低く抑えられるとされる（Byrd and Mizruchi, 2005 など）。一方、Güner et al.（2008）は、銀行や投資銀行の出身者が取締役に就任すると、金融・資本市場へのアクセスが向上し、資金調達が容易になる半面、当該銀行との取引が増える傾向もあり、「諸刃の刃」であると指摘し

ている。

　弁護士や政治家は、政府による規制を受ける業界の会社が社外取締役として選任する傾向があり（Agrawal and Knoeber, 2001）、それが企業価値を向上させるという実証研究もある（Hillman, 2005）。

　ジェンダーに関しては、取締役会に女性が多いほど監督に力を入れる傾向が強く、株価下落時のCEO交代が多い、株式報酬の比率が高いなどの傾向が見られた（Adams and Ferreira, 2009）。

取締役会の意思決定

　取締役会の具体的な意思決定に焦点を当てて、監督機能の実効性を検証する研究も多数行われている。社長の選解任、敵対的買収を仕掛けられた際の対応、役員報酬の決定などの意思決定が取り上げられることが多い。

　取締役会の最も重要な責務とされる社長の選解任については、Denis and Denis（1995）がCEOの交代後に会社の業績が改善することを示し、社長の解任を通じた取締役会による規律付けが機能していることを示唆した。Weisbach（1988）、Borokhovich et al.（1996）は、取締役会で社外取締役が過半数を占める場合、会社の業績悪化に際して社長を交代させる可能性が高いと報告している。Huson et al.（2001）は、1971年から94年の23年間のCEO交代について分析し、同様の分析結果を示し、この間にCEOの解任、外部からのCEO登用の両方とも増加したと報告した。

　日本企業の経営者交代に関しては、Kang and Shivardasani（1995）、加藤・木村（2005）、久保（2010）などがあり、実証研究の対象時期は異なるが、いずれも企業業績と社長交代との相関関係が低いことが示されている。

　買収的防衛が仕掛けられた時の対応に関しては、被買収会社の取締役会で社外取締役が過半数を占める場合、買収価格が高くなるという分析が報告されている。社外取締役が過半数を占める会社では、そうでない会社に比べて、より株主の利益に沿った意思決定が行われるとされる（Cotter et al., 1997など）。

　これまでの実証研究を俯瞰すると、取締役の員数が少ない、社外取締役が過半数を占める、などの取締役会は、そうでない取締役会に比べて、監督機能が優れているとされる。ところが、これらの取締役会の特徴と、会社の業績や株価などの間には、必ずしも強い相関関係が見られなかった。それに対して、社長の交代、敵対的買収への対応、買収防衛策の導入などの意思決定との間に

は、明確な相関関係が確認された。

　これは、独立性の高い取締役会の監督機能は、日常的な会社運営にはあまり影響がなく、業績が悪化して社長の交代が必要な場合、敵対的買収を仕掛けられた場合などの危機的な局面において、より顕著に発揮されるとみることができる。取締役会の監督機能は特に有事に必要とされる、という見方を裏付けると言えよう。

取締役会の実効性に影響を与える要因

　取締役会の監督機能は、CEOとの力関係に左右される。Baker and Gompers（2003）, Hallock（1997）, Shivdasani and Yermack（1999）などの研究は、インターロックや新しい取締役の選任プロセスの分析を通じて取締役会とCEOとの関係を分析している。

　Hermalin and Weisbach（1998）は、CEOを監督する社外取締役を選任するプロセスに、実際にはCEOが大きな影響を及ぼしているという内生性を指摘し、CEOの交渉力（bargaining power）に着目した。取締役会との力関係において、会社の業績が芳しくない場合はCEOの交渉力が弱くなるが、業績が好調で交代の可能性が小さい場合は、CEOの発言権が強くなる傾向がある。その場合、実証研究では、CEOがインサイダーの取締役を増やす、インターロックとなるような社外取締役を選任する、指名委員会のメンバーになる、などが見られると報告されている。Westphal and Zajac（1995）は、CEO（取締役会）の力が取締役会（CEO）よりも強い時は、CEO（現在の取締役）に似た属性の取締役が選任される傾向があると指摘した。Zajac and Westphal（1996）は、次期CEOの選任においても同様の傾向があるとした。

　一方、取締役会議長や社外取締役も、多様な手段を通じて監督機能を行使している。McNulty and Pettigrew（1996）は、社外取締役が主に説得（persuasion）、連携（coalition）、主張（assertiveness）、圧力（pressure）などを通じて影響力を行使していることを示した。連携には、取締役相互の連携ばかりでなく外部者との連携も含まれる。圧力の中には辞任を示唆する例も報告されている。社外取締役の影響力の源泉には、社会的地位、専門的知識、経験、他の取締役や外部者との関係などが含まれる。

　取締役会の実効性に影響を与えるものとして、個々の取締役の動機や行動に影響を与える要因も考慮する必要があるだろう。特に重要な要因とされるのは、

時間の制約、報酬制度、取締役の評判などである。ただ、この分野は、理論面、実証面でまだ研究が少なく、明確な結論を出すのは難しい。

しばしば議論の焦点となるのが、複数の会社の社外取締役の兼業による時間の制約である。兼業があまり多いと、一つひとつの会社に十分な時間を割けないので監督機能が疎かになるという懸念がある。兼業が多い取締役が過半数を占める会社は、企業価値が下がり、業績が悪化した場合に CEO が交替する確率が低いという米国企業を対象とした実証研究がある（Fich and Shivdasani, 2006）。一方、複数の会社から社外取締役への就任を依頼されるのは、その者の優れた能力の証しであり、兼業が極端に多くならない限り問題がないとする見方もある。

インセンティブ型の報酬が取締役の行動に影響を与えるか、という問題も研究の対象となっている。取締役会の出席回数に応じて少額の報酬を支払ったところ出席回数が増えた、社外取締役に対してストックオプション型の報酬を導入したところ CEO の解任が増えた、など実証研究に基づく報告はあるものの、明確な結論は得られていない。社外取締役の株価連動型の報酬に関しては、監督機能を担う立場の者にはインセンティブ報酬はふさわしくないという考え方もあり、研究者・実務家の間でも意見が分かれている。

取締役会は複雑な社会システムであり、個々の取締役の属性・行動ばかりでなく、取締役相互や経営陣との関係に焦点を当てるべきだとされる（Khurana and Pick, 2005；Lorsch, 2017）。取締役会での議論、社外取締役相互の連携、CEO との力関係など外部から観察が困難な点も多く、実証研究は容易ではないが、今後、より活発な議論や研究が期待される。

3. 経営陣の報酬契約

経営者の規律付けの手段として、役員報酬を会社の業績や株価に連動させて、株主の利益と一致させることがエージェンシー問題の解決につながると考えられている。そのため、近年、各国の経営者の報酬は、①固定給、②短期の業績に連動したボーナス、③株式報酬（ストック・オプションなど）で構成されるようになっている[8]。

経営者の報酬は取締役会（あるいは報酬委員会）で決定されるが、株主も監視している。一方、実際の意思決定プロセスには、経営者自身のインセンティ

ブや選好が影響を及ぼす。この3者の意思決定における役割について2通りの見方がある（Bebchuk and Weisbach, 2010 など）。

　第一の説明は、経営者と取締役会との間のアームスレングス原則に基づいた契約に基づいて、役員報酬の最適な水準や構成が決定されるという、optimal contracting view（最適契約説）である。「アームスレングス（arm's length）」とは、当事者間が一定の適正な距離を保つことを腕の長さになぞらえた表現で、当事者が至近距離の関係を保ちつつ、対等で独立した立場で牽制し合うことを意味する。つまり、経営者と取締役会の間の適切な関係の中で、エージェンシー問題を最小化するために最適なインセンティブ報酬が決定されるとする（Holmstrom, 1979 など）。

　もう一つの説明は、経営者が役員報酬の決定プロセスに大きな影響力を及ぼすことに着目したもので、実際には経営者が自らの報酬を決定しているとする、managerial power view（経営者影響力説）[9]である（Bebchuk and Fried, 2006；Bertrand and Mullainathan, 2000 など）。社外取締役が過半数を占める報酬委員会を設置しても、ガバナンスが機能していないと、実際には経営者の影響力が大きくなってしまう。

　その場合、株主や労働組合など他の利害関係者の目が牽制機能を果たすが、例えば業績が好調な時は株主も厳しく監視しなくなるので、役員報酬も増加する傾向があるとされる。また、Bertrand and Mullainathan（2001）は、経営者の判断によらない、マクロ経済や業界全体の動向によって会社の業績が改善した場合にも経営者が高い報酬を得ていることを示し、経営者は「幸運」によって報いられていると主張した。最適契約説では、経営者の判断による業績向上だけが報酬に反映されるべきとするが、実際の報酬契約が洗練されていないため、経営者が影響を及ぼさない要因を除外することができないのであろう。

　実際に、株価や業績に連動した役員報酬は企業価値を向上させるのだろうか。これについては多くの実証研究が行われてきたが、明確な結論は出ていない。経営者の報酬と業績や株価との相関関係を示す研究としては、Hall and

---

[8] エージェンシー問題を解決するための規律付けの議論では経済的報酬に焦点が当てられることが多いが、経営者のインセンティブとしては、非経済的報酬や自己実現などの内発的動機付けの役割も重要である。
[9] 経営者が会社の資源をすくい取って企業価値を棄損しているとして、skimming view と称されることもある。

Liebman（1998）、Morck et al.（1988）などがある。

Kaplan（1994）は、日米企業の経営者の報酬と業績の関係を比較分析して、日本の経営者の報酬も米国の経営者のそれと同様に、業績や株価との相関関係があると報告した。これに対し、久保（2010）は実証分析に基づいて、社長の報酬と業績・株価との相関が極めて小さく、経営者は株価や業績を伸ばすインセンティブを持っていない、と指摘した。

一方、役員報酬と業績や株価の間に強い相関関係はないという報告もある（Dalton et al., 2003；Jensen and Murphy, 1990 など）。また、経営者の利己的な行動と報酬契約の決定プロセスへの影響を示すものとして、例えば、Yermack（1997）は、経営者が良い業績発表の前、悪い業績発表の後にオプションの付与を受ける傾向があることを明らかにした。

米国では 1990 年代以降、インセンティブ報酬の導入によって経営者の報酬が高騰したので、それが批判の的となってきた。だが、Kaplan（2008）は 1990 年代初頭からの経営者報酬の上昇は市場の動向を反映したもので合理的であり[10]、近年、経営者報酬の透明性が向上し、会社業績との連動性も高まっていると述べている。

経営者報酬は、経営者やコーポレートガバナンスに与える影響が大きく、重要な問題であるが、まだ解明されていない課題が多い。

4. 敵対的買収と会社支配権市場

敵対的買収とは、被買収会社（ターゲット）の取締役会の同意を得ずに買収を仕掛けることである。会社の業績が振るわず株価が低迷すると、他社から敵対的買収を仕掛けられる可能性が高まる。それを避けるために、経営者や取締役は企業価値を向上させようと努力するので、敵対的買収の脅威は規律付けのメカニズムとして有効だとされてきた。

複数のグループが特定の会社資産に対する支配権（経営権）を巡って争うというイメージから、Market for Corporate Control（会社支配権の市場）という言葉が定着しているが、これを最初に提唱したのは Manne（1965）である。

---

10) Kaplan and Rauh（2009）は、S&P500 指数に含まれる大企業の CEO の報酬は 1990 年代から 2001 年までの間に 3–4 倍に上昇したが、同期間に金融業・法曹などの他の専門家の報酬は同等またはそれ以上に増えていることを示した。

株式所有が最も分散している米国とイギリスでは、敵対的買収が規律付けのメカニズムとして注目を集めるようになった。特に 1980 年代に、米国の株式市場で敵対的買収や LBO が急増したこともあり、数多くの研究が行われた。

　Jensen（1988）、Jensen and Ruback（1983）、Palepu（1986）、Scharfstein（1988）などの研究は、両社の企業価値の合計が増加する、経営不振の会社が買収の対象となって経営陣の入れ替えが起こる、などのメカニズムを通じて、敵対的買収は経営の効率性を高めると説明している。また、Jensen（1993）は、市場による規律付けは他のガバナンスのメカニズムと比較して有効であると論じた。

　しかし、その後の実証研究によると、買収会社にとっては、短期的にはゼロかわずかなプラス、長期的にはマイナスの効果があることが明らかになっている（Fuller et al., 2002, Moeller and Stulz, 2006 など）。これは、買収企業の適正な評価が困難である、ポイズンピルなどの買収防衛策によって被買収企業の買収価格が引き上げられる傾向がある、などの要因による（Aguilera et al., 2015）。また、買収価格が市場での株価を上回る水準で決定されるために、両社の統合によって生まれる価値の大部分が、被買収企業の株主に帰属することが多いのも一因であろう。

　敵対的買収の規律付けのメカニズムとしての有効性に疑問を投げかける研究者もいる。Shleifer and Vishny（1997）は、①買収会社にとってコスト[11]が大きいので、被買収会社が深刻な経営ミスをおかした場合しか用いられない、②高い買収価格は買収企業のエージェンシー費用の上昇につながる、③極めて流動性の高い資本市場が必要である、④政治的な批判を受けやすい、などの問題点を指摘している。それ以外にも、大株主がいる場合にはターゲットになりにくく規律付けメカニズムとして機能しない、企業価値を再分配するのみで価値の向上にはつながらない、効果が事後のガバナンスに限られる、などの課題がある（Dalton et al., 2007）。

　米国でも 1990 年代以降はドレクセル・バーナムの倒産、多数の住宅金融機関・銀行の破綻による買収資金の枯渇によって LBO が激減した上、買収防衛策の導入、敵対的買収を防ぐための法律改正や裁判所の判決により、敵対的買

11）現状の株価を大きく上回る株価を提示しなければならない。買収合戦になって買収価格がつり上がる、などの経済的コストだけでなく、社会的な批判を受けることが多い、失敗に終わることもある、などから心理的・政治的コストも大きい。

収も減少した。

　ところが、近年、敵対的買収の規律付けメカニズムに新たな関心が寄せられている。Bertrand and Mullainathan（2003）は、法律改正によって敵対的買収の脅威がなくなった企業では、古い工場の閉鎖も新たな工場の新設も減少するなどの実証研究に基づいて、企業経営者は「静かな生活（quiet life）」を望んでいると述べた。従前は、経営者が新社屋建設など企業価値に結び付かない投資を行うことが批判されたが、むしろ経営者は、外部からの干渉を嫌っているという指摘である。Giroud and Mueller（2011）も、アクティビストによる投資により、効率性が向上する可能性を示唆している。

　さらに、Bris et al.（2008）は、国境を越えたM&Aによって、投資家保護の規定が整っている国の会社とそうでない国の会社が統合する場合、投資家保護が弱い国の企業は、その企業が買収企業であるか被買収企業であるかにかかわらず、企業価値が向上すると報告した。これらの実証研究は、投資家からの圧力や敵対的買収の脅威が、経営者の規律付けや企業価値の向上につながることを示唆している。

5. 債権者及び負債による規律付け

　銀行などの大口の債権者も、経営者の規律付けに重要な役割を果たす。1980-90年代に英米の株式市場を中心としたガバナンスに対して、ドイツや日本などの銀行が企業のガバナンスに果たす役割に関心が寄せられ、日本のメインバンクについての研究も進んだ。

　1970年代以降、情報取得コストの存在を前提とする理論分析が発展し、金融仲介機関の情報生産機能が注目されるようになった。Leland and Pyle（1977）は、金融仲介機関が存在するのは情報の不完全性に伴う社会的費用を削減するためと説明した。Diamond（1984）は金融機関がどのように借り手を監視するかをモデル化し、「委託されたモニター」[12]の概念を提唱した。この概念を用いて日本のメインバンクがコーポレートガバナンスに果たした役割を分析した研究に、池尾（1985）、堀内（1993）、三隅（1993）などがある。

---

12) Delegarted Monitorの和訳。金融機関は、他の投資家や金融機関の委託を受けて借り手を監督するとした。例えば、日本のメインバンクは非メインバンクの委託を受けて借り手の企業を監督する。

Aoki（1994）は、メインバンクと企業の関係を「状態依存型ガバナンス」と捉え、その経済合理性を説明した。企業の財務状況が良好な時は経営陣が経営権を掌握し、残余利益を分配するが、財務状況が悪化すると、経営権がメインバンクに移行し、残余利益もメインバンクが受け取ると考えたのである。

　さらに、Aoki and Patrick（1994）はメインバンクについての詳細な理論的分析を行い、後の研究に広範な影響を与えた。それによれば、メインバンクは、通常、企業の最大の借入先であるが、銀行借入、債券発行関連業務、株式の持ち合い、支払決済勘定、情報サービスと経営資源の提供など、他の機能も果たしている。

　Sheard（1994）は、メインバンクはそれらの機能を通じて企業をモニタリングし、財務上困難に陥った場合は経営への介入・救済を実行すると論じた。Gerlach（1992）は、企業とメインバンク（株主）が多くの情報を共有することにより、長期的視点から技術革新や雇用の安定を図ることができるとした。Porter（1992）も、メインバンクによる日本企業のガバナンスの長期志向を前向きに評価した。

　メインバンクについての実証分析も幅広く行われた。Flath（1993）、Hoshi et al.（1990, 1991）、Prowse（1990）の研究は、メインバンクの役割を支持している。宮島（1998）、宮島・近藤・山本（2001）の分析も、高度成長時代からバブルの前まではメインバンクが監視機能を果たしていたことを示した。

　ところが、1990年代半ば以降、銀行の不良債権問題が深刻化し、日本経済も低迷を続けると、メインバンクの役割に関する見方も変化した。Morck and Nakamura（1999）、Weinstein and Yafeh（1998）はメインバンクが自らの債権回収を優先する、成長性もリスクも高い投資に消極的など、ガバナンスの改善に貢献しなかったことを指摘した。Hanazaki and Horiuchi（2000）、日高・橘川（1998）、広田（1996）もメインバンクのモニタリング効果に対して否定的である。

　このように、メインバンクが日本企業の監督を担ってきたという説明は広く受け入れられているが、実証研究ではメインバンクの評価は定まっていない。

　Diamond（1984）が唱えた債権者（金融機関）による監督は、日本以外の国でも見られる。しかし、それが機能するかは否かは金融機関のインセンティブ、ひいては金融機関に対する規制によるところが大きい。金融システムが健全な状況では、ガバナンス機能も適切に働くが、金融危機になると機能しなく

なってしまう（Becht et al., 2003）。

　これまで述べたのは、債権者による規律付けであるが、元本や金利の支払いは義務的経費なので、負債そのものが規律付けの役割を果たすと考えられる。Smith and Warner（1979）は、債権者が、企業の支払い不履行や財務制約条項違反を通じて、どのようにコントロール権を獲得し、株主との利益調整を行って経営者の規律付けを行うかを論じた。Jensen（1986）は、負債は経営者の裁量で使うことができるフリーキャッシュフローを低下させるので、エージェンシー・コストを引き下げ、企業価値を高めると主張した。

　さらに、Jensen（1989）は、LBO は、負債による規律付けで公開企業よりも企業価値を高めることができると強調した。

　1980 年代の米国では LBO が台頭し、ジャンクボンド[13]を利用した大規模な買収が次々と行われた。LBO とは、主にプライベート・エクイティ・ファンドなどが、買収先企業の資産及びキャッシュフローを担保に負債を調達することにより、少額の自己資金で買収を行う手法である。買収後はコスト削減や資産の売却などにより、キャッシュフローを増やして負債を返済する。少ない自己資本と高いレバレッジで、規模の大きな資本の企業を買収できることから、このように名付けられた。LBO では、事業や資産売却から生み出されるキャッシュフローのほとんどを負債の返済に充てる前提で、将来のキャッシュフローを予測してギリギリまでレバレッジを高める。そうすると、経営者の手元には資金が残らないので、無駄遣いが少なくなり、経営の効率化や企業価値の増大につながると考えられている。

---

13) 投資不適格債券を指し、一般的には、格付がスタンダード・アンド・プアーズ（S＆P）社、ムーディーズ社の格付でダブル B ないしそれ以下の低格付のものをいう。Junk Bond のジャンクは「がらくた」の意味で、債権回収の可能性が低い（リスクが高い）分、利回りが高いので、ハイイールド債ともいわれる。

第 4 章

資本コストと資本政策

1. 株式会社の価値創造と資本コスト

　株式会社は幅広い株主から資金を集めて事業を行うので、株主が求めるリターン（収益率）を生み出す必要がある。それを考察するために本章では、株主が求める期待収益率である資本コストと株式会社の価値創造について説明し、合わせて資本構成や株主への還元などについても述べる。

　2018年に改訂されたコーポレートガバナンス・コードでは、企業に自社の資本コストを把握することを求めている（第8章第2節参照）。今後は、経営者も社外取締役も、経営判断にあたってROEや資本コストを指標として踏まえなくてはならず、企業財務に関する基礎知識が不可欠となっている。

経営の効率性とエージェンシー問題

　日本企業の経営者は売上などに対する関心は強いが、投資に対するリターン（投資収益率）への関心は低いといわれてきた。日米欧の企業の経営目標を比較した**図表4-1**（1988年のアンケート調査）を見ると、欧米企業の経営者が投資に対する収益率や株価を経営目標としてきたのとは対照的に、日本の経営者は売上、新商品比率などを経営目標としてきたことがわかる。

　図表4-2は、日本企業が重視する業績指標について1998年と2012年の調査を比較したものである。顕著な変化は、「売上高」が45.7%から19.0%に減少、「利益」が36.3%から54.2%に増加して、最も重視する指標が「利益」に入れ替わったことである。だが、「利益率」の回答が19.6%と2割未満で、まだ、効率性への関心が十分とは言えない。

　経営の効率性は、コーポレートガバナンスの重要な課題である。第2章で説明したように、エージェンシー問題とは、株主が経営者（代理人）に経営を

● 図表4-1　経営目標：日米欧企業の比較（1988年）

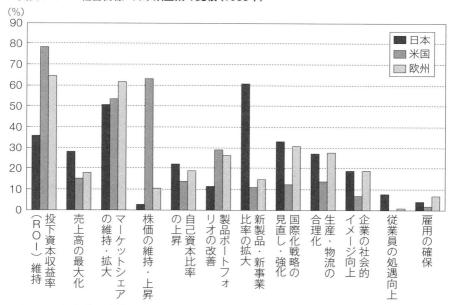

出所：経済同友会（1988）『昭和63年度企業白書――差異化の時代』
調査：経済同友会によるアンケート調査、日本は1988年6月、米国は7月、欧州は7-8月
対象：日本は上場企業及び会員非上場企業1984社。724社が回答（36.5％）。アメリカは同様の基準で1,000社、73社が回答（7.3％）。欧州も同様の基準で2,000社（4カ国で500社ずつ）。123社が回答（6.2％）。内、イギリス14社、フランス18社、西ドイツ33社、イタリア58社

● 図表4-2　重視する経営指標の変化

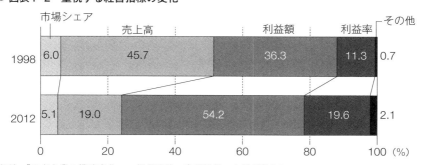

出所：『日本企業の構造変化――経営戦略・内部組織・企業行動』RIETI Discussion Paper Series 12-J-017（2012年5月）
調査：経済産業研究所によるアンケート調査（2011年12月～2012年2月）
対象：大企業・中小企業、製造業・サービス産業15,500社に対して調査票を送付し、3,444社から郵送又はウェブサイトを通じて回答を得た（回答率22.2％）

委託すると管理が疎かになって企業価値が低下してしまうことである。情報の非対称性があるために、株主は十分な監督ができないのが課題となる。

投資家の立場から見た株式の位置付け

　資本を提供する投資家（株主）は、会社が資本を用いて期待するリターンを上げることを求める。投資家の立場から見た場合、多様な投資対象の中で、株式はどのように位置付けられるだろうか。

　投資家の立場から株式と社債を比べてみよう。社債の金利は固定で金額が決まっており、金利も元本も支払わなければならない債務である。従って、倒産した場合は、会社の資産が清算され、その中から社債の元本と金利が投資家に返済される。ところが、株式の場合、配当は会社の業績に応じて決定されるので[1]、業績が悪ければ減配か無配になる。会社が倒産した場合、会社の資産を清算して、その中から優先順位に応じて債権者に支払いが行われる。滞納した税金、銀行借入や社債の元本と金利、取引先に対する債務、従業員の未払い賃金など、すべての債権者への支払いが終わった後に残った剰余金の中から株主は配当を受け取る。倒産の場合は債務超過になっていることも多いので、すべての債権者への支払いすらカバーできないのが一般的で、株式が「紙くず」に帰して、株主に何も支払われないことが多い。このように、株式は社債に比べてリターンが不確実である。

　しかし、株式のこの仕組みは、株主にとってメリットもある。業績が好調で成長性も高い会社を考えよう。その会社は投下資本を大きく上回る価値を生み出しているので、時価総額も簿価を大きく上回っているはずである。その場合も、会社の清算の時と同様、債権者に債務を弁済した後に残った剰余金が株主に帰属する。その金額は、会社の設立時に株主が資本として払い込んだ金額を大きく上回っているはずである。

　要するに、株主には残余財産請求権が与えられているので、債権者へ債務が弁済された後で残った財産が株主に帰属する。その金額は会社の業績が不振ならゼロかマイナスだが、業績が好調であれば株主が払い込んだ金額を大きく上回り、それがキャピタルゲイン（値上がり益）を生む。時には、短期間で巨額

---

[1] 配当の金額は株主総会で決議されるが、一部の株式会社では定款で定めることにより、取締役会で決定することができる。

のキャピタルゲインを得られることもあり、その場合、収益率は社債を大きく上回る。株式は社債に比べてリスクが大きい半面、リターンも大きいことが分かる。

株式の投資家は、配当やキャピタルゲインを期待しているが、いずれも不確実な上に、元本の保証もないので、そのリスクに見合った高いリターンを求める。これがすなわち企業にとっての株式の資本コストとなる。

つまり、株式の資本コストとは配当のコストではなく、企業が株主から資本の提供を受けて事業を継続するために、どのぐらい稼ぐ必要があるか、という閾値であり、企業が目指すべき収益率を規定する重要な指標である。経営者には、その会社の資本コストを上回るリターンを上げることが求められている。

株式会社の存在意義

次に、より広い投資対象の中での株式の位置付けを考えよう。**図表4-3**は、X軸にリスク（標準偏差）、Y軸にリターン（期待収益率）を取り、投資家の立場から見た多様な投資対象のリスクとリターンの関係を示す。

リスクの低い投資対象はリターンも低く、リスクの高い投資対象はリターン

● **図表4-3　多様な投資対象のリスクとリターン（イメージ）**

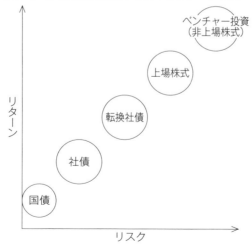

注：国債がY軸に接しているのはリスクフリー資産と見なされていることを示す
出所：筆者作成

も高い。資本市場の証券を並べると、左下から右上に向かって、国債、社債、転換社債、上場株式、ベンチャー投資（非上場株式）という順になる。同じ上場企業の株式でも、鉄道、日用品など安定した事業を営む大企業はローリスク、ローリターンで、IT業界など技術革新が激しい分野の新興企業はハイリスク、ハイリターンになる。

多くの投資対象の中から株式を選ぶ投資家が期待しているのは、株式会社を通じてのみ可能なリスクの高い投資（事業に対する投資）を行い、より高いリターンを上げることだということがわかる。

投資家が期待するこのリターン（期待収益率）が、会社にとって株主資本を調達するために必要な株式の資本コストとなる。会社が事業を継続していくには、最低限これを上回る利益を稼がなくてはならない。会社は資本コストを上回るリターンを生み出すことではじめて価値を創造する（付加価値を生む）ことができる。言い換えれば、株式会社の存在意義は、資本コストを上回るリターンを上げることにあると言えよう。会社が上げるリターンを測るために、近似値としてROE（株主資本利益率）が用られる。

ROEと株式の資本コストを比べるに当たっては、両者の違いを踏まえる必要がある。ROEは株主資本に対してどれだけのリターン（収益率）を上げたかを示す指標で、純利益を株主資本で除して求める。ROEは過去の会計上の利益（簿価）に基づいて算出される。純利益の額は会計方針・税効果などの影響も受ける上に、毎年変動するので平均を使うなどの配慮が必要である。

それに対して、株式の資本コストは投資家の求める期待収益率なので、企業が将来生む利益に対する市場価格（時価）をベースにした指標である。だが、成長期待がないと仮定すると、理論的にはROEが資本コストを下回ると、企業の事業活動が付加価値を生んでいないことになる。

経済学の用語で言い替えれば、会社が価値を創造するには、事前（ex-ante）の投資家の機会費用である資本コストを上回る事後（ex-post）のリターン（ROE）を上げなくてはならない。仮に、下回る場合、会社は価値を破壊していることになるので、投資家は希少な資源である資本を他の投資対象に振り向けるべきだということになる。

資本コストの求め方

資本コストは市場の投資家が求める期待収益率である。株式会社は、株式

（equity）と借入・社債などの負債（debt）を組み合わせて資金を調達するので、会社の資本コストは株式の資本コストと負債の資本コストの加重平均となる。これが WACC（Weighted Average Cost of Capital 加重平均資本コスト）である。

負債の資本コストは、投資家が求めるリスクに見合った負債の収益率なので、その会社の信用リスク（元本と利子の返済のリスク）を反映する利子率に、負債の節税効果（次節で詳述）を加味したものになる。

株式の資本コストは、投資家は、個別株式に固有のリスクは分散投資によって回避できるという前提で、CAPM（Capital Asset Pricing Model 資本資産評価モデル）を用いてその株式のリスクを反映する利率を算出する。その算出方法は、リスクがゼロの安全資産の利子率（国債の利率を用いる）を基準とし、会社の事業のリスクに対応したリスクプレミアムを上乗せするというものである。リスクプレミアムは、市場ポートフォリオの期待収益率と安全資産利子率の差に、市場ポートフォリオの期待収益率に対する当該会社の株式の期待収益率の感応度（β）をかけて求める[2]。

つまり、株式の資本コストは、会社の事業リスクに対して市場の投資家が求める収益率である。従って、業界の技術革新や新規事業への進出などによりリスクが大きくなれば、資本コストも上昇する。また、日本企業が新興国の企業を買収する場合の資本コストは、日本の国債ではなくリスクの高い対象国の国債が基準となる。

日本企業のROE水準

ROE（株主資本利益率）という概念が日本企業の間で広まったのは1990年代のことである。1996年の調査（赤石・馬場・村松, 1998）で、注目する経営指標として38.9％がROEを挙げており、経常利益、売上高に次ぐ3位となっている。1997年、98年の「日本経済新聞」による社長100人アンケートでも、今後重視すべき経営指標としてROEとの回答が4割を占め、特に98年の調査では、経常利益を抑えてトップになった。

その後関心が薄れたのか、ROEが実際に経営目標として取り入れられて浸透したとは言いがたい状況だった。

---

[2] CAPMは問題点も指摘されているが、実務では幅広く用いられている。

● 図表4-4　日米欧企業のROEの比較

	2009-14年			2015-17年		
	日本	米国	欧州	日本	米国	欧州
ROE（%）	6.11	14.79	14.34	8.79	17.82	14.54
利益率（%）	3.09	9.09	7.35	4.95	9.14	8.31
回転率	0.88	0.67	0.73	0.85	0.73	0.70
レバレッジ	2.15	2.40	2.71	1.99	2.64	2.64

注：Capital IQ により S&P Japan 500（日本）、S&P 500（米国）、S&P Europe 350（欧州）を構成する企業の数値を算出、決算期末ごとの中央値を求めた上で、平均した
出所：伊藤・加賀谷・鈴木・河内山（2017）

　だが、『伊藤レポート』[3]が日本企業のROEが欧米企業に比べて低いことを指摘し、8％を上回る水準を目標とすべきと提言したのをきっかけに、最近は中期計画などにROEを経営目標として掲げる企業が増えた。ROEは売上高利益率、総資産回転率、レバレッジの3つに分解できる[4]。

　日本企業のROEが欧米企業に比べて見劣りする原因は、売上高利益率にある。過去のデータをさかのぼって比較しても同様の傾向が見られる[5]。**図表4-4**は、2009-14年、2015-17年の日米欧のROEを比較したものである。各年度末の各国・地域の中央値を算出した上で数年間の平均値を求めている。2015年以降日本企業のROEは2ポイント以上向上したが、それを牽引しているのは利益率の改善で、主に営業費用（特に売上原価）の削減による（伊藤・加賀谷・鈴木・河内山, 2017）。

　生命保険協会の調査によれば、ROEは投資家の間で最も重視される指標となっている[6]。2007年には、企業年金連合会が議決権行使基準として「ROE8％ルール」を設定した。議決権行使助言会社ISSも、2015年から過去5年間平均のROEが5％を下回り、かつ改善傾向にない場合は、経営トップの取締役選任議案に反対することを推奨した。

---

[3] 『伊藤レポート』については第8章第2節参照。
[4] ROE ＝ 売上高利益率 × 回転率 × レバレッジ ＝（純利益／株主資本）＝（純利益／売上高）×（売上高／総資産）×（総資産／株主資本）　デュポンの分解式と呼ばれる。
[5] 伊丹（2006）は1985-2004年の20年間の日米企業の利益率格差を詳細に分析している。
[6] 同様に投資家が注目する指標に、ROIC（Return On Invested Capital　投下資本利益率）がある。事業活動のために投じた資金から、どれだけ利益を生み出したかを示す指標で、分母に株主資本に有利子負債（他人資本）を加えたもの、分子に営業利益に（1－実効税率）をかけたものを用いるのが、一般的である。

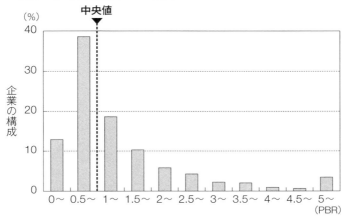

● 図表4-5　日本企業のPBRの分布

注：TOPIX 構成銘柄
出所：Bloomberg に基づく TOPIX 構成企業の PBR の分布（2016 年 9 月 21 日現在）『伊藤レポート 2.0』p.33. より引用

1倍を下回るPBRの意味

　日本の株式市場には、PBR（株価純資産倍率）が1を下回っている企業が多く存在する（**図表4-5参照**）。PBR がマイナスとは、企業が資本コスト割れの事業を行っていると投資家が評価していることを意味する。

　川北（2018）によれば、2018 年 1 月末の日本の平均 PBR は 1.53 倍、ドイツ 2.04 倍、米国 3.21 倍と欧米に比べて低い。PER や配当利回りからみて、日本の株価が安値に放置されているのではないことは明らかなので、PBR が日本企業に対する投資家の評価を象徴していると考えられる。1.53 倍は平均値であり、東証第一部上場企業の 29％、日経平均株価 225 社の 20％（いずれも金融を除く）が PBR1 倍未満だった。下記のような見方もある。

　　極端な言い方をすれば、PBR が 1 倍を下回る企業が解散すれば、株価以上の現金を得られるのだから、事業をやめて解散した方がいいと考える株主が現れてもおかしくない。PBR の 1 倍割れが「市場が企業に与えた経営失格の烙印」（岩沢氏）と言われるゆえんだ（「日本経済新聞」2011 年 6 月 30 日付）。

現在、多くの企業が、8％を上回る水準のROEを目指している。だが、株式の資本コストは会社によって異なるので、本来は、自社の資本コストを算出してそれを上回る水準のROEを目標とするべきである。

8％のROEを達成しても、資本コストを下回っていれば、企業価値を増やすどころか破壊していることになる。その場合、成長率が高ければ高いほど、企業価値をより多く破壊してしまう。高い成長率は、必ずしも企業価値向上に結び付くとは言えないのである。

資本コストに対する企業と投資家の認識のギャップ

資本コストに対する企業の認識は十分とは言えず、投資家の認識とも隔たりがある。生命保険協会のアンケート調査（2017年10月4日－11月6日実施。上場企業581社、機関投資家116社が回答）を見てみよう（241ページ図表12-4参照）。

投資家に対して、企業が重視すべき経営目標（複数選択可）を尋ねたところ、回答は「ROE」が最も多く82.8％、「ROIC（投下資本利益率）」が第2位で44.8％、「資本コスト」は第5位で39.8％だった。一方、企業に中期経営計画で公表している重要な経営指標を尋ねたところ（複数選択可）、「ROE」が最も多く49.1％だったが、「ROIC」は3.8％、「資本コスト」は0.5％とごくわずかで、3つとも投資家の回答と30-40ポイントの開きがある。

次に、「日本企業のROE水準は、資本コスト（株主の要求収益率）を上回っていると思いますか」という投資家への質問に対しては、「下回っている」が49.1％を占め、「同程度」が32.8％、「上回っている」はわずか1.7％だった。一方、企業への「貴社のROE水準は、資本コスト（株主の要求収益率）を上回っていると思われますか」という問いに対しては、「上回っている」が42.9％、「同程度」が18.8％、「下回っている」が20.1％という分布になった。投資家はほぼ半数が、ROE水準が資本コストを「下回っている」と見ているのに対し、企業は4割以上が「上回っている」と回答している。ただし、企業の中で、「詳細な資本コスト（株主の要求収益率）」を算出していないとの回答が58.9％に上った。

日本企業の株式の資本コストに対する考え方

このような認識の違いが生まれた背景には、日本企業では、株式の資本コス

トは配当のコストであるという考え方が一般的で、コストに対する意識が薄かったことがあるだろう。多くの企業がコストを現金支出の観点からみていたので、株式の資本コストは支払配当のみで、留保利益については、コストはゼロと見なしていた。1990年代の複数のアンケート調査では、8割以上の企業がこのような考え方を示しており、財務理論に基づく「投資家の期待収益率」との回答は1990年時点で1.3%にすぎなかった（柴田・高田, 1990；仁科, 1995）。

しかし、2011年以降の調査では、財務理論に基づく資本コストを回答した者が3割以上に増えている（芹田・花枝, 2015；馬場・若林, 2016）。

馬場・若林（2016）は1996年、2011年に同じ質問項目を用いたアンケート調査を行った。それによると、資本コストに関する3つの質問に首尾一貫して財務理論と整合的に回答した企業の比率が、1996年の7.2%から2011年の23.7%に向上している。この回答は大企業に偏っており、売上や時価総額で6-7割を占めた。これらの企業は外国人投資家の保有比率が高く、市場からの資金調達を重視する傾向があり、WACCや割引キャッシュフロー法などの財務理論に基づく指標・経営管理手法を導入している、とされた。

日本企業全体としては、いまだに資本コストに対する認識に投資家との隔たりはあるものの、資本コストを意識している企業は大企業を中心に着実に増えていると考えられる。

2. 資本構成と負債によるガバナンス

戦後の日本企業の主な資金調達手段は銀行借入だった。長い間「無借金企業」が優良企業の代名詞のようになっていたので、負債は少なければ少ない方が望ましいとされた。企業の資本構成について、自社の事業リスクや戦略を踏まえて、目標を会社として定めたり、公表したりすることも少なかった。

負債比率（レバレッジ Leverage）は、企業の資本コストやROE、会社の持続可能性に影響を及ぼすので、経営者が考えるべき重要な指標である。レバレッジは、他人資本をてこのように利用して株主資本の利益率を高めるという意味であり、通常、株主資本に対する負債の比率（Debt-to-Equity Ratio）、あるいは株主資本と負債の和に対する負債の比率を指す[7]。

財務理論では、完全市場においては会社の資本構成は企業価値に影響を及ぼさないとされる。だが、実際の市場では、税金や負債の増加による倒産リスク

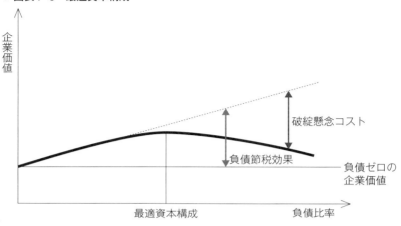

図表4-6 最適資本構成

などについても考えなくてはならない。負債比率を高めると、節税効果（支払利息は税務上損金算入されるので、その分税金が減少し、税引き後利益が増加する）により企業価値が大きくなる。**図表4-6**の点線は、負債比率を高めると節税効果により企業価値がリニアに増えることを示す。ところが、負債比率を極度に引き上げると徐々に倒産リスクが高まるため、企業価値は減少する。

　経営者は、両者のトレードオフを考慮して最適な負債比率の水準（最適資本構成）を決める必要がある。言い換えれば、適度のレバレッジは負債コストを引き下げ、企業価値を高める効果がある。

　レバレッジは負債の資本コストを引き下げるばかりではない。他の条件を一定とすると、ROEも負債比率を高めて株主資本を小さくすれば向上する。このように、適切なレバレッジは企業にとってメリットが大きい。

　しかし、金融危機など不測の事態に備えて株主資本に一定の余裕を持つことも、会社の持続可能性を高めるために重要である。また、財務が健全であれば、大型のM&Aに迅速に対応できるなど経営の自由度も大きくなる。どの程度のレバレッジが適切かは、事業リスク、会社の成長段階や規模、戦略などにより大きく異なるので、それらを踏まえて経営トップが判断する必要がある。

7）総資産に対する負債比率をレバレッジと呼ぶこともある。また、イギリスではギアリング（gearing、歯車によるトルク増大）と呼ばれることもある。

最適な資本構成を検討する場合、負債によるガバナンスの役割についての投資家の見方にも触れておかなければならない。第3章第5節で述べた通り、元本や金利の支払いの義務的経費としての性格、負債に付随する財務制約条項などにより、負債そのものが規律付けの役割を果たすと考えられている。

3. 株主への利益還元とペイアウト政策

株主への還元は、従来は配当だけだったが、日本でも1990年代の商法改正によって自社株取得も可能となった。配当の支払いと自社株買いを合わせて「ペイアウト（Payout）」（あるいは「総還元」）というので、ペイアウト政策という表現が使われるようになった。

企業は投資を通じて企業価値を向上させ、その成果を配当の支払いを通じて株主に還元する。一方、自社株買いを通じて還元することもできる。どちらも完全市場を前提とした財務理論によると、企業価値に影響を与えないとされている。つまり、企業が利益を社内に留保しても、配当として支払っても、あるいは自社株買いを実施しても、理論上は投資家にとって同じということになる。

しかし、現実の世界では投資家はペイアウトを求め、企業も投資ニーズとのバランス、利益水準などを勘案してペイアウトを決定する。以下に、日米企業のペイアウトの動向やペイアウトを決定する要因を説明し、最後に企業と投資家の見方の違いや今後の課題について述べる。

日本企業のペイアウトの動向

戦後の日本企業では、配当は額面（50円）に対しておよそ1割（5円）が妥当という考え方が定着したため、多くの企業の配当は5-7円という時代が長く続いた。金額も横並びが多く、安定配当が良いとされた（配当性向は変動していた）。有配企業の比率は高く、1960年代後半から2000年代までおおむね80％台で推移してきた（業績低迷により赤字企業が増えて70％台に低下した時期もある）。

2000年以降は、海外投資家の保有比率の上昇、ガバナンスへの関心の高まりなどを背景に、徐々に配当の水準が上昇した。また、新たに認められた自社株買いも広がり、配当と自社株買いを通じたペイアウトは拡大している（**図表4-7**参照）。

● 図表4-7　日本企業のペイアウトの推移

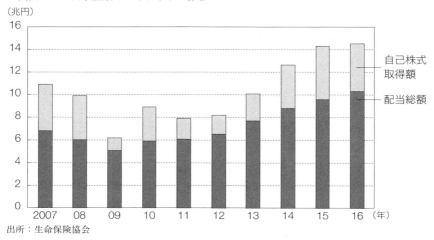

出所：生命保険協会

　近年、上場企業の平均配当性向は徐々に向上し、30％前後に達している。しかし、安定配当を基本として、他社と横並びの水準とするという傾向は大きく変化していない。生命保険協会による企業を対象とした調査でも、中長期的に望ましい配当水準は30％以上40％未満という回答が最も多く、その水準を中心に正規分布になっている。海外では無配の会社も多く、ばらつきが大きいのとは対照的である。

米国企業のペイアウトの動向

　米国の全上場企業（金融業・公益企業を除く）に占める有配企業の比率は、1978年に66.5％であったが、その後低下し続けて1999年には20.8％まで落ち込んだ。つまり、米国では無配企業が8割に達していた。米国で無配企業が増えたのは、上場企業全体に占める新興企業の比率が高まった、黒字でも無配の企業が増えた、が主な理由である（Fama and French, 2001）。欧州でも、米国ほどではないものの無配当の会社が多くなっている。日本で無配企業が2割しかないのと対照的である。

　1978年から2000年の間に、米国の有配企業数は半分未満に減ったが、上場企業全体の配当総額は増えている。特に配当額上位100社の配当総額全体に占める比率が上昇しており、二極分化が進んでいる。黒字の大企業に限定し

● 図表4-8 日米企業の配当性向の推移

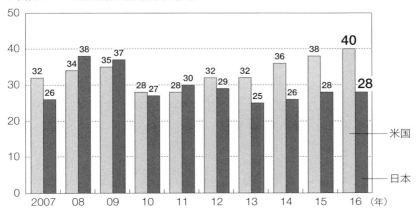

注：日本：TOPIX構成企業
　　米国：S&P500構成銘柄（過去10年間継続してデータ取得可能な企業。赤字企業を除く）
出所：生命保険協会

● 図表4-9 日米企業の総還元性向の推移

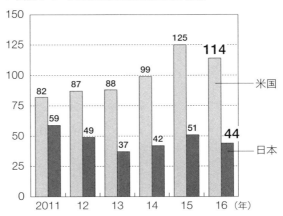

注：（日本）TOPIX構成企業（赤字企業含む）
　　（米国）S&P500構成銘柄（赤字企業を含む、暦年ベース）
出所：生命保険協会

て比較すると、米国企業の配当性向は日本企業のそれを上回る（花枝・榊原，2009、**図表4-8**参照）。近年、米国では自社株買いが増えており、両者を合わせた総還元性向は日本を大きく上回っている[8]（**図表4-9**参照）。

配当を決定する要因

企業が配当の水準を決定する要因については、いくつかの仮説がある[9]。

1) シグナリング仮説　経営者は自社の将来の業績や株価水準に関する内部情報を持っている（投資家との間に情報の非対称性がある）が、配当がそれを伝える役割を担っているとされる。経営者は長期的な配当性向の目標を持っており、配当の変動を少なくしようとするので、長期的・持続的な利益水準の変化が見込まれる場合にのみ配当を変更する（Lintner, 1956）。従って、増配は、経営者が将来の利益の成長に自信を持っているシグナルと受けとめられ、株価が上昇することが多い。日本企業に関する実証研究では、増配後に株価上昇、業績の向上が続くことが多く、強いシグナリング効果が確認されている

2) ライフサイクル仮説　配当政策は企業の成長段階によって異なるとする。成長期の企業は積極的に投資を行い、配当を抑えるが、成熟期の企業は配当を増やす傾向がある。米国では、成熟企業は配当性向が高く、新興企業は無配当、と各社の状況に応じて配当政策を決めている。例えば、NASDAQに上場するマイクロソフトは、かつては無配当だったが、事業の成熟に伴って配当金額も配当性向も大きく増やしてきた。また、自社株買いも活発に行っている。ところが、日本企業の配当は、会社の成熟度にかかわらず、横並びになっている

3) キャッシュフロー仮説　手元資金に余裕のある企業は、経営者が過大投資をしたり、他の目的に使ってしまったりするかもしれないと投資家が懸念し、エージェンシー問題が生じる。だが、この問題は配当を支払うこと

---

[8] 米国企業が過剰な自社株買いを行っているという批判に対して、増資を考慮した分析に基づいて、R&D投資は十分に行われている。S&P500企業のペイアウトが中小企業への投資に還流しているという報告もある（Fried and Wang, 2018）。

[9] ここで紹介した3つの仮説以外にペッキングオーダー仮説もある。これは、外部からの資金調達では、企業と投資家の間の情報の非対称性のために適正なコストで資金が調達できない危険性があるので、このような外部調達の問題を回避するため、企業は内部留保を重視するという仮説である。だが、日本企業に対するアンケート調査によると、この仮説はあまり当てはまらない。

によって払拭できるとされる。特に成長機会が少ない成熟企業の株価には、プラスの効果が大きい

日本企業を対象としたアンケート調査（芹田・花枝, 2015）によれば、配当のシグナリング仮説は当てはまるが、他の2つの仮説を支持する結果は出ていない。また、配当と自社株買いを合わせたペイアウトに関して、日本企業の財務担当者は、投資計画を決定した後にペイアウトを決定すべきであると考える傾向が強い。だが、投資のために資金が必要であればペイアウトを削ってもよいと考える者は少なく、配当に関しては特にその傾向が強い。

自社株買いを決定する要因

日本では自社株買いは、資本の空洞化や株価操縦の懸念などから長く禁止されてきた。しかし、1994年以降規制緩和が進み、2001年には金庫株（Treasury Stock の訳で、企業が保有する自社株）も解禁されたので、近年、ペイアウト政策として自社株買いが積極的に利用されるようになった[10]。

企業が自社株買いを決定する要因については、いくつかの仮説がある。
1) 配当代替仮説　自社株買いを、株主還元のために配当の代替的な手段と位置付けるもの
2) 過小評価仮説　経営者が現在の株価は過小評価されていると感じており、それを示すために自社株買いを公表すると、市場の株価が直ちに修正されるとする[11]
3) フリー・キャッシュ・フロー仮説　企業が保有するフリー・キャッシュを払い出すために自社株買いを公表すると、エージェンシー費用の削減が期待されて株価が修正されるという仮説

さらに、日本では、株式持ち合い解消の受け皿として自社株買いが広く利用されている。

自社株買いは、ペイアウトの手段として配当と代替的とはいえ、両者の違い

---

[10] 自社株買いは、1994年の商法改正によって利益償却やストックオプションの付与などの場合に限り、配当可能利益の範囲内で認められたが、みなし配当課税や定時株主総会決議の問題があり、ほとんど行われなかった。その後、95年の租税特別措置法の改正、97年の手続特例法施行などの措置がとられ、自社株買いを実施する企業が急増した。さらに2001年の商法改正により、会社が目的を定めずに自社株を購入し、処分したいときまで手元で保有する金庫株を認めた。

[11] 配当のシグナリング仮説では、経営者は株価の過小評価の認識に加えて、将来の収益に対する自信（安定性、成長期待）を表明するとする。

もある。第一に、配当は投資家から継続することを期待されるが、自社株買いは一度だけの株主還元である。第二に、配当はすべての株主に対する還元だが、自社株買いは買取に応じた一部の株主が現金を受け取る。配当は所得税、自社株買いはキャピタルゲイン課税と税務上の扱いも異なる。第三に、会社が公表した配当はある程度確実に実行されるが、自社株買いは必ずしもそうではない。自社株買いについて公表した後、買入予定額通りに自社株買いを行う企業もあれば、株価上昇などの理由で行わない企業もある（円谷, 2017）。第四に、配当は一定の期日に一括して支払われるが、自社株買いは一定の期間内に複数回に分けて実施できる。このように、自社株買いは配当に比べてより柔軟、機動的に運用できる。

　自社株買いを行った後の株式は、最終的に消却あるいは処分する（再び市場に流通させる）ことになる。過去の実績によれば、自社株の約5割が消却、約2割が処分されているが、残りの約3割は金庫株となっている。金庫株は議決権も配当を受ける権利もなく、従業員・役員へのインセンティブ報酬や買収資金などに利用できるというメリットがある半面、潜在的な売り圧力として投資家から警戒される。将来、処分されると1株当たり利益の希薄化、株価下落につながる恐れがあるので、投資家は一般的に金庫株の消却を望む。

ペイアウト政策に関する考え方の違いと今後の課題

　株主への還元に関して、企業と投資家の間に認識の隔たりがある。生命保険協会のアンケート調査によると、投資家の4割以上が総還元性向（44.8%）、配当性向（42.2%）を経営目標として重視すべきと考えているが、企業側はそれぞれ7.7%、27.7%しか公表していない。株主還元の数値目標を公表している企業の数は徐々に増えているが、配当性向を指標としている会社が圧倒的である。目標水準として「30%以上」を掲げる企業の割合が増えているが、数値目標を公表していない理由で最も多いのが「安定配当を方針としているから」で、75.8%を占める。

　株主還元・配当政策に関する説明について、会社側の9割以上が「企業側は十分行っている」「一定程度行っている」と考えているが、投資家側の半数近くは「あまり説明されていない」「ほとんど説明されていない」と回答しており、ギャップが大きい。

　株主還元や配当政策に関して、企業に「どのような観点から説明を行ってい

● 図表4-10　株主還元や配当政策に関する説明で重視する観点

順位	企業が重視する観点（%）		投資家が重視する観点（%）	
1	株主還元・配当の安定性	77.8	投資機会の有無	56.0
2	総還元性向・配当性向の水準	49.7	事業の成長ステージ	50.0
3	事業の成長ステージ	27.9	総還元性向・配当性向の水準	49.7
4	投資機会の有無	26.2	余剰資金を抱えているかどうか	37.1
5	ROEの水準	11.7	ROEの水準	25.9
6	資本構成	10.7	株主還元・配当の安定性	25.0

注：複数回答可
出所：生命保険協会「株主価値向上に向けた取り組みに関するアンケート」（平成29年度版）

るか」、投資家に「どのような観点から評価しているか」を尋ねた結果をまとめたのが、**図表4-10**である。企業の8割が株主還元・配当の安定性を重視しているとしたが、投資家から見ると安定性の優先順位は低く、重視すると答えたのは全体の4分の1である。投資家が重視するのは、投資機会の有無、事業の成長ステージ、総還元性向で、いずれも半数前後となっている。投資家はこれらの観点を総合的に勘案して、株主還元や配当政策について判断するべきと考えており、必ずしも安定配当にこだわっていない。

これらの分析からいくつかの課題が浮かび上がる。

日本企業は長い間、安定配当を重視してきたので、増配に対して慎重になる傾向があり、配当性向も他社の動向に合わせて横並びになりがちである。だが、投資家は、ペイアウトは投資機会の有無や事業の成熟度に合わせて柔軟に決めるべきだと考えている。米国では約8割、欧州では4割の企業が無配であることを考慮すると、配当性向も一律に30-40%を目標とするのではなく、各社の戦略に沿った水準に設定するのが望ましい。

つまり、横並びではなく、各社の事業や戦略に即したペイアウトの方針を明確に定めるべきだというのが第一のポイントである。

第二のポイントは、ペイアウトに関する方針や目標を公表し、投資家の関心に対応した丁寧な説明を行うことである。自社株買いの歴史が浅い日本では、株主還元の中心は配当で、自社株買いの役割は副次的だが、海外では両者とも活発に利用され、米国では自社株買いが主になっている。これらの背景を踏まえると、総還元性向を目標に定めるのが投資家には受け入れられやすい。何らかの目標を公表することが重要で、「安定配当を方針としているから目標を公

表しない」というのは、投資家にはわかりにくい。配当を変更できることは投資家も理解しており、目標を公表しても、環境や業績の変化によって増減するのは差し支えない。

　第三のポイントは、両方を組み合わせて柔軟なペイアウトを行い、長期的に総還元性向を高めることである。自社株買いは、配当に比べて機動的に運用できるという利点がある。それぞれの特徴を生かすことにより、経営の自由度、投資家の要望を同時に充足することができる。

4. 現金保有とリスク投資

　近年、日本企業の内部留保が増え続け、手元資金が積み上がっている。2017年9月発表の法人企業統計によると、16年度末の内部留保は406兆2348億円と、初めて400兆円を超え、過去最高を記録した。この手元資金は投資家からどのように受けとめられているのだろうか。

　企業の税引き後利益は、配当か自社株買いを通じて株主に還元される。残りが内部留保となり、投資や負債の償還に使われるか、現金などとして保有される。既存事業や新規事業への投資、M&Aなどの投資は、企業価値を増大させる、企業にとって重要な意思決定である。

　内部留保は株主が企業から配当を受ける代わりに再投資した資本と考えられ、財務理論上は株主に所属する。企業は資本コストを上回るリターンを生んで企業価値を増大させるような投資対象が見つからないのであれば、手元資金を積み上げるのではなく、株主に還元しなくてはならない。そうすれば株主は、資金を別の投資対象に再投資できるからである。かつて新興の成長企業であったマイクロソフトやアップルも、事業の成熟に伴ってペイアウトを大幅に増やしている。一方、将来の成長に向けた投資に必要な資金を留保する必要があれば、それを投資家に説明する必要がある。

　米国企業を対象とした実証研究によると、株主から預かった資本を活用して付加価値を創造し続けている、ガバナンスが優れた会社が保有する現金は、投資家から50％前後高く評価される。それに対して、ガバナンスに懸念がある会社が保有する現金は、エージェンシー問題により評価もディスカウントされてしまう。これは「ガバナンス・ディスカウント」と呼ばれる。

　ガバナンスが優れた会社が保有する現金を、投資家は将来の企業価値向上に

つながるリアルオプションであると考える。リアルオプションとは、オプション価格理論を応用し、不確実性の下での意思決定で企業が有する経営上の柔軟性をオプションになぞらえて分析するものだ。その原理によると、不確実性の大きい将来においては、柔軟性のある資産やプロジェクトは、そうでない資産やプロジェクトに比べて高く評価される。

だから、現金の保有により、収益性の高い事業や将来有望なM&Aなどに投資する選択肢があることが高く買われ、現金の価値以上に大きな評価を受けることになる。例えば、M&Aでライバル企業と競争になった時に、迅速に魅力的な買収提案ができるなどが考えられる。それに対して、ガバナンスに課題がある企業では、手元資金に余裕があると、経営者が過大投資を行ったり、付加価値を生まないプロジェクトに投資したりするのではないかと投資家が懸念するので、現金の価値を下回ってディスカウントで評価されることになる。日本企業が保有する現金は50％ぐらいにしか評価できないと考える海外投資家もいるようだ。

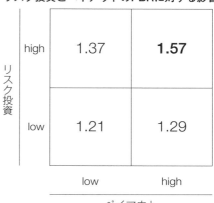

● 図表4-11
リスク投資とペイアウトのPBRに対する影響

縦軸：リスク投資は設備投資・R&D投資・M&A投資の合計額を総資産で除した数値
横軸：ペイアウトは配当・自社株取得の合計額を総資産で除した数値
出所：中野（2016）、p. 62

本章の冒頭に述べたように、多様な投資対象を持つ投資家にとっては、株式投資はリスクのある事業投資に参加する手段として意義がある。それを明確に示すのが、リスク投資とペイアウトがPBRに与える影響を分析した**図表4-11**（中野, 2016）である。TOPIXを構成する企業（金融業を除く）について2000-10年の市場での評価をみると、ペイアウトの高い企業よりもリスク投資が大きい企業が高い評価を受けていることがわかる。

投資家は、資本コストを上回るリターンを生む投資につなげることが、企業が現金を保有するための条件であるとする。資本を効率的に活用できない会社は、安全性を高めるために現金を増やすのは許されないと考えるのである。従

って、現金を保有する場合は、明確な保有方針を投資家に提示する必要がある。

　マクロ経済の視点から見ると、海外ではリスクとリターンに応じて資金が配分され、還流する仕組みが機能している。欧米の経営者は、株主資本コストを閾値として投資や株主還元に関する判断を行い、企業価値を増大させるので、社会全体でも富が複利で増えている。ところが、日本ではファイナンス理論が十分に理解されていない、あるいは株主によるガバナンスが機能していない、などの要因で、内部留保が現金として積み上がり、投資家からも評価を割り引かれている状況である。将来、株式の資本コストを上回るリターンを生む投資につなげる見込みがないのであれば、社会全体としては、資金を株主に還元して、価値を創造できる事業や新興企業などに還流させるのが望ましい。

第 **II** 部

日本企業の
コーポレートガバナンスの変遷

第 5 章

日本の株式会社のしくみ

1. 株式会社の特質

　19世紀に確立した株式会社の仕組みは、20世紀にかけて世界的に普及した。20世紀半ば以降、世界各国で、国営で行われていた電話・電力・航空・鉄道等のインフラ事業が民営化され、株式会社によって営まれるようになった。1990年代の社会主義の崩壊も、株式会社の普及を後押しした。このように株式会社が世界的に普及したのは、その仕組みに優位性がある、つまり、構成員（株主）の利益を実現するための仕組みが効率的であることが大きな要因と考えられる。本章では、株式会社の普遍的な特質について述べた後、日本の株式会社の法的枠組みについて説明する。

　株式会社の特質は、①法人格の具備、②株主の有限責任、③株式（持分）の自由譲渡性、④取締役会への経営権の委任（所有と経営の分離）、⑤株主による所有の5点にある（神田, 2006；Kraakman et al., 2004）。言わばコンピュータの初期設定のように、変更はできるが、通常はこれらをすべて満たしているというものだ。以下それぞれについて詳述する[1]。

法人格の具備

　株式会社は法律によって法人格が認められる。法人格を有することで、会社の名において権利を有し義務を負うことが認められるので、権利義務関係の処理がしやすくなるのが利点である。

　法人格によって、会社の資産が株主の資産と明確に分離されるので、会社が

---

[1] 5つの特徴に関する説明は、主に、伊藤・大杉・田中・松井（2009）、Kraakman et al.（2004）、神田（2006）、神田（2010）による。

自らの資産を自由に使用したり、売却したりできるばかりでなく、債権者に対して担保とすることもできる。

法人格に関しては2つのルールがある。第一は優先ルールで、会社の債権者の会社の資産に対する請求権は、株主の債権者に優先するとする。例えば、ソフトバンクが銀行から借入をすると、大株主である孫正義社長にローンを貸している債権者がいても、ソフトバンクに対する銀行の請求権の方が優先される。これにより、会社の契約が履行される信頼性が高まるというメリットがある。

第二のルールは清算保護に関するもので、株主が会社資産に対する各自の持分を引き出して会社の部分的な清算を強要したり、株主の債権者が会社資産に対する株主の持分に担保権を行使したりすることを禁止する。これによって、会社の継続企業（going concern）としての価値が維持されることになる。

これらのルールに基づく法人格は、株主の債権者から会社資産を守る役割を果たすので、会社の安定性・信用性を高めることができる。「法人格」が次に述べる「株主の有限責任」と結び付くことにより、会社の資産は株主個人の資産と区別されるので、株式の譲渡が可能となる。

株主の有限責任

株式会社の出資者である株主は、出資額を超えて会社の債務に弁済責任を負わないというのが有限責任の考え方である。株式会社は大規模な共同事業を想定しているため、出資者の有限責任を認めないと、リスクが大きくなり過ぎて、多数の出資者を募るのが難しくなるからである。組合など他の組織・会社では有限責任を認めないことも多く、その点で株式会社と異なる。

歴史的には、長い間、株式会社は無限責任が一般的だったが、今日では有限責任は株式会社に普遍的に見られる。これは有限責任によって、契約の締結や資金調達が容易になるからである。

有限責任により、株主の債権者の担保となるのは、株主個人の資産のみとなり、会社の資産は含まれない。一方、前述した法人格により、会社の債権者の担保となるのは、会社の資産のみで、株主個人の資産は含まれない[2]。つまり、

---

2) 法人格は、会社が自ら資産を保有することにより、株主の債権者よりも会社の債権者を優遇する一種の浮動担保（floating lien）として機能するので、「積極的な」資産分離と呼ばれる。これに対して、有限責任は、株主の個人資産を株主の債権者に排他的に留保するので、「防御的」な資産分離と呼ばれる（Kraakman et al., 2004）。

法人格と有限責任の組み合わせにより、会社の資産と株主個人の資産が区別される。それによってどちらの資産も担保としての価値が高まる。債権者にとっても基準が明確になるので、取引がしやすくなるという利点がある。

株式会社は新しい事業分野に進出する際、子会社を設立することがある。リスクの大きな事業で負債をかかえても親会社は出資金額以上の責任を負わない。子会社が自らの資産を担保にして独自に資金を調達する場合、子会社の債権者は、子会社の資産に対してのみ請求権を持つ。子会社の債権者は、子会社の事業や資産を分析して信用供与の判断をするので、子会社の経営を監督できる。つまり、有限責任の仕組みにより、新規分野に進出する際、外部のパートナー（子会社の債権者）の専門的な知識やリスク負担能力を利用できる。これが、社内に新しい事業部を設けるのではなく、子会社を設立するメリットである。

このように有限責任は、株主と債権者の間でリスクを分かち合う手段となるので、株主が1人だけの場合など、資金調達のために株式会社形態が必ずしも必要でなくても、株式会社を設立することがある。

株式（持分）の自由譲渡性

株式会社では、出資持分が株式とされ、株券という有価証券に表章されている。株式とは、法的には、種類ごとに株主が会社に対して有する地位（社員権）を細分化して割当的単位の形を取る。権利内容が標準化されているので、各株主の権利の大きさは基本的に持株比率によって表される。これによって、株主の権利行使や会社から株主に対する通知・配当の支払等が容易になり、法律関係が明確になる。また、外部者による株式の価値の評価もしやすくなり、株式の流通が促進される。上場会社については、2009年の株券の電子化（完全無券面化）により、電子的に譲渡を行う振替制度が発足した。これらの仕組みによって株式の譲渡性が高められている。

この譲渡性は、株式会社を他の様々な形態の法人と区別する基本的な特徴である[3]。組合や相互会社などでは持分の譲渡が認められないことがしばしばあるが、株式会社の場合は、株主は株式を自由に譲渡できるので、投下資本をいつでも回収できる。株式会社では、会社債権者保護のため出資の払い戻しが原

---

[3] 持分の譲渡可能性を制限する閉鎖会社は多くの国に存在する。日本でも2006年の会社法施行まで、持分の譲渡を予定しない閉鎖的な有限会社という制度があった。米国、イギリス、ドイツ、フランスなどの国でも同様な株式会社の設立が認められている。

則として認められない。そこで、株主の投下資本の回収手段として、第三者への株式の譲渡を認めたのである。一方、会社も所有者が変わっても、事業を中断することなく続けることができる。自由譲渡性により株式の流通性が高まるので、株主は分散投資を行うことができる。

　株式会社にとっても資金調達の柔軟性が高まるので、多くの国で、株式の自由譲渡性が前提となっている。ただし、株式の譲渡を自由に認めると、信頼関係のない者が株主となる可能性もある。そこで、株式取得の際に現在の株主や会社の承認を得なければならないなどの規定を設けることがある。株式を取引所に上場する場合は、譲渡制限の定款条項がないことが上場規則に定められているので、上場株式には譲渡制限がない。

　株式の譲渡性は、有限責任と法人格の特徴の一つである清算保護ルールに密接に関係している。これらのいずれかが欠けた場合、株主が変わると会社の信用が大きく変化し、それに応じて株価も変動する。このため、法人格、有限責任、株式の自由譲渡性は併存することが多く、あらゆる国の株式会社の標準的特質となっている。

取締役会への経営権の委任（所有と経営の分離）

　株式会社では、株主が業務執行者を選任し、この業務執行者が事業経営の意思決定と執行をするのが一般的であり、「所有と経営の分離」といわれる。これにより、株主が多数いる場合でも、経営権を一部の業務執行者に集中させて、効率的な経営ができる。また、法的拘束力のある契約に関する権限を持つ者が、第三者の目にも明白になるという利点もある。

　株式会社では、通常、業務に関わる権限を取締役会に与えており、その構成員は株主が選任する。取締役会には、株主総会で決定しなければならない会社にとって最重要の決定を除き、すべての意思決定が委ねられている。日本の株式会社では、株主の選任した取締役が取締役会を構成して経営上の意思決定を行い、その執行は取締役会が選定する代表取締役または業務執行取締役が行うという仕組みが典型的である。

　法と経済学による分析によれば、株式会社の取締役会には4つの特徴がある（Kraakman et al., 2004）。

　第一に、取締役会は形式上、株式会社の業務執行者と区別される。会社に雇用された執行役員は取締役会の構成員となり得るし、場合によっては大部分を

占めることもあるが、取締役と執行役員は法的には峻別されている。株主の承認を必要としない会社の決定は、取締役会の承認を要するものと取締役・執行役員が自らの権限で行い得るものとに分けられる。執行役員は業務に係る意思決定の発議と執行を行い、取締役会は執行役員の業務の監督、意思決定の承認、執行役員の選任を行う。

　第二に、取締役会は会社の株主とは形式上区別される。この区別により、最も重要な意思決定を除いて、日常的な意思決定はいちいち株主の同意を得ずに行えるので、効率性が高まる。また、取締役会は会社の意思決定をチェックする役割を担っているので、支配株主による機会主義的な行動（会社と取引のある第三者に利益誘導を図るなど）を牽制できる。さらに、少数株主、債権者などの利害関係者は取締役会に加わることにより、情報にアクセスしたり意思決定に参加したりできる。また、取締役会は会社の意思決定権者としての役割を与えられるので、倫理規範や社会的圧力を感じて、すべての利害関係者の利益を尊重しようと行動するようになる。

　第三に、取締役会の構成員は株主によって選任されるので、取締役会は株主の利益に沿って行動するようになる。

　第四に、取締役会は通常複数の構成員から成る。この構造により、取締役は相互に監視し合い、おかしな意思決定をチェックできる。

株主による所有

　株主による所有とは、株主が①事業の運営を支配する、②利益の分配を受ける、ということを意味する。

　前述のように、株式会社における株主の権利は、通常、出資された資本の額に比例している。株式会社を支配する権利は株主総会における議決権であり、利益の分配に関わる権利は剰余金の配当を受ける権利、残余財産の分配を受ける権利である（会社法第105条）。

　株式会社に関与する様々なステークホルダーの中で、株主の利益は契約によって保護するのが最も困難なので、株主が株式会社を所有することが合理的だと考えられている。また、株主の利害は同質的なので、複数の株主が株式会社を共同で統治する際の利害の衝突が小さいという指摘もある。

　出資者による所有は、株式会社の効率性を支えてきた重要な原則であるが、例外が認められることもある。例えば、ベンチャー企業では起業家と投資家の

間で、利益・資産・経営権に関して複雑な協定が結ばれることが多い。

2. 戦後の株式会社の仕組みと法的枠組み

　ここでは戦後日本の株式会社の仕組みや法的枠組みについて述べる。戦後の株式会社のガバナンスの特徴については次の第6章で解説する。

会社法と金融商品取引法

　会社の設立・解散、組織、運営、資金調達、管理など、会社に関する基本的な枠組みを定めた法律は「会社法」と呼ばれる。現在の会社法が公布されたのは2005年7月26日、施行されたのは06年5月1日であり、それ以前は「会社法」と題する法令は存在しなかった。それまでは、明治時代に制定された商法の一部（第2編）、有限会社法、株式会社の監査等に関する商法の特例に関する法律（商法特例法または監査特例法）など、会社に関係する法律を総称する名称として「会社法」という語が用いられてきた。

　日本の商法は明治時代にドイツ法に基づいて起草、制定された。だが、戦後の1950（昭和25）年改正で米国法の影響を強く受けて変容し、その後、頻繁に改正が行われて不整合が生じていた。そのため、2005年に会社に関わる法律を商法から独立させることとし、明治以来、カタカナで書かれていた商法を現代語化し、さらに頻繁な改正で生じた不整合を正して再整理したのである。

　上場会社にとっては、会社法と並んで、株式の売買、情報開示などについて定めた法律も重要である。1950年の商法改正に先立って、48年に証券取引法が制定されたが、これは米国の1933年証券法及び1934年証券取引所法を参考として制定された。証券売買の公正・円滑化、投資家の保護を目的として、証券取引所の機構、情報開示、証券市場関係者、有価証券の取引など証券取引全般について規定したものである。その後、2006年に証券取引法を改正する形で、金融商品取引法が制定された。これは、デリバティブなどを含む多様な金融商品を網羅し、投資について横断的・包括的に規制するのが目的だった。

会社の種類

　日本の会社法上、株式会社、合同会社、合資会社、合名会社の4つの会社の形態が認められている。

株式会社が最も数が多く、知名度・信用度も高い。昔は設立するためのコストが高かったが、会社法施行により最低資本金額が1円以上となり、規制緩和も進んで設立しやすくなった。株式会社では所有と経営の分離が原則であり、株主は有限責任である。

　それ以外の3つ（合同、合資、合名会社）は所有と経営が分離されていない持分会社である。株式会社に次いで数が多い合同会社は、会社法で新たに認められた形態で、米国、イギリスに多い法人形態である Limited Liability Company（LLC）を参考に作られた。株式会社と同様に有限責任だが、株式会社に比べて知名度・信用度が低く、資本を集めにくい。しかし、所有と経営が一致しているため、定款自治が広く認められ、経営の自由度が高い、迅速な意思決定が可能、決算公告の義務がない、設立コストが低いなどのメリットがあることから、外資系企業には株式会社から合同会社に転換するケースも多く、近年、合同会社の数は増えている。

　合資会社は有限責任・無限責任社員から構成される会社で、合名会社は連帯で無限責任を負う社員のみの会社（組合的な性質の会社）である。2006年の会社法施行により株式会社・合同会社の最低資本金の縛りがなくなったため、それ以降合資・合名会社が設立されることはほぼなくなった。

　2006年の会社法施行前、持分の譲渡を予定しない小規模な同族会社や個人企業は、有限会社法（1938年に制定され40年に施行）に基づいて有限会社として設立されることが多かった。会社法施行により根拠法の有限会社法は廃止されたが、従来の有限会社に類似した経過措置・特則が適用された。また、社名変更も強制されないため、現在も有限会社を名乗る企業が多数存在する。

　上場株式会社の数は年々増える傾向にある。2017年末現在、東京証券取引所に上場されている会社は3,602社あり、市場一部は2,062社である。

会社に関する用語の定義

　会社に関連する用語の定義を整理しておこう。一般的には「会社」と「企業」の2つの語はほぼ同義に使われているが、「企業」は営利を目的として経済活動をする組織で、個人事業主も含まれる。それに対して、「会社」は法人企業を指す。コーポレートガバナンスは法人企業を対象とするので、本来は「会社統治」と訳すのがふさわしい。

　会社法上の用語には、通常使用されているのとは異なる定義で用いられている

ものがあるので注意を要する。
　一般に「株式公開」とは、創業者・関係者などが保有している株式を自由に売買できる状態にすることを指し、「上場」とは、株式を証券取引所を通じて自由に売買できるようにすることである。以前は証券取引所を通さずに取引を行う店頭市場という市場があったが、2004年に店頭市場もジャスダック（JASDAQ）という名前で証券取引所になったため、日本においては株式公開と上場は同義となった。東証は譲渡制限のある株式の上場を認めていない。ただし、会社法上、「公開会社」はすべての株式に譲渡制限を設けている会社以外の株式会社を指す（一部の株式に譲渡制限を設けている会社も「公開会社」となる）。
　また、「大会社」とは、資本金の額が5億円以上または負債の合計額が200億円以上の株式会社を指し、会計監査人の設置、情報開示などについて投資家保護の観点からより厳しい規制が課される。

株式会社の機関

　現在、日本の株式会社では3種類の制度設計が認められているが、本章では最も古くからあり、現在も上場会社の約8割が採用している監査役会設置会社について説明する（他の2種類については第8章で解説する）。監査役会設置会社には、重要な機関として、株主総会、取締役、取締役会、代表取締役、監査役会、監査役、会計監査人がある。
　株式会社の仕組みは、民主主義に例えるとわかりやすい。多数の株主が議決権を行使して選任した取締役から構成される取締役会が立法府に当たる。取締役会では代表取締役（社長）を選任し、重要な意思決定を行う。代表取締役を含む経営陣が、取締役会の意思決定に沿って日常的な業務執行を担うので、これが行政府に当たるだろう。司法機能を担う独立した機関はなく、取締役会が経営陣の業務執行を監督する。

株主総会

　株主総会は会社の最高の機関で、会社の基本的事項に関する意思決定機関である。株式会社では所有と経営が分離されているため、株主総会の権限は意思決定に限られ、経営（執行）は取締役・執行役（員）に委ねられている。
　会社法第105条は、株主の基本的な権利として、①剰余金の配当を受ける

権利、②残余財産の分配を受ける権利、③株主総会における議決権、の3つを定めている。①②は自益権（会社から直接に経済的利益を受ける権利）、③は共益権（会社経営に参与しあるいは取締役等の行為を監督是正する権利）と呼ばれる。株主平等の原則に基づいて、議決権は1株について1個付与されている。ただし、会社が保有する自己株式には議決権がない。それぞれの権利に着目して、株式を「利潤証券」「物的証券」「支配証券」と呼ぶことがある。

株主総会では、下記のような重要な事項が決議される。

- 取締役・監査役などの機関の選任・解任
- 会社の基礎的変更に関する事項（定款変更、事業譲渡、合併・会社分割、解散など）
- 株主の重要な利益に関する事項（剰余金配当、株式併合など）
- 取締役に委ねたのでは株主の利益が害される恐れが高いと考えられる事項（取締役の報酬の決定など）

株主総会の普通決議は、定款に特別の定めがない限り、出席株主の有する議決権の合計が行使可能な議決権の過半数（定足数）、かつ、出席株主の議決権の過半数により決議する。ただし、定款の変更、株式の併合、組織変更・合併・会社分割・株式交換及び株式移転など株主の利益に影響を与える重要事項については、特別決議が必要である。この場合、定足数は普通決議の場合と同様で、出席株主の議決権の3分の2以上により決議する。

株主は日々変化するので、会社は基準日を決め、その時点の株主に議決権行使を認める。日本の多くの企業は4月1日から3月31日を事業年度と定め、3月31日を基準日としている。会社法では基準日の効力を3ヵ月以内としているので、多くの会社が6月中旬から下旬にかけて株主総会を開催する。

取締役

取締役はすべての会社に設けられており、会社の委任を受けて会社の意思決定を行い、それを実行する機関の一つである。会社法では、取締役・会計参与[4]・監査役を「役員」といい、これらの役員と会計監査人は株主総会の決議によって選任される（なお、2003年商法改正で導入された委員会等設置会社においては執行役も役員に含まれる）。

取締役は取締役会に出席し、会社の業務執行に関する意思決定に参加し、代表取締役・業務執行取締役の業務執行を監督する。監督方法としては、取締役会の決議により代表取締役・業務執行取締役に対して具体的な行為の是正を命じる、代表取締役を解任する、などがある。

　取締役の任期は2年であるが、定款や株主総会決議によって短縮できる。

　取締役は会社法330条により会社と「委任」関係にあり、会社に対し、善良な管理者の注意をもってその職務を行なう義務（善管注意義務）を負っている[5]。会社法355条では取締役の会社に対する忠実義務を定めている（善管注意義務と忠実義務の内容については、同質とする意見が多数説・判例である）。

　このような規定はあるものの、取締役は日常的な業務執行に関しては、一定の裁量を有していると考えられている。これを「経営判断の原則」（business judgment rule）と呼ぶ。元来、株式会社は不確実な情報に基づいて意思決定を行ったり、リスクのある投資判断をしたりする必要がある。これらが結果的に失敗して会社が損害を負った場合に、事後的に経営者の判断を審査して責任を問うことを無限定に認めれば、経営者が萎縮してしまう恐れがある。そこで、経営者が適切な情報収集や検討を経て下した経営判断については、それが著しく不合理なものでない限り経営者の裁量を認め、裁判所は立ち入らないとしている。

　経営判断の原則はもともと米国会社法上の原則だが、多くの国に影響を与え、日本でも採用されている。

> 「役員」「経営者」の意味
> 　「役員」「経営者」などの語は文脈によって異なる意味で使われる。「役員」は会社法上の役員を指すこともあれば、常勤で業務執行を担う上級管理職を指すこともあり、後者を「執行役員」と称する会社も多い。
> 　「経営者」は、一般的に常勤で日常の業務執行に当たる者、「執行役員」「執行

---

[4] 中小企業の計算書類の適正を担保するための制度で、会計専門家（公認会計士や税理士）を計算書類の作成に関与させる。会計参与は特例有限会社を除くすべての株式会社で任意的に設置が認められるが、唯一の例外として、取締役会を設置しながら監査役を設置しない株式会社（指名委員会等設置会社・監査等委員会設置会社以外の非公開中小会社）には、会計参与の設置が義務付けられている。
[5] 委任に関する一般規定は民法にあり、受任者は委任された職務を行うに際し、善良な管理者の注意をもって行うことを義務付けられている（民法644条）。

役」6)などの役職に就いている者を指すことが多い。日本では長い間社外取締役が少なかったことなどから、経営と業務執行を同義に捉える傾向も強い。

しかし、「経営者」は、会社経営の法的責任を持つ者という意味で取締役を指すこともあるし、両者を含めて用いられることもある。会社の正式の意思決定機関は取締役会なので、「経営者」に社外取締役も含め取締役が含まれるという解釈もできる。

取締役会

取締役会は取締役全員で構成し、①業務執行に関する会社の意思決定をする、②取締役の執行を監督する、③代表取締役の選定及び解職を行う。公開会社は必ず取締役会を設置しなくてはならない。

取締役会で決議すべき法定事項には、①重要な財産の処分及び譲り受け、②多額の借財、③支配人その他の重要な使用人の選任及び解任、④支店その他の重要な組織の設置、変更及び廃止、⑤社債の募集、⑥取締役の業務執行が法令及び定款に適合することを確保するための体制、その他株式会社の業務の適正を確保するために必要なものとして法務省令で定める体制（内部統制システム）の整備、⑦定款規定に基づく取締役等の責任の一部免除、が含まれる。

取締役会では、法定事項の他「重要な業務執行」の内容を決定する。これらは、定款で定めても、決定を代表取締役に委ねることはできない。

取締役会の決議は、「議決に加わることができる取締役」の過半数が出席し、その出席した取締役の過半数で決定する（議案によって、利益相反など決議に加わるのにふさわしくない者がいれば、その者を除外する）。取締役1人について1議決権であるが、株主総会と異なり、他人に委任して代理行使することは認められない。

取締役会には代表取締役を含む取締役の業務執行の監督が求められるが、業務執行の面で社長の部下に当たる社内取締役は、監督機能を発揮することは難

---

6)「執行役員」は会社における業務執行を担う。経営の効率化、監督機能の強化の観点から取締役会改革の一環として導入されたもので、会社法上の根拠はなく、法律的には従業員である。法的根拠のない任意の制度なので、その身分や権限は会社によって異なる。「執行役」は、会社の業務を執行するという点で執行役員と同じだが、指名委員会等設置会社では設置を義務付けられており、会社法の中で明確に位置付けられている（会社法上「役員等」に含まれる）。どちらも第8章第1節で詳述する。

しい。戦後日本企業の取締役会は社内取締役が中心で、員数も数十名と多かったので実質的な議論ができず、形骸化しているといわれていた。しかし、近年、社外取締役の選任を通じて、取締役会の監督機能が強化された。2014（平成26）年会社法改正により、社外取締役を選任しない会社は社外取締役を置くことが相当でない理由を説明しなければならないとされ、事実上、社外取締役の設置が義務付けられたと言えよう。2015年に導入されたコーポレートガバナンス・コードでは、東証上場企業は2名以上の独立社外取締役の選任が求められるようになった。

代表取締役

代表取締役は会社の業務の執行をし、対外的に会社を代表して契約などの取引行為を行う。代表取締役は取締役会の決議で取締役の中から選定するので、取締役会の構成員でもあり、意思決定と執行の連携が可能となる。

代表取締役は、日常業務については取締役会からその決定権限が委譲されていると考えられている。人数は1人でも複数でもよい。通常、社長は代表取締役であることが多い。会長、副社長、専務なども代表取締役になっている会社もある。

代表取締役は会社の代表権を持つなど大きな権限を有するが、取締役会の決議で選任されるばかりでなく解任されることもある。2011年には、オリンパスで、外国人として初めて代表取締役社長に就任したマイケル・ウッドフォードが解任されて話題になった。

監査役

監査役は取締役の職務の執行を監査する。監査には業務監査と会計監査が含まれるので、監査役の権限は経理のみならず会社の業務全般に及ぶ。業務監査は、取締役の職務の執行が法令・定款を遵守して行われているかどうかを監査する適法性監査が中心となる。取締役の経営判断に関わる事項についても、善管注意義務違反がないかどうかを監査する。会計監査は、会計監査人（公認会計士、監査法人）と連携して、計算書類及びその附属明細書を監査する。定時株主総会の招集通知時には監査報告が提供され、会計監査および業務監査の結果が記載される。

監査役は株主総会で選任され、その任期は4年である。独立性を保証する

ために任期を長くしており、定款などで任期を短縮することはできない。監査役は、会社・子会社の取締役、執行役、支配人、使用人を兼ねてはならないことになっている。

監査役は複数いる場合でも、各自が独立して監査権限を行使でき、これを「独任制」と呼ぶ。監査役会を構成する他の監査役と意見が異なったとしても、1人で監査を行うことができる。

監査役会設置会社では監査役と監査役会の設置が義務付けられているが、指名委員会等設置会社、監査等委員設置会社では監査（等）委員がその役割を担うので、監査役を置くことができない。

なお、内部監査、三様監査については、第11章第5節で解説する。

監査役会

監査役会はすべての監査役で組織し、①監査報告の作成、②常勤の監査役の選定及び解雇、③監査の方針、会社の業務及び財産の状況の調査の方法その他の監査役の職務の執行に関する事項の決定、を行う。ただし、③の決定は、個々の監査役の権限の行使を妨げることはできない。これは監査役会制度の下でも独任制を維持し、監査役の独立性を高め、監査の実効性を確保するためである。

大会社かつ公開会社の場合は、監査役は3名以上必要で、社外監査役が監査役の数の半数以上でなくてはならない（過半数ではない）。また、常勤の監査役が最低1名必要とされるが、会社法では常勤の概念が定義されていない。

2014（平成26）年の改正会社法により、監査役会設置会社では、株主総会に提出する会計監査人の選解任等に関する議案の内容は、監査役会が決定するものとされた。それまでは取締役会が決定していたが、会計監査人が取締役から影響を受け、経営陣の意向を慮った監査を行う恐れがあるという指摘を受けて、決定権を監査役会に移した。

会計監査人

会計監査とは、計算書類及びその附属明細書を監査することである。会計監査人制度は1974（昭和49）年の商法改正で創設された[7]。大会社かつ公開会社では、必ず会計監査人を置かなくてはならず、会計監査人は公認会計士または監査法人でなくてはならないとされている。会計監査人は株主総会で選任さ

れるが、前述のように、監査役会が選任議案を提案する権利を持っている。

　大会社では、会計監査はまず会計監査人が実施し、監査役は、会計監査人の監査の方法・結果の相当性を判断する。もし相当でないと認めた場合は、自ら監査した上で、その結果について監査報告に記載する。監査報告は監査役会と取締役会に提出される。

　会計監査人は、取締役の職務遂行に関して不正行為や法令・定款違反の重大な事実を発見した場合には、遅滞なくそれを監査役会に報告しなければならない。また、監査役は、必要があれば会計監査人に報告を求める権限を有する。

　会計監査人による会計監査は、会社の財務報告の信頼性を担保し、投資家を保護する上で重要な役割を果たす。ところが、実際には、監査契約の特殊性のために、会計監査人の意見が曲げられてしまうことがある。

　監査契約の受益者は株主・投資家など企業の利害関係者だが、監査手数料は企業が支払う。会計監査人には受益者のために独立した立場から企業の会計監査を行うことが求められている。しかし、企業は監査法人にとって多額の監査手数料を支払う顧客である上に、監査契約は長年にわたることも多い。監査法人はその契約を失うのを恐れ、企業の財務担当者と意見が食い違った時に自らの意見を貫くのが難しくなる[8]。

　このため、2007年に公認会計士法が大幅に改正され、粉飾を重大な過失で見逃した場合は監査報酬の全額（故意の場合1.5倍）を科す課徴金制度が新設された。また、監査法人と企業のなれ合いを防ぐために、「独立した立場で業務を行わなければならない」との規定が設けられ、大手監査法人が上場会社の監査を担当する「主任会計士」の交代制が継続7年・インターバル2年から5年・5年に厳格化された。

---

7) 1948年に公認会計士法の公布により公認会計士が誕生し、証券取引法によって公認会計士による監査証明が企業に義務付けられた。1950年には監査基準が発表された。その後、会計不祥事が発生するたびに監査制度はより厳格になった。1965年には山陽特殊製鋼倒産事件で個人事務所による財務諸表監査の限界が明らかになり、1974年に商法に基づく公認会計士監査が導入された。

8) 4大監査法人の一つ、中央青山監査法人は度重なる会計不正により、解散した。同監査法人はカネボウの監査を担当していたが、2005年に同社の粉飾決算が発覚し、06年5月、金融庁から2カ月の業務停止命令を受けた。同年9月にみすず監査法人に名称変更して出直しを図ったものの、日興コーディアルグループ、三洋電機と、監査先の大企業の不正決算が発覚し、07年7月に解散に追い込まれた。

> **「所有と経営の分離」と「経営と執行の分離」**
> 　株式会社の特徴の一つが「所有と経営の分離」である。株主が多数いる場合も、経営権を一部の業務執行者に集中させて効率的な経営ができるという利点がある。だが、株式会社の巨大化、株主の分散により、所有者（株主）と経営者の利害の不一致が問題とされるようになった（エージェンシー問題）。この場合の「経営者」には、執行役員など日常的に業務執行にあたる者、会社の意思決定に法的な責任を持つ取締役などが含まれると考えられる。
> 　コーポレートガバナンス改革では、「経営と執行の分離」が重視されてきた。これは執行役員などの業務執行機能と取締役会の監督機能を明確に分離して、牽制を図る狙いがあり、「監督と執行の分離」と言われることもある。この場合には、「経営」には重要な意思決定と監督が含まれ、日常的な業務執行は含まれないと解される。
> 　このように、「所有と経営の分離」と「経営と執行の分離」では、「経営」という語が異なる意味で用いられていることに留意する必要がある。

3. 監査役会設置会社

　監査役会設置会社は、上場会社の8割近くが採用する最も歴史が古い制度設計である。ここでは、監査役の役割、その変遷を解説した後に三菱商事を事例として監査役会設置会社について詳しく述べる。他の2つの制度設計である指名委員会設置会社・監査等委員会設置会社については第8章で解説する。

監査役の役割

　監査役には、①報告請求・業務財産の調査、②取締役の違法行為を阻止する、③取締役と会社の訴訟において会社を代表する、④会計監査、に関連して権限や義務が定められている。
　監査役は監査報告を作成するための調査権を有する。取締役・従業員に対して事業報告を要求したり、自ら会社の業務や財務状況を調査したりできるし、一定の要件を満たす子会社を調査することも認められている。監査や調査の費用は会社が負担する。取締役は、会社に著しい損害を及ぼす恐れのある事実に

ついて、監査役からの要求がなくても直ちに監査役会に報告しなければならない。

監査役には取締役の違法行為を阻止するために、①取締役会への出席、②不正行為の報告、③株主総会への報告、の義務が課されている。取締役会に出席して、必要な場合は意見を述べる。また、取締役の不正行為、法令・定款違反などがあれば、取締役会の場に限らず、取締役会に報告する義務を負う（取締役会の招集を求めたり、自ら招集したりすることもできる）。

取締役が株主総会に提出する議案・書類に法令・定款違反などがあれば、監査役はそれを調査して株主総会に報告する義務を負っている。また、取締役の違反行為の結果、会社に著しい損害が生じる恐れがある場合、取締役にその行為の差し止めを請求できる。

監査役は、会社と取締役の間の訴訟において会社を代表する役割を担うので、会社が取締役の法的責任を追及するために訴えるかどうかの判断も監査役が下す。取締役に対する株主からの提訴請求を受けるのも監査役である。

監査役の監査権限が会計監査のみならず、業務監査を含むことは前述の通りだが、業務監査がカバーすべき範囲についてはいくつかの考え方がある。一般的には、取締役の職務執行が法令・定款に準拠して実施されているか否かを検討する「適法性監査」に留まるとされている。しかし、取締役の職務執行が経営方針等に準拠して合理的であるか否かを検討する「妥当性監査」も含まれるという考え方もあり、これに2つの説がある[9]。

監査役の役割の変遷

監査役の役割は、明治時代にドイツ法の影響を受けて制定された商法が、戦後米国法の影響を受けて改正されるなかで、変遷を遂げた。その過程で、ドイツの監査役とも異なる世界でもユニークな株式会社の機関となり、過去には監督機能が不十分だと批判されることも多かったが、法律改正を重ねて権限が強化されてきた。以下に、その変遷を振り返る。

明治時代に制定された商法では、監査役は取締役の職務全般を監査する役割を与えられており、会計監査と業務監査の権限を持っていた。戦後、1950（昭

---

[9] ①適法性監査が主だが、必要に応じて妥当性監査も含まれる、②妥当性監査も含まれる、という2つである。さらに、妥当性監査の中に、執行が効率的・経済的であるかを検討するという消極的な考え方と、目的に合致して効果を挙げているかを検討するという積極的な考え方がある。

和25）年の商法改正で、米国法を参考として取締役会の制度を新設したことから、業務監査権限を取締役会に移管し、監査役の権限を会計監査だけに縮小した。ところが、上場会社等の財務諸表について証券取引法で公認会計士または監査法人による会計監査制度が強制されたため、同法の適用会社では、それと商法上の監査役の監査とが重複するという問題が生じた。一方、取締役会の監督機能は機能せず、企業の会計不祥事が相次いで、1965（昭和40）年には山陽特殊製鋼が粉飾決算で倒産した。

　これらの企業不祥事を受けて、1974（昭和49）年の商法改正では株式会社の監査制度が抜本的に改正された。監査役は会計を含む取締役の業務執行全般について監査することとし、監査役の業務監査権限が復活した。大会社には公認会計士または監査法人による決算の監査を要求し、監査役の権限を会計監査人の監査の相当性を判断することに変更した。

　1980年代以降、監査役の権限と独立性がさらに強化された。1981（昭和56）年の商法改正では、大会社については、監査役を複数人要求し、そのうち1人は常勤監査役とすることとされた。1993（平成5）年の商法改正では、監査役の任期を2年から3年に伸長した。大会社については、3人以上の監査役を置き、そのうち最低1人は社外監査役とすることとした。また、監査役会制度を導入して、多くの権限を監査役から監査役会に移した。さらに、2001（平成13）年の改正では、監査役の任期を4年に伸ばし、大会社について社外監査役を半数以上とした。2005（平成17）年会社法では、取締役・執行役・使用人等との兼任禁止、独任制などを導入し、監査役の権限をさらに強化した。

監査役会設置会社の事例──三菱商事

　図表5-1は、監査役会設置会社である三菱商事のコーポレートガバナンス体制を示す。

　取締役は全部で13名、そのうち社外取締役が5名である。社内取締役8名のうち、社長と執行役員6名の計7名が執行役員を兼務している。取締役会長は社内取締役であるが、業務執行に関わっていない。

　業務執行は執行役員計49名が担う。そのうち7名は取締役を兼務する。執行役員による業務執行を取締役会が監督することで、経営（監督）と執行の分離を図っている。

● 図表5-1　三菱商事のコーポレートガバナンスの体制

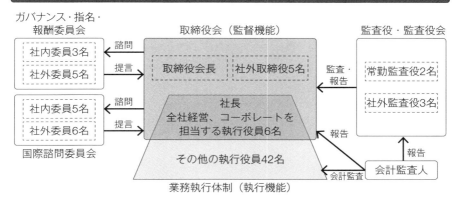

注：2018年8月31日現在（国際諮問委員会は2017年度末現在）
出所：公開資料に基づいて筆者作成

　取締役会は社外取締役の比率が38.5％であるが、任意の委員会として「ガバナンス・指名・報酬委員会」を設けており、委員会の構成は社内取締役3名、社外取締役5名と社外取締役の方が多い。監査役会設置会社では社外取締役が過半数を占める委員会を設ける義務はないものの[10]、任意の委員会を設置して取締役会の監督機能を強化しているのである。
　監査役会は常勤監査役2名、社外監査役3名の計5名から構成されている。会計監査に関しては外部の会計監査人と連携しながら、取締役による業務執行を監督する。
　このように、監査役会設置会社には、①取締役会と監査役会がともに監督機能を担っている、②取締役会は業務執行機能と監督機能の両方を兼ねる、という特徴がある。監査役・監査役会は日本の株式会社のユニークな仕組みなので、欧米の機関投資家から理解されにくいという課題がある。また、監査役（会）は代表取締役を含む取締役の業務執行を監督するといいながら、取締役会の議決権も社長の人事権も持たないので、監督の実効性が上がるのかという懸念が表明されることがある。

---

10) 指名委員会等設置会社、監査等委員会設置会社では、社外取締役が過半数を占める委員会の設置が義務付けられている。

このような懸念、批判に対応して、商法・会社法の改正が重ねられ、監査役・監査役会の権限や独立性が強化されてきた。運用面でも、常勤監査役は、以前は経理部長など経理・財務を担当していた者が就任する会社が多かったが、最近は、実質的な牽制・監督機能を発揮させるために、取締役・執行役員経験者など執行部よりも年長で幅広い経験を持つ者を配置する例もある。

　取締役会についても、独立性の高い社外取締役の数や比率を増やす動きがみられる。また、任意で社外取締役を過半数とする指名委員会・報酬委員会を設置したりする会社も増えている。

　このような制度上の改革や各社による運営の工夫・努力の積み重ねの結果、監査役会設置会社のガバナンスは多様となっており、制度設計だけでガバナンスの実効性を評価することは難しい。

第 6 章

戦後日本企業のコーポレートガバナンス

1. 戦後日本企業の特徴と多様な資本主義

　第二次世界大戦で壊滅的な被害を受けた日本経済は、戦後、自由主義経済の中で復興を果たし、「日本の奇跡（Japanese Miracle）」ともいわれた急成長を遂げた。それを支えた日本企業も大きく発展し、1970年代から80年代にかけて自動車・電機・半導体などの業界では米国企業を上回る競争力を持つようになったため、日本企業に独特の経営手法に関心が寄せられた。戦後の日本企業の経営には、海外企業のそれとは異なる様々な特徴がある。

　本章では、世界各国の株式会社・資本主義の多様性について説明した後、20世紀後半の日本企業のコーポレートガバナンスの特徴であった、①従業員の重要性、②メインバンク制度、③株式持ち合い、について述べる[1]。

◆多様な資本主義

　1991年のフランスのアルベール（EC委員会経済構造・開発局長などを歴任）による『資本主義対資本主義』は、短期の利益や個人の成功を重視する資本市場中心の米国の資本主義を「アングロサクソン型」と呼び、長期志向で集団のチームワークを重視するドイツなどの「ライン型」資本主義と比較した。ベルリンの壁やソ連の崩壊を契機に、世界中に資本主義が広がったことにより、各国の資本主義の違いに関心が寄せられるようになったことが背景にある。

　2001年に刊行されたP. ホールとD. ソスキスによる『資本主義の多様性』は、米国を「自由な市場経済」、ドイツを「コーディネートされた市場経済」と名付けて対比し、両国の企業を労使関係、職業訓練・教育システム、資金調

---

[1] これらは最もよくあげられる特徴だが、他にもある。例えば、Learmount（2002）は日本の14社における詳細なインタビュー調査に基づいて、日本企業のコーポレートガバナンスは、信頼、相互責任に基づく「socially endogenous（社会的内生的）」なものと述べている。

達、企業間関係などの側面から分析した。本書では、一般に受け入れられている「アングロサクソン型」と「ライン型」という名称を用いる[2]。

　アングロサクソン型の資本主義の特徴は、英米のような成熟した金融市場で、企業は主に市場から直接資金を調達する。経済活動について市場を通じた競争・調整を重視する。経営者は効率性・経済合理性を追求し、株主の利益の最大化を優先する。

　コーポレートガバナンスの面では株主の力が強く、短期的利益を重視する傾向がある。業績が悪化した場合は、人員を削減するため、雇用は不安定になる。転職も多く、労働者は主に学校教育を通じて一般的な技能を身に付ける。賃金制度では成果主義を導入し、自己責任を重視する。個人主義、自由主義の傾向が強く、個人の能力と努力の差によって、貧富の格差は拡大する。

　ライン型資本主義と呼ばれるドイツ、フランスなど欧州諸国に見られる資本主義では、企業は主に金融機関から資金を調達する。このような資金は「忍耐強い資本」（patient capital）といわれるように、長期的志向である。経済活動は企業等の間の協力関係で調整され、ネットワーク内の評判を通じて規律付けが行われる。

　コーポレートガバナンスの面では、経営者と従業員による企業統治が多く、経営者は株主だけでなく従業員・取引先・顧客・地域社会などの利害関係者を幅広く重視する。終身雇用・年功序列制を採用し、産業や企業に固有の技能形成が重視される。業績が悪化した場合も、企業は熟練労働者を解雇することはない。賃金格差は比較的小さく、雇用は安定している。協調が重視され、集団主義的傾向が強い。

　戦後の日本企業はライン型とされる。ただし、アングロサクソン型、ライン型というのはモデルの名称で、上記は一般的な傾向を述べたものである。例えば、すべての米国企業がアングロサクソン型の経営を行っているとは言えない。米国でも1960年代までは経営者の支配権が強く、会社は株主の利益ばかりでなく、従業員、顧客、社会などの利益に配慮しながら経営されていた。

◆**アンケート調査に見る日本企業の特徴**

　1990年代に行われたアンケート調査の結果を見てみよう。**図表6-1**を見る

---

[2] 本節の説明は、主にAlbert（1991）, Charkham（1994）, Dore et al.（1999）, Hall and Soskice（2001）, Kester（1997）による。

● 図表6-1　企業は誰のために存在するか（1992年頃）

(a) 会社は誰の為に存在するか

	全利害関係者の為	株主の為	有効回答数
日本	97.1%	2.9%	68
米国	24.4%	75.6%	82
イギリス	29.5%	70.5%	78
フランス	78.0%	22.0%	50
ドイツ	82.7%	17.3%	110

(b) 雇用と配当のどちらを優先するか

	雇用	配当	有効回答数
日本	97.1%	2.9%	68
米国	10.8%	89.2%	83
イギリス	10.7%	89.3%	75
フランス	60.4%	39.6%	48
ドイツ	59.1%	40.9%	105

注：1992年ごろの調査
出所：吉森賢（1993）「日本型会社統治制度への展望——日米欧比較による視点」『組織科学』第27巻 第2号，pp. 24-36

と、「会社は誰の為に存在するか」「雇用と配当のどちらを優先するか」の2つの問いに、英米の経営者は株主を優先する回答をしたのに対して、フランス・ドイツでは、全利害関係者の為に会社は存在する、配当よりも雇用を優先する、との回答が多かった。日本はライン型の特徴を、ドイツ・フランスよりも強く示している。

図表6-2(a) は、「重要な利害関係者は誰か」を尋ねた調査だが、「株主」との回答が英米では6-7割に達しているのに対し、ドイツでは55％、フランスは32％、日本は20％となった。**図表6-2(b)** の収益悪化時の対応では、米国は人件費削減、ドイツは配当削減という回答が多くなっている。

● 図表6-2　日米欧インタビュー調査（1995年）

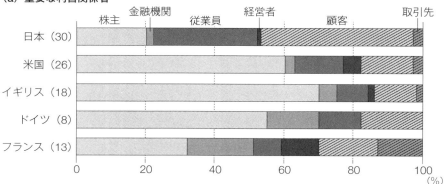

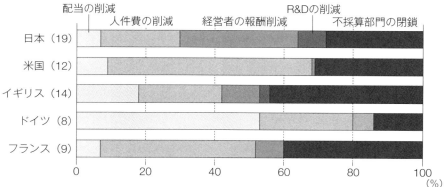

出所：榊原英資（1995）『日米欧の経済・社会システム』東洋経済新報社
調査：インタビュー調査。日本・米国は1995年5月、イギリス・ドイツ・フランスは95年2-3月に実施
対象：1993年Fortune 500にランキングされた企業を中心に選定。日本上位54社中25社、米国上位66社中14社、イギリス全41社中10社、ドイツ全32社中7社、フランス全26社中7社。上記に加え、補助調査として若干の金融機関等へもインタビュー実施。国名の後のカッコ内の数字は回答数

戦前期の会社のガバナンス

　戦前の株式会社のガバナンスに関しては、戦後の高度成長時代から1990年代までの時期に比較すると、総じて株主の権利が強かったとされる。

　明治前期の株式会社では大株主が取締役として就任し、大きな発言権を有することが多かった。株主は複数の会社に出資し、多数の会社の非常勤取締役を兼任していたが、会社をゴーイングコンサーンとして捉えずに高率の配当のみを要求

することが多かった。それらの株主は概して企業経営に関する専門的知識は乏しかったので、経営の実権を専門経営者など管理職社員に広く委譲するようになった。20世紀初頭には大企業で専門経営者が頭角を現すようになり、専門経営者を多く採用し、活躍の場を与えた企業が目覚ましい発展を遂げた。

こうして第一次世界大戦前後には、専門経営者による支配が確立されたとされる（森川，1991）。専門経営者の中には、自らの報酬で株式を取得して株主となる者もあった。20世紀初頭から第一次世界大戦期にかけて、専門経営者が中心となって株主安定化工作が進められ、経営者支配に適合的な株式所有構造が形成される会社も見られた（阿部，1995）。しかし、専門経営者が株主に相当の配慮をしている事例も多く、専門経営者の力を過大に評価することはできない（宮本・阿部，1995）。

明治期の株主が高配当を求めたことは先述したが、大正から昭和にかけて破綻した21社を分析した高橋（1930）は、「株主の専横から蛸配当を強いられ、かくて事業を破綻に導いた」と述べた。短期志向の株主が、将来の成長につながる投資や設備の能率的な運転に必要な手入れなどをなおざりにしたこと、一時的に大きな利益が出た場合に将来への備えとして蓄えずに高配当を求めたことなどを、批判的に記述している。

2. 従業員の重要性

戦後の日本企業では、従業員や内部昇進の経営者が、実質的に重要な意思決定を行ってきた。コーポレートガバナンスの面からも、株主よりも、従業員が重要な役割を担ってきたと考えられている。

日本企業における従業員の役割

戦後日本の大企業の中核的な社員は一つの企業に終身的に雇用され、年功に基づく賃金と地位を与えられ、その中から経営者が選ばれてきた。このような経営形態の下では、従業員は自己を企業の内部的な存在として認識する一方、株主を外部者と考えるようになる。企業に長期にコミットしている従業員は、企業経営の重要な意思決定を担うべきだという意識が、経営者も含めて広く共有されるようになった[3]。

「現場」を重視したので、従業員は正式な権限を上回る実質上の決定権を持っていた。加護野・野中・榊原・奥村（1983）は日米企業を比較して、日本企業の方が上位の経営者と下位の管理者の発言権の差が小さく、より分権的で、集団的意思決定を行っていると指摘した。ミドルマネジメントが社内の横のネットワークに基づいて戦略を生成し、実行にコミットするのである[4]。

日本企業で従業員が大きな発言権を与えられたのはなぜだろうか。研究者は2つの理由を挙げている。

第一は、従業員が企業に特殊なスキルを身に付けるという企業特殊投資を行っており、企業に対して大きなリスクを負っているという説明である。A社の製造機械を使いこなすスキル、社内の規則や人的ネットワークに基づいて仕事を進めるノウハウなどは、A社内では価値を生むが、他社では役に立たない。長年かけてそれらのスキルを身に付けた従業員は、A社が倒産すれば別の会社で同等の報酬を得ることは難しい。

一方、資本を提供する株主もリスクを負っているが、株式は市場で売却できる上に、ポートフォリオの多角化でリスクを分散しているので、A社の倒産で被るリスクは従業員より小さい。従って、会社への投資が大きく、リスクも負う従業員が、企業経営に対して発言権を持つべきだとする。転職市場が小さい日本では従業員のリスクが他の国より大きい。

第二は、日本企業の年功序列賃金のシステムの下で、従業員が「見えざる出資」を行っているというものだ。伝統的な報酬制度では、若年期は支払いが生産性を大きく下回り、報酬が後払いになると指摘されている。さらに、税制上の理由から生涯賃金の相当部分が退職金として支払われる仕組みも、給料の後

---

3) 強いコミットメントを持つ従業員が組織の主導権を握る現象は、江戸時代から見られた。江戸時代の商家では、大規模経営が永続化すると、主人たる相続人の家産の所有は名目化して、家産は主人家族や別家・手代などの集団的な所有と管理に移行した。また、組織のトップがリーダーとしての役割を果たさず、組織が危機に陥った際には、組織を守るために部下が組織の上司の命令に反する行動を取ることが伝統的に認められていた。例えば、近江日野の老舗商家山中家では、21歳の4代目当主が十分な訓練と経験を積む余裕がないまま家督を相続することになったが、家業に身を入れなかった。そこで、相続後間もない1829（文政12）年に、支配人をはじめとする奉公人一同が、当主に対して、当主の行いが改まらない場合には全員退店の覚悟なので、それを認めてほしいという旨の要望書を出した。奉公人による弾劾がその職分を超えたこととは見られておらず、結局、当主が全面的に要求を受け入れて一件落着となった（末永、1997：86-90；武田、1999：12-13）。

4) 沼上・加藤・田中・島本・軽部（2007）は、これが日本企業の強みであったが、過剰な社内調整が意思決定の停滞を招いたと指摘した。藤本（2003）は、現場で創発的なプロセスを通じて蓄積されたもの造りの組織能力が、日本の製造業の競争力の源泉だと説いた。

払いにつながる。つまり、従業員が報酬を後で受け取ることに同意するのは、従業員が「見えざる出資」を行っていると考えられるので、従業員に発言権を付与すべきであるとする（加護野・小林, 1988）。

このように従業員が主導権を持つことで、インセンティブが高まり、より大きな貢献を期待できるので、正当性、経済合理性があると考えられる。

歴史的背景

戦前は株主の権利が尊重されていたのに、戦後に従業員重視の経営が広まったのはなぜだろうか。歴史的には、戦時中の企業改革、戦後の民主主義的傾向・労使協定などが、従業員の地位を向上させたと考えられている。

戦時体制下の1938（昭和13）年に制定された国家総動員法は、戦後の経済システムに大きな影響を与えた。終身雇用、年功序列型賃金、産業報国会などが導入され、労働市場の流動性の低下や労使協調をもたらし、日本的な人事制度の源流となった。

戦後のGHQによる民主化政策では、財閥解体による大株主の消滅、公職追放により、有力企業の経営者や財界の重鎮が追放された。株主の影響力が排除され、工場長など内部昇進者が新たに経営者として選任され、社長就任には労働組合の承認も必要とされた。戦後の民主主義志向のなかで、1946（昭和21）年にスタートした経済同友会は、「企業民主化試案」において、労働者と手を組んで企業経営に当たるべきだという考え方を明らかにしている。

一連の民主化政策の中には労働組合の育成も含まれていた。労働運動の先鋭化により、戦前は職員と工員に峻別されていた身分が廃止され、ブルーカラーにホワイトカラーと実質的に同等の待遇が与えられた。国際的にもユニークなもので、現場の労働者にも企業共同体の一員としての意識を植え付けた。

このように、戦後、大株主の消滅によりもたらされた経営者支配は、従業員重視と結び付き、従業員の発言権が高まったのである。

アンケート調査に見る従業員の重要性

ここでは1980年代から90年代にかけてのアンケート調査から、日本企業の従業員重視の姿勢を分析する。

1986年、企業トップに「どの勢力の支持を最も重視するか」と支持基盤を尋ねた調査では、「社員」との回答が63.1％と最も多く、「役員」（18.4％）、

● 図表6-3　企業は誰のものか──課長100人アンケート（1990年）

	誰のものであるべきか		現実には誰のものか		「べき」と現実の差
	回答比率	順位	回答比率	順位	
株主	67	3	59	3	−8
経営者	19	5	65	2	46
従業員	80	1	77	1	−3
社会全体	70	2	23	5	−47
顧客	27	4	26	4	−1
地域	10	6	3	6	−7
国家	4	7	6	7	2
その他・無回答	3	NA	9	NA	NA

注：回答は選択形式となっており、3項目までの複数回答が許されている
出所：「会社は誰のものか──課長100人アンケート」「日経産業新聞」1990年4月23日付、p. 32
調査：日本経済新聞社による「会社は誰のものか──課長100人アンケート」1990年4月（有力企業勤務者が対象。回答者数104人）

「株主」（11.5％）と続いた[5]。この頃は役員も大部分は内部昇進者だったので、両方を合わせると81.5％が広義の従業員という回答となる。

次に示すのは1990年以降の調査で、**図表6-3**の対象は企業のトップではなく、課長である。回答者の8割が、企業は「従業員」のものであるべきで、現実にもそうなっていると回答した。「現実には誰のものか」に対する回答の第2位は「経営者」（65％）で、「株主」の順位は「誰のものであるべきか」「現実には誰のものか」のいずれについても第3位であった。

社長に対して利益の配分の優先順位を尋ねたアンケート調査では、「これまで」「今後」ともに従業員への配分が株主への配分を上回った（**図表6-4参照**）。株主の優先順位は、設備投資、従業員に次ぐ3番目の位置付けとなっている。

このように戦後の日本企業は、株主よりも従業員を重視する傾向があった。それは従業員の強いコミットメント、組織特殊的なスキルへの投資、共同体としての連帯感に基づくチームワークを促し、戦後の日本企業の生産性を大きく向上させた。

---

[5]「会社は誰のものか──主要企業トップに聞く」「日本経済新聞」1986年5月30日付、p. 9による。1986年5月の日本経済新聞社による主要企業アンケート調査で、対象は、上場企業・生命保険会社計163社、回答数92社（製造業50社、非製造業22社、銀行・保険20社）で、回収率は56.4％だった。

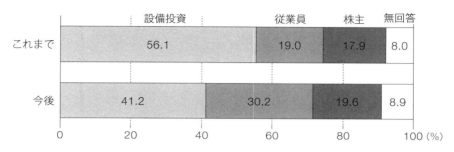

● 図表6-4 どの分野に優先的に収益を配分するか
　　　　　――「株主に対する社長の意識」アンケート調査（1991年）

注：対象は上場・店頭 874 社の社長
出所：「日本経済新聞」1991 年 5 月 8 日付

3. メインバンク制度

　戦後の日本企業の資金調達は間接金融が中心で、メインバンク制度が日本企業の高度成長を支えた。メインバンクは企業との長期的な取引関係に基づいて、株主に代わって日本企業のガバナンスを担ってきたとされている。

　間接金融を中心とした企業への資金供給の仕組みの源流は、明治時代に確立された近代的な金融システムにさかのぼる。その後資本市場も発達し、20世紀初めには直接金融の役割が大きくなったが、戦時体制下の1930年代半ば以降、産業への資金配分のために銀行が利用された。戦後の日本は、間接金融を中心とした経済政策によって急速な経済発展を遂げたが、その中でメインバンク制度も確立されていった。

メインバンク制度の歴史的経緯

　明治時代、資本の蓄積が不十分ななかで殖産興業を推進するには、産業資金を供給するための金融制度を整備する必要があった。そこで、政府は近代的な銀行制度、中央銀行、貨幣制度、株式取引所などを導入した。その結果、資本の蓄積も進み、株式による資金調達は1920年代に大きく増加した。

　20世紀初頭（1900-30年頃の時期）の企業の資金調達は、株式によるものが最も多く（大企業の外部資金調達のほぼ半分を増資が占めた）、それに次い

で社債による資金調達も多かったとされる。

　しかし、1937（昭和12）年の日中戦争開始後は戦時体制が導入され、臨時資金調整法、国家総動員法などによって統制的な金融システムに移行した。1943（昭和18）年に軍需会社法が成立、翌年、軍需会社指定金融機関制度が発足すると、政府に指定された金融機関が軍需関連企業への資金提供を集中的に取り扱うようになった。指定金融機関は主に過去の実績に基づいて定められたが、この制度を通じて取引関係が始まったケースもあった[6]。特定の企業に一行が中心となって資金を提供する企業と銀行の関係は、戦後のメインバンク制度の先駆けになったとされる[7]。一方、国民生活が困窮する中で、所得再分配の観点から高い配当は制限すべきとされた。株主の権利は次々と制限され、企業の株式による資金調達は激減した。

　戦後、1946（昭和21）年に政府の戦時債務打ち切りが決定され、金融機関や軍需産業のバランスシートは大きく毀損された（戦時補償の打ち切り・支払い停止総額は約1,500億円で、同年のGDPの17％に相当した）。戦後復興を主導するために銀行の債務の健全化が優先され、多くの銀行は1949（昭和24）年に資本を増強した。

　その後の企業の再建整備の過程で、企業に対する銀行の力が強まった。企業は特別管理人を選任しなくてはならなかったが、指定金融機関の代表が特別管理人となるケースが大部分だった。銀行は、再建整備計画の策定を通じて企業の経営の情報を蓄積し、審査能力を向上させた。

　戦時・戦後改革期に築かれた企業と銀行の密接な関係は、高度成長時代に大企業への資金供給に重要な役割を果たした。証券市場は厳しく規制され、企業の資金調達は銀行借入が中心となった。戦前は高かった自己資本比率も1950（昭和25）年には30.5％に低下した。銀行貸出は、六大都市銀行（三菱、三井、住友、富士、三和、第一）による「系列融資」として推進されるようになった。

---

[6] 例えば、1931年に大阪の3つの銀行が合併して設立された三和銀行は、日立造船などの大企業との取引関係を初めて持つようになった（蟻川・宮島, 2015）。

[7] メインバンク制度の由来については、戦時体制が源流であるとする説と戦後に確立したとする説がある。岡崎（1993, 1994）、寺西（1993）などは、メインバンク制度は戦時体制に端を発すると論じた。一方、橋本（1995, 1996）、宮島（1995）などは、戦時中の指定金融機関制度の下では融資が法的に強制され、リスクが政府によって保証されていたことから、戦後に銀行が再建整備に関与して信用評価能力を高めたことがメインバンク関係の出発点となったと述べている。

メインバンクの役割（系列金融の利点）

　企業が特定の銀行と強い長期的な関係を維持するメインバンクという言葉は、当初、大企業集団（系列）の中心に位置する都市銀行を指す言葉として用いられた。その後、銀行と企業の間の広範な関係を指すようになり、定義が曖昧になった。

　メインバンクは、通常、企業の最大の借入先を指すが、それ以外の機能も多く果たしている。Aoki and Patrick（1994）は、「メインバンクの5つの次元」として、①銀行借入、②債券発行関連業務、③株式の持ち合い、④支払い決済勘定、⑤情報サービスと経営資源の提供、を挙げた。

　高度成長期の企業と銀行の間にこのような密接な関係が築かれたのはなぜだろうか。慢性的に資金が不足し、資本市場を通じた資金調達が困難な状況で、企業は特定の銀行に決済口座を集中させて情報を開示することにより、安定的な資金の供給を確保しようとしたと考えられる。一方、金融市場の規制の下で、都市銀行間の競争では預金吸収力が重視されたので、成長性・信用力のある大企業を顧客として囲い込むことが、低コストでの預金の獲得、審査コストの低下を通じて、銀行の収益力強化につながった。こうして、銀行も大口顧客の獲得に努めるようになり、1950年代から60年代にかけて企業・銀行の双方が関係強化を図った。

　メインバンクは、多面的な取引による密接な関係に基づいて、主に情報生産機能、ガバナンス機能を果たした。これらの機能について詳しく述べる。

◆情報生産機能

　企業に資金を提供する投資家は、情報の非対称性の問題に直面する。企業の経営や業績の見込みについて、経営者は投資家よりも多くの情報を持っているが、投資家は経営者の説明を信頼できないと考える。メインバンクは企業との取引関係（貸出、資金決済、株式保有、役員派遣など）を通じて正確な情報を入手できるので、情報の格差が小さい。そこで、メインバンクが企業の経営を監督すれば、他の銀行は詳しい信用調査をせずに融資に応じることができる。メインバンクのこのような役割を情報生産機能と呼ぶ。

　A銀行がメインバンクを務める企業に、B銀行が貸出を行う場合、A銀行がその企業を監視することを期待して、B銀行はモニタリング費用を節約する。別の企業への融資では役割が交替し、B銀行によるモニタリングに依存してA銀行が貸出を行う。このように複数の銀行が相互にモニタリングの役割を分担

する。自らがモニタリングを怠ると、他の銀行による監視の恩恵を受けられなくなるという相互依存関係により、集団的なモニタリングが効率的に行われる。

◆**ガバナンス機能**

メインバンクは、密接な取引関係や当該企業への役員派遣などを通じて内部情報に精通し、その企業の経営を監督する。また、経営者を監視してモラルハザード（外部者が十分に監視できないと知って手抜きをする、企業価値に結び付かない経費を浪費する、など）も防止する。経営危機に陥った際には、追加的に融資を行ったり、債務や金利の減免に応じたりして、企業の救済・再建に中心的な役割を果たした[8]。

メインバンク制度に対する評価

メインバンクによる系列金融には利点が多かった半面、課題もあった。以下に4点を挙げる。

第一は、競争力を失った企業が救済される懸念である。銀行主導の救済は、財務危機のコストを軽減し、存続可能な企業の倒産を防ぐというメリットがある一方、メインバンクとしての評判を守るために、存続可能でない企業を救済する懸念が指摘されている。

第二は、大企業の資金調達コストの上昇である。多くの先進国では、上場している大企業は資本市場からの資金調達にシフトしたが、日本では大企業も長い間銀行への依存度が高かった。モニタリングの必要性が小さい大企業が、コストの高い銀行借入に縛り付けられていたことになる。

第三は、投資の抑制により、企業の成長性が損なわれる可能性である。銀行は元利金の返済を重視して、リスクの高い投資に対して慎重になるため、メインバンクが力を持ち過ぎると、リスクも成長性も高い事業への投資が抑制される。メインバンクは株主であっても、債権者としての行動を優先する傾向が強いことが、実証研究からも明らかになっている。

第四は、複数のメインバンクが並立する場合、企業の貸出競争が激化したり、責任の所在が曖昧になったりして監督機能が低下することである。ダイエー、日産自動車などの業績悪化への対応が遅れたのは、メインバンクが複数並立し

---

[8] これは、流動性の欠如（資金調達）、倒産などのリスクをヘッジする機能を担ったとみることもできる（広田, 2012）。

ていたからだとされる。

1980年代から90年代初頭にかけての日本企業の活躍も相俟って、メインバンクが日本企業のコーポレートガバナンスに重要な役割を果たしたという見方は広く受け入れられ、この制度に大きな関心が寄せられた。Porter（1992）は、メインバンクによる日本企業のガバナンスは長期志向で、日本企業の競争力を高めたと主張し、株式市場を中心とする米国のガバナンスの仕組みは短期志向で、企業の成長や技術革新の障害となると警鐘を鳴らした。

振り返ると、高度成長期を対象とした研究はメインバンクの長所を主張し、バブル崩壊後の研究は短所を強調するものが多い。メインバンクに対する評価も、日本経済や企業の競争力への評価の影響を受けていることがわかる。実証分析では、情報生産やガバナンスの面での貢献を示す研究が多いものの、ネガティブな影響を示した研究もあり、メインバンク制度に対する評価は定まっていない。

メインバンクによる救済の事例――東洋工業（マツダ）と住友銀行

メインバンクによる救済の事例として、1970年代の住友銀行による東洋工業（マツダ）の救済を取り上げる。同社は後に90年代にも経営危機に直面したが、住友銀行の対応は70年代と異なった。

東洋工業は国内で第三位の自動車メーカーだったが、1973年の石油ショックで経営難に陥り、メインバンクで第二位の株主（4％保有）の住友銀行が改革を主導した。1976年1月に住友銀行出身の村井勉が東洋工業の代表権を持つ副社長に就任し、同社をメインバンクとして支えていくことを宣言したので、他の金融機関も満期が来ても資金を回収せず、借り換えに応じた。他にも多くの住友銀行出身者が役員に就任し、経営改革に取り組んだ。

住友銀行は、東洋工業には大きな自動車メーカーとの提携が必要と考えてフォードに接近した。東洋工業が経営危機に陥る前の1970年に、フォードが同社に提携を申し入れてきた際、東洋工業は資本参加には応じず、フォード向けのピックアップトラック生産だけに合意したという経緯があったからである。住友のアプローチを受け、1978年にヘンリー・フォード2世が来日したが、合意に至らなかった。しかし、住友銀行が交渉を継続した結果、翌年フォードが20％の株式を保有することで合意し、同社の最大株主となった。

1990年代初頭にマツダ（1984年に社名を改称）の業績が悪化すると、92年

> に全米の製造部門の半分をフォードへ売却したのを皮切りに、フォードによるマツダ支援が始まった。マツダとフォードの交渉は住友銀行が仲介し、同行頭取の巽外夫も当初「もしマツダが危機に陥るなら、住友銀行自身でマツダを支援するだろう」と述べた。しかし、銀行自身が不良債権問題に苦しむなかで、70年代のような経営支援はできなかった。当初、フォードは持株比率の引き上げによる実質子会社化の要請には応じなかったが、翌1993年12月、マツダの取締役会におけるフォード出身者を4人から7人に増やして、新たな3名は常勤役員とすると発表した。その後、マツダを自社の世界戦略に組み込む方策を模索し、1996年4月に資本注入を行って持株比率を33.4%に引き上げた。

1980年代以降のメインバンク制度の変化

　1980年前後からの金融市場の規制緩和・自由化により、大企業の資金調達が資本市場にシフトし、メインバンクの役割は大きく低化した。さらに1990年代には、不良債権の増大でメインバンクも自らの問題に注力せざるを得なくなり、経営支援・ガバナンス機能を後退させた。

　1990年半ば以降、銀行が保有する持ち合い株式の売却も進んだ（**図表6-5**参照）。最大の要因は、不良債権を処理するために持ち合い株式の含み益を利

● **図表6-5　都市銀行・地方銀行等の持株比率の推移**

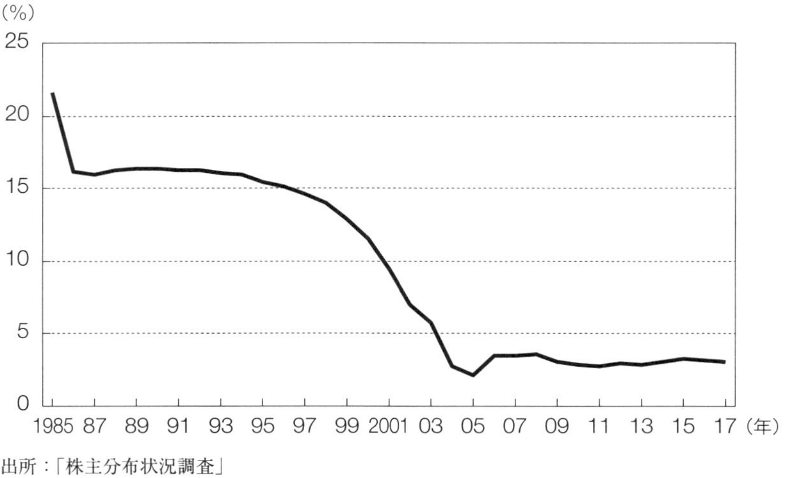

出所:「株主分布状況調査」

用したことである。また、かつて都市銀行をはじめとして10行以上あった主要行が3つのメガバンクに再編されるなど、業界再編が進むなかで、合併により増えた持ち合い株式を売却する動きも加速した。顧客企業の株式保有の上限を5％とする独占禁止法に抵触しないように、あるいは銀行間の序列を調整するために、売却する必要が生じたのである。さらに、2001年の銀行等株式保有制限法により、2004年9月までに保有株式を総資産の8％までに圧縮することが求められたという背景もあった。

株式の売却は銀行の顧客企業に対する影響力を低下させた。多くの企業はメインバンクを変更しなかったが、大企業は資本市場からの資金調達を増やし、メインバンクとの取引関係は希薄になった。

4. 株式持ち合い

日本企業のコーポレートガバナンスの第三の特徴は株式持ち合いである。持ち合い株式は政策的保有株式ともいわれ、投資目的ではなく、経営の安定や取引関係という視点で保有される株式を指す。かならずしも相互保有とは限らない。

株式持ち合いでは、株式を長期的に保有して、相手の同意なしには売却しないことを合意するのが一般的である。株主総会では白紙委任状を提出するか、会社提案に賛成票を投じるのが長い間、慣行となっていた。

株式持ち合いの実態

株式持ち合いの主な目的は、経営権の安定、事業取引の安定、株価の安定、株主総会の円滑な運営、などである（**図表6-6**参照）。株式持ち合いが敵対的買収に対する防衛策として重視されてきたことは、他の調査にも示されている。そのために「安定株主」（政策的に株式を保有する株主）の保有比率を過半数確保することが一般的だった。一部上場企業の安定株主比率の平均は58.4％で、60-70％の企業が最も多い。

1993年の別の調査でも、株式持ち合いを前向きに評価する回答が8-9割だった。ところが、金融機関、事業会社との持ち合い関係については、それぞれ「特にメリットはないが今後も続けると思う」（93％、90％）、「古くから行われており理由はわからない」（74％、61％）と回答している[9]。積極的評価というより現状追認と言えよう。

● 図表6-6 「メインバンク・システムおよび株式持ち合い」についての調査（1993年）

(a) 安定株主比率（一部上場企業）

	安定株主比率（%）		安定株主比率（%）
10%未満	0.6	50-60%	32.1
10-20%	0.3	60-70%	34.9
20-30%	1.2	70-80%	11.5
30-40%	5.3	80%以上	1.9
40-50%	12.1	平均	58.4

参考：
平均安定株主比率（%）
- 一部上場　58.4
- 二部上場　61.4
- 店頭公開　68.1
- 非公開　　80.4

(b) 株式持ち合いのメリット

	最重要（単数回答）		重要（複数回答）	
	比率（%）	順位	比率（%）	順位
株主安定化による敵対的M&Aの防止	36.2	1	67.8	3
事業取引の長期安定化	27.0	2	69.4	2
長期安定保有による当社株価の安定	22.8	3	73.3	1
株主総会の円滑な運営	10.5	4	56.9	4
増資による大口の資金調達が可能	1.2	5	12.1	5
低配当による低い資本コスト	0.6	6	6.3	6
利益を内部留保へ回せること	0.6	7	5.1	7
含み益を活用した資金調達の実現	0.0	8	1.8	8

(c) 株式持ち合いに関する今後の方針・見通し

売却の可能性（%）

相手が売却した場合、売却もあり得る	68.4
相手の動向にかかわらず売却可能性あり	18.3
あり得ない	13.3

持ち合い比率の変化（%）

上昇	5.6
現状維持	66.6
低下	27.8

注：対象は資本金1億円以上の企業2022社。有効回答1175社（公開604、非公開570、不明1）。1993年1月実施
出所：富士総合研究所（1993）『「メインバンク・システムおよび株式持ち合い」についての調査』（通商産業省委託調査）

　紙幅の関係で収録できない他の調査結果も踏まえて分析すると、1990年代末までの時期の株式持ち合いについて、以下の実態が明らかになった。
　• 株式持ち合いは、1990年代初めまでは9割以上の企業が行っていたが、

---

9) 若杉・大村・宮下（1994）。調査は1993年10-11月実施。東証第一部・二部上場企業1,501社（金融機関を除く）が対象、305社が回答。

- 90年代半ば以降減少傾向にある
- 1990年半ばまでの調査によると、安定株主比率は60-65%（平均58%）が最も多かった
- 1990年代の時点で、今後の見通しについては半数程度が現状維持とみているが、減少するという見方も多かった

株式持ち合いの歴史的背景

　戦前の大企業の多くは、財閥の持ち株会社によるピラミッド型の所有構造で、戦後のような株式持ち合いはほとんどなかった。株式持ち合いは、戦後、特に①1950年代、②1960年代半ば－70年代前半、③1980年代後半、の時期に大きく進展した（**図表6-7** 参照）。以下に、それぞれの時期に持ち合いが進展した背景を述べる。

◆第一期（1950年代）

　戦前の財閥の持ち株会社が保有していた株式は、戦後、GHQによる財閥解体で放出された。1950年代に入ると一度分散した所有構造が、財閥グループを中心に再び集中し始めた。

　1947年に独占禁止法（独禁法）が制定され、持ち株会社の全面的禁止（第9条）、企業の株式保有の原則的禁止（第10条）、金融機関による株式所有制限5%（第11条）が定められた。このような制約から、1949-51年にかけては、旧財閥グループ内でも株式所有が分散した。ただし、財閥系企業は、従業員持ち株の増大、自社株保有、非公式な黙約を通じて第三者に保有させるなどの措置を通じて、安定株主工作を行った。

　一方、独禁法は1949年、53年に改正され、株式所有に関する制限が大幅に緩和されたので、株式持ち合いへの道が開かれた。

　規制緩和を促すきっかけとなったといわれるのが、当時横行した株式の買占めで、代表的なのは1952年の藤綱忠二郎による陽和不動産（三菱地所の前身）の株式買占めである[10]。当時、三菱銀行の業務部長として、この株式の買取に当たった宇佐美洵元三菱銀行頭取は、「この事件は旧三菱各社にとって大きな意義のある事件であった。ばらばらに解体され、三菱の名さえ名乗れなかっ

---

[10] 当初、藤綱一派はグリーンメールのつもりだったが、三菱を窮地に陥れたことで経営陣に乗り込むつもりになっていた。実際、臨時株主総会を招集して取締役を送り込むことは可能な状況だった（森川, 1972）。

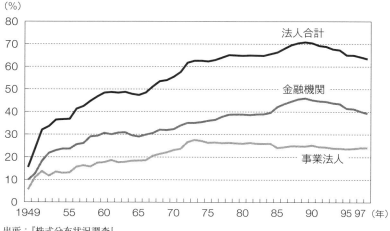

● 図表6-7　法人の持ち株比率の上昇

出所：『株式分布状況調査』

た各社が、ここで戦後はじめて一致協力したのである。昔の財閥の復興ではないが、必要なときは力を合わせようという精神が、この事件で再び生まれたのである[11]」と回想している。

この頃から、他の財閥グループもグループ企業間の持ち合いを進め、1950年には3-4％に低下した株式持ち合い比率は、52年には10％を超え、54年には15％に上昇した（宮島, 1991）。グループの結束の象徴である社長会も、住友系・三菱系では1950年前半に発足した。三井グループも1959年には結束を固めた（橘川, 1992, 1996）。

さらに、財閥解体の対象にならなかった銀行を中心に、銀行がメインバンクを務める企業の間で、芙蓉グループ（富士銀行）、第一勧銀グループ、三和グループなどが形成され、系列融資を推進した。

鈴木（1992）は、1950年代に、当時、法律で禁止されていた自社株保有が経営権維持のために広く行われ、その解消手段として株式持ち合いが広まったと指摘した。このように様々な要因により株式持ち合いが進展した結果、金融機関と事業会社を合わせた法人持ち株比率は、23.6％（1950年度末）から48.4％（1960年度末）に上昇した（『株式分布状況調査』）。

---

11) 宇佐美洵「私の履歴書」『日本経済新聞』1971年1月22日付。

◆第二期（1960年代半ば－70年代前半）

　株式持ち合いの第二の波の契機となったのは、資本自由化、証券恐慌時の凍結株の放出、第三者割当増資であった。この時期に、グループ内の株式持ち合い比率は著しく高まり、六大企業集団が確立した。

　1964年OECDへの正式加盟、IMF8条国への移行による資本自由化をきっかけとして、企業経営者の間で外資系企業による乗っ取りに対する危機感が高まり、安定株主工作が始まった。

　1960年代半ばの不況・証券恐慌の際に、株式買い支え機関として、日本共同証券（1964年に都市銀行12行、興銀、長銀、4大証券の共同出資により設立された）、日本証券保有組合（1965年に4大証券を中心として設立された）が設立され、計37.5億株（4,222億円）の株式を買い取って凍結した（川上，1966：81）。1965年度末の全国取引所一部上場株式数の約5％に相当する規模だった。1966年以降の株式放出の際は、産業界の意向を汲んで、両機関とも発行企業の取引金融機関などにはめ込んだ。

　1966年には、産業界からの要望を受けて商法が改正され、特定の第三者への割当増資が取締役会決議だけでできるようになったので、第三者割当増資を利用した安定株主工作が活発に行われた（伊藤，1993；奥村，1972；山一證券，1958）。

　1965-75年に、六大企業集団の株式持ち合い比率は大きく上昇した（**図表6-8参照**）。また、1965-75年に、金融機関と事業会社を合わせた法人持ち株比率は、47.4％（1965年度末）から62.3％（1975年度末）に増加した。

◆第三期（1980年代後半）

　1980年代後半には低金利を背景としてエクイティファイナンスが大量に行われ、その株式の多くが取引先、特に銀行にはめ込まれた。特に1987-89年には毎年1兆円以上の増資、転換社債・ワラント債による資金調達が行われ、その総計は5兆5,570億円に上った。銀行は流通市場でも積極的に株式を購入したので、1980年代後半に、銀行（信託銀行を含む）の持ち株比率は19.9％（1984年度末）から26.7％（1989年度末）と5年間に6.8ポイントも増加した。

　その結果、1985-90年に、金融機関と事業会社を合わせた法人持ち株比率は、66.3％（1985年度末）から70.4％（1990年度末）に上昇した。

● 図表6-8　六大企業集団の株式持ち合い比率の推移

(%)	三井	三菱	住友	芙蓉	三和	第一勧銀
橘川（1996）						
1953	5.2	10.6	11.2	4.4	2.1	
1958	6.7	14.1	17.1	6.4	4.3	
1963	12.5	19.2	27.6	9.7	6.5	
1968	13.7	18	24.5	13.6	8.7	
公正取引委員会（1994）						
1955		20.3	21.2			
1960		20.8	29.2			
1965	14.3	23.7	28.0	11.4		21.9
1970	21.3	26.8	28.9	16.0	12.5	24.5
1975	21.2	30.3	29.6	18.3	20.3	23.8
1979	22.1	36.3	36.8	19.3	20.3	17.9
1985	21.6	36.9	29.7	17.4	18.0	16.8
1989	19.5	35.5	27.5	16.4	16.5	14.6
1992	19.3	38.2	28.0	16.9	16.7	14.2
『年報　系列の研究』						
1962	8.8	17.3	20.1	10.5	7.6	10.1
1965	10.0	17.2	18.8	10.9	9.0	10.3
1970	14.1	20.7	21.8	15.3	11.2	17.2
1975	17.2	26.4	24.7	19.2	13.2	16.8
1980	18.4	26.2	26.2	19.1	11.7	15.5
1985	18.2	24.9	24.5	18.5	11.4	15.2
1990	17.4	25.2	23.7	17.1	10.6	13.6
1995	17.1	25.6	23.6	17.2	10.7	13.5

出所：橘川（1996）　出所は『上場会社総覧』『年報　系列の研究』。アミ掛けはその時点で社長会が結成されておらず、企業集団として未成立だったことを示す
公正取引委員会（1994）　出所は有価証券報告書及び各社からの報告。1977年以前は上場企業及び生保のみ
『年報　系列の研究』　出所は有価証券報告書。東証第一部上場企業（金融機関を除く）。1975年まで9月末、1980年以降は3月末

株式持ち合いがコーポレートガバナンスに与えた影響

　株式持ち合いは、株主の権利行使を制約し、経営者の規律付けを弱め、市場によるガバナンス機能を低下させた。

◆株主の権利の制約

　株式持ち合いの最も重要な目的は、敵対的買収に対する防衛を通じた経営権の安定、株主総会の円滑な運営である。本来、経営者の監督を行うべき大株主

が、その役割を放棄し、議決権を行使する権利を自ら制約していていたことになる。

◆経営者に対する規律付けの低下

株式持ち合いは、経営者に対する規律付けの低下をもたらした。ここではその経路として、①相互信任の構造、②敵対的買収の脅威の消滅、③持ち合い株の含み益によるクッション効果、について述べる。

株式を相互に持ち合う企業では、経営者支配が強化され、持ちつ持たれつの馴れ合いが生まれるやすい。このため、株式持ち合いは「無責任経営」の温床となると批判された。

こうした持ち合いの結果、大株主による監督が機能しなくなったばかりではない。過半数の株式が安定株主によって所有されたので、敵対的買収を仕掛けられることもなくなり、その脅威を通じた規律付けも機能しなくなった。

また、株式持ち合いが含み益をもたらすことによるクッション効果も経営者の規律付けを弱めた。株価の上昇で持ち合い株式が含み益をもたらしたので、多くの企業が業績悪化時に含み益を吐き出して利益をかさ上げしたり、含み益を担保に借り入れを行ったりした。含み益が経営に甘さを生んだことは否定できない。特にバブル期には持ち合いをしている双方の会社の株価が互いの含み益で上昇するような現象も見られ、「花見酒の構造」[12]（奥村 1989）と批判された。

このように、株式持ち合いは、3つの経路を通じて戦後の日本企業の経営の規律を失わせた。

---

12) 落語で、二人の酒飲みが向島の花見客に酒を売りに行く道中の噺。片方が自分の所持金を相棒に払って酒を一杯飲む。代金を渡された相棒が、今度はそれを相手に払って飲む、次に片方がまたそれを相手に払ってもう一杯……。それを繰り返して、向島に着いた頃には樽の酒がなくなって、売上げは所持金だけだった。笠信太郎『"花見酒"の経済』（1962年）は資本が同じところをぐるぐるまわるだけの日本経済の脆弱性を指摘したが、奥村（1989）も株式持ち合いが資本の空洞化を招いていることを批判した。

第 7 章

高まる株式市場と投資家の役割

1. 株式市場がコーポレートガバナンスに果たす役割

　株式に自由譲渡性を持たせて、所有者が変わっても事業を中断せずに続けることができるようにしたのが、株式会社の大きな利点である。そのため、株式が売買される市場が正常に機能することが、株式会社の経営にとって極めて重要である。ところが、第6章で述べた日本企業のコーポレートガバナンスの特徴はいずれも株主の立場を弱め、形骸化させる傾向があった。ここでは、株式市場が株式会社のコーポレートガバナンスに果たす役割を解説する。

株式上場の意義

　現代の私たちの生活に身近な大企業の多くは上場会社だが、上場していない企業もある。サントリー、竹中工務店、YKK、ヤンマー、ロッテなどが思い浮かぶだろう。第二次世界大戦前には上場していない大企業が多かった。経済の中心を占めた三井、三菱などの財閥系企業は上場していなかったし、堅実な株式会社の中には、市場で投機に翻弄されるのを嫌って上場を避ける気風もあった。日本興業銀行の初代総裁を務めた添田寿一は、外国の投資家からの質問に対して、自分の会社は株式を上場するほどの二流会社ではないと答えたとされる（高橋、1956）。

　そもそも、株式会社の上場には会社にとってどのようなメリットがあるのだろうか。

　上場の第一のメリットは、市場を通じて幅広い株主から資金調達ができることだ。株式会社は、株式などのエクイティによる資金調達と社債・銀行借入などの負債（デット）による調達を組み合わせ、事業のリスクに応じた適切な資本構成を実現できる。非上場企業は、創業一族の持ち分を維持するために、負

債比率が高くなりやすい。長年にわたって非上場を貫いてきた出光興産が2006年に上場したのも、過度に負債に依存した財務体質を改善し、成長のために資金調達の選択肢を広げるのが目的だった。

第二のメリットとして、企業価値を高め、創業者利得を獲得することが挙げられる。上場によって市場の評価を受け、キャピタルゲインを実現できる。

第三のメリットは社会的信用の向上で、人材の獲得や取引先の開拓に役立つ。

一方、上場にはデメリットもある。情報開示・内部統制・株主との対話などには相当のコストと時間がかかる。また、買収やアクティビストの脅威にさらされる恐れもあるだろう。市場に株式を上場するということは、これらのメリット、デメリットの両方を受け入れ、市場における投資家からの評価を受ける、すなわち、市場による規律付けを受ける、ということに他ならない。

会社が新たに株式を上場するには、時価総額や流通株式数など取引所の上場要件を満たさなくてはならないが、上場後も一定の水準を維持しなければ、上場廃止となる。これも株式市場による規律付けである。このメカニズムについては、第3章第1節で株主（株式所有構造）による規律付けとして詳述した。

機関投資家の重要性

株式市場による規律付けの中で、機関投資家は重要な役割を果たす。長い間、機関投資家は企業の業績や株価に不満があれば、その株式を売却するという行動をとることが多かった。ところが、1980年代以降、①エイボン・レターにより議決権行使が求められるようになった、②金融再編による寡占化で運用資産規模が拡大し、売却が難しくなった、③パッシブ運用（インデックス・ファンド）の増加により、株式を売却しにくくなった（インデックス採用銘柄は売却できない）、などの背景により、株式を保有したまま、経営者に働きかけて経営改善を促す投資家が増えた。

経営者の規律付けにおいて機関投資家の役割は極めて重要である。企業の戦略や財務諸表などのファンダメンタルズを詳細に分析した上で、株価水準が妥当か、長期的に上昇が期待できるか、を判断するのは、能力・資源の面で制約のある個人投資家には難しい。多数の運用の専門家を擁する機関投資家が、市場の株価形成や経営者の規律付けの面でリーダーシップをとるのが望ましい。

2. 機関投資家の台頭

ここでは機関投資家がコーポレートガバナンスに重要な役割を果たすようになった背景、機関投資家の種類などについて述べる。

機関投資家の株式保有の拡大

第3章第1節でも述べたように、第二次世界大戦後、世界各国の証券市場において、個人投資家から保険会社や年金基金、投資信託などの機関投資家への資金のシフトが進行した。金融の自由化やグローバル化、デリバティブ（オプション、スワップ等）など複雑な金融技術の発達により、資産運用について機関投資家の優位性が高まったため、個人投資家や企業（年金基金）などの最終投資家（アセットオーナー）が、自らの金融資産を資産運用の専門家である機関投資家（アセットマネージャー）に委託する動きが加速した。

さらに先進国では、高齢化に伴う年金基金の成長、資産運用への関心の高まりなどにより、機関投資家の株式保有比率が高まった。**図表7-1**は、日本の年金基金による株式所有が、1980年以降大きく増加したことを示す。

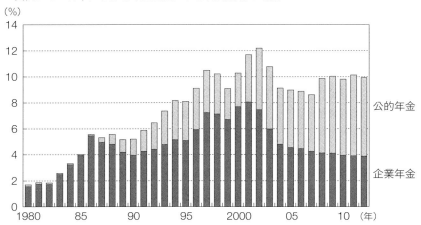

● 図表7-1　日本における年金基金による株式所有の増加

出所：上田亮子「我が国におけるコーポレートガバナンスをめぐる現状等に関する調査」（日本銀行「資金循環統計」により作成）

機関投資家の種類――資金源による分類

「機関投資家」と一括りにされることが多いが、どのような種類があるだろうか。機関投資家を「個人や企業などの顧客から預かった資金をもとに、ポートフォリオを構築して運用するプロの投資家」と定義すると、主に生命保険会社（生保）、投資信託会社（投信）、年金基金、投資顧問会社、信託銀行となる。資産運用の委託・受託の関係からみると、個人投資家から委託を受けて資産運用を行う機関投資家として、生保、投信がある。一方、企業は、年金の資金運用を、年金基金を通じて信託銀行、生保、投資顧問に委託するのが一般的である。ただ、最近は年金基金自身が運用を行うケースも増えており、自家運用（インハウス運用）と呼ばれる。

◆アセットオーナー

機関投資家は大きくアセットオーナーとアセットマネージャーに分けられる。

アセットオーナーは、資産の保有者という意味である。受託者責任に基づき、自家運用、もしくはアセットマネージャー（後述）に外部委託することで、最終受益者のために受託資産の管理・運用に従事する。

国連が提唱したPRI（責任投資原則）では、アセットオーナーを、インベストメントチェーン（第8章第2節で詳述）の中で責任投資を促進する極めて重要な役割を果たすと位置付けている。それによれば、長期の退職金や保険及び他の資産を保有している組織と定義されている。保険会社、年金基金、ソブリンウェルスファンド、財団・基金、その他資産を管理する金融機関が含まれる（貸借対照表上の自社運用資産総額が、外部顧客のために運用している資産額を超えていれば、アセットオーナーとして分類される）。

- 保険会社　保険加入者の保険料を運用資産の元手にしている
- 年金基金　公的年金や各企業の年金の加入者の保険料を元手に運用を行っている。年金積立金管理運用独立行政法人（Government Pension Investment Fund 略してGPIFと呼ばれる）は厚生年金と国民年金の積立金の管理・運用を行っており、130兆円以上の運用資産を保有し、世界最大の投資家といわれる。アメリカのカリフォルニア州職員退職年金基金（The California Public Employees' Retirement System 略称はCalPERS（カルパース））は、「もの言う」株主として知られている
- ソブリンウェルスファンド（政府系ファンド）　各国政府が自国の資金

運用として設立した投資ファンドで、石油や天然ガスなどの天然資源からの収入や貿易黒字による外貨準備金などが原資となっている。ノルウェー政府年金基金、アブダビ投資庁、CIC（中国投資有限責任公司）などが有名である
- 財団・大学基金　非営利団体の業務運営のために寄附金で設立された海外の財団や大学基金は、エンダウメントと呼ばれる

◆アセットマネージャー

　アセットマネジャーは、運用資産を委託され、管理している者を指す。個人投資家や企業から委託を受けることもあれば、他の機関投資家から委託を受けることもある。自ら運用資産を持っているアセットオーナーと異なり、委託先の運用方針を守らなくてはならないので、運用の時間軸（タイムホライズン）やリスクの許容度は委託先の資金の性格による。例えば、投資信託は、個人投資家がいつでも解約できるように、解約に備えて常に流動性の高い資産を一定金額保有しなくてはならず、比較的短期の運用が多くなる。

- 投資信託会社　不特定多数の個人投資家などから集めた資金をまとめて投資を行う企業で、証券会社や銀行で販売している投資信託商品（ファンド）を作って運用している
- 投資顧問会社　投資について投資家に助言する会社を指すが、投資家からの委託で資金を集め実際の運用も行う。長期で安定した運用を得意とするところから、短期で大きな利益を狙うところまで、会社により運用スタイルは様々である
- ファンド　ヘッジファンド、プライベートエクイティファンドなどのファンドも、個人投資家あるいは機関投資家から集めた資金をまとめて、そのファンドの投資方針に沿って運用する

機関投資家の種類──運用方法による分類

　資産運用では、伝統的に、ファンダメンタルズなどの分析を通じて優れた株式を選別し、ベンチマーク（基準）となる市場インデックスを上回る運用成績を上げるのを目標とする投資手法が用いられてきた。これはアクティブ運用と

いわれ、アナリストによる銘柄選択やファンドマネージャーによるタイミング判断を生かして、優れた運用成績を上げることを目指す。

アクティブ運用には、マクロ的な投資環境の予測から、資産配分や投資対象を決めるトップダウンアプローチと、個別企業の調査・分析から投資対象の選別を行うボトムアップアプローチの2つの手法が用いられる。また、投資戦略（投資スタイル）の面から、適正価格よりも時価が低い（割安）株式に投資するバリュー投資と、将来の成長性が見込める株式に投資するグロース投資がある。

運用成績の評価は、市場のインデックスとの相対評価で行われる。株価上昇で高いリターンを上げた場合、それが市場全体の上昇によるものか、それともファンドマネージャーの手腕によるものかを識別するために、インデックスをベンチマークとして利用するようになった。代表的なインデックスとして、日本株式では日経平均株価やTOPIX（東証株価指数）、米国株式ではS&P500などがある。

◆インデックスファンドの台頭

アクティブ運用に対して、ベンチマークに連動する運用成績を目標とする運用手法は、パッシブ運用（またはインデックス運用）と呼ばれる[1]。パッシブ運用を行うインデックスファンドは、ベンチマークとする株価指数に採用されている銘柄群と全く同じ銘柄構成を採り、各株式のファンドへの組み入れ比率も株価指数への影響度に比例した割合とする。1970年代にIT技術を利用してインデックスの変動に応じて個々の株式を瞬時に売買できるようになったことから、インデックスファンドが開発された[2]。

これは、1961年にウィリアム・シャープが唱えた「市場ポートフォリオこそが最も効率的である」とするCAPM（Capital Asset Pricing Model 資本資産価格モデル）を理論的基盤としている。コンピュータを使って自動的に売買するので、運用コストを低く抑えられるという利点があった。

当初、インデックスファンドは人気がなかったが、1982年以降の米国株式

---

[1] アクティブ運用、パッシブ運用に並ぶ新しい投資家のタイプとして、計量モデル分析に基づいて株式の売買を行うQuantitative Investing（クォンツ投資と呼ばれる）があるが、エンゲージメントとは無縁なのでここでは触れない。
[2] 1976年に、ジョン・ボーグルが創設したバンガード社（現在では米国最大の投信会社に成長）が、個人投資家向けに最初のインデックス投信「ファースト・インデックス・インベストメント・トラスト」を発足させた。

● 図表7-2　アクティブ/インデックスファンドとETFの純資産総額の推移

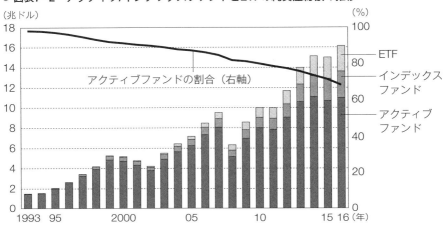

出所：Investment Company Instituteのデータによる（『伊藤レポート2.0』より引用）

市況の長期的上昇、運用成績がアクティブ運用よりも優れているという実証研究などから、90年代に急成長し、2014年にはETF[3]を合わせたパッシブ運用の比率は3割を超えた（杉田, 2016）。インデックスファンドは低い運用手数料、コストの透明性などが評価され、**図表7-2**に示すように、その後も伸びている。今後、日本でも海外でも、個人・機関投資家ともに利用が増加し、グローバルな運用資産におけるシェアが拡大すると見込まれている。

ウォールストリート・ルールからアクティビズムへ

　機関投資家の間では、長い間、企業の業績や株価に不満を持つ投資家は、その株式を売却すればよいと考えられてきた[4]。これは「ウォールストリート・ルール（Wall Street Rule）」と呼ばれる。
　この行動は、投資家の不満を解消するばかりでなく、投資家としての意見を、株式市場を通して間接的に経営者に伝えるという側面もある。株式を売却する投資家が増えれば株価が下落して市場の評価が低くなる。一方、業績の良い会

---

[3] Exchange Traded Fundsの略（上場投資信託）。株価指数に連動する運用成績をめざし、金融商品取引所に上場している投資信託。
[4] 米国の経済学者ハーシュマンが明らかにした、組織のパフォーマンスの改善を促す発言（Voice）、退出（Exit）の2つのメカニズム（Hirschman, 1970）については、第3章第1節で解説した。

社の株式には投資家の需要が多く集まるので、株価が上昇する。つまり、投資家は、株式の売買行動を通じて、その会社に対する市場の評価を伝える。それにより、経営者を監督するという規律付けのメカニズムが働くことになる。

ところが、1980年代末から、機関投資家の間で、株式を売却するのではなく、経営者に働きかける動きが顕著になった。議決権行使や株主提案などを通じて、企業価値を向上させるための取り組みを始めたのである。これは「シェアホルダー・アクティビズム」（shareholder activism）と呼ばれ、株主行動主義、株主積極主義などと訳されている。これには、主に、①エイボン・レターによる受託者責任の明確化、②金融市場の自由化・国際化による寡占化、③インデックスファンドなどパッシブ運用の増加、という3つの要因がある。

◆エイボン・レターによる受託者責任の明確化

エイボン・レター（Avon Letter）は、米国の機関投資家が議決権を積極的に行使する契機となった画期的なものである。これは、ERISA（エリサ）法[5]に関連するエイボン社の質問に対して、1988年に労働省が発出した回答書である。その内容は、①企業年金における議決権行使は年金資産などの運用に伴う受託者責任の一部である、②運用機関はもっぱら加入者の利益のために議決権を行使しなければならない、を明確にするものだった。これをきっかけに、米国の機関投資家が議決権を積極的に行使するようになり、コーポレートガバナンスに大きな影響を及ぼした。

◆金融市場の自由化・国際化による寡占化

世界の金融市場の自由化、国際化を背景に、金融機関の再編・統合による寡占化が進み、機関投資家の運用資産の規模が巨大化した。金融市場の自由化については、米国の手数料自由化（1975年のメーデー）、イギリスのビッグバン（1986年）が知られている。日本でも1980-90年代を通じて規制緩和が進み、金融機関の数が激減すると同時に、外資系のシェアが拡大した。

グローバルな金融機関の統合・再編が進み、大手の機関投資家の運用資産が巨大化したことにより、業績や株価に不満があっても、保有株式を売るに売れないという状況が生じた。保有株式の一部売却による売り圧力で市場全体の株価水準が下がると、自らのポートフォリオの価値が下落してしまう。そのよう

---

[5] Employee Retirement Income Security Act（従業員退職所得保障法）の頭文字をとってこのように呼ばれる。

な課題が生じたのである。そこで、株式を保有したまま、増配の提案などを通じて、企業価値を高めるように企業に働きかけるようになった。その先駆けとなったのが、カリフォルニア州職員退職年金基金（CalPERS）など、米国の公的年金である。

◆**インデックス・ファンドなどパッシブ運用の増加**

資産運用では、伝統的に、ファンダメンタルズなどの分析を通じて優れた株式を選別し、運用成績を上げるのを目標とするアクティブ運用が中心だった。ところが、ベンチマークに連動する運用成績を目標とするパッシブ運用（インデックス運用）の収益率が、アクティブ運用よりも優れているという実証研究の成果や運用実績が知られるようになり、1990年代以降パッシブ運用が増加した。パッシブ運用では、インデックスに含まれる株式を売却できないので、個々の株式の収益率を向上させるアプローチが必要となる。

このような背景から、機関投資家は株式を保有したまま、企業の経営陣に経営改善、株価向上を働きかけるようになった。機関投資家は保有株式数も多いので、経営陣も大株主の声に耳を傾けざるを得ない。これはアクティビズムと呼ばれてきたが、最近のコーポレートガバナンス改革で課題とされているエンゲージメントは、この延長として、より長期的な企業価値の向上を目指す活動と位置付けることができる（エンゲージメントに関しては第12章参照）。

3. 日本の経営者と投資家の関係

株主を重視しなかった戦後日本の経営者

前節で述べたように、資本市場において機関投資家は、資産運用の専門家として、投資行動を通じて経営者を規律付ける役割を担うべき存在だが、日本では機関投資家による監督機能はあまり発揮されなかった。むしろ、第6章で述べたように、戦後の日本企業では株主よりも従業員の発言権やメインバンクの役割が大きかった。同章の冒頭で紹介した複数のアンケート調査からも、1990年代までの日本の経営者が株主を重視していなかったことがわかる。

戦前は、高配当を要求する株主の要求に経営者が抗しきれずに経営が悪化した会社もあったほど株主の権利が強かったが、戦後は大きく変化した。そのことを、1947（昭和22）年に満州から帰国した高崎達之助[6]は下記のように述べている（高崎, 1954）。

● 図表7-3　配当利回りの推移

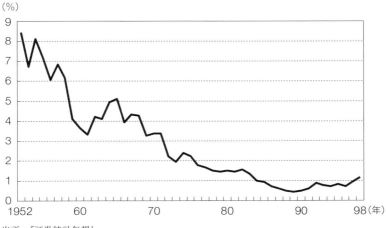

出所：『証券統計年報』

　株主の権益は全然無視され、事業の経営は従業員によって牛耳られて、ちょうど私が大正5年に初めて日本に帰って来た時とは、全く正反対の状況だった。すなわち、株式配当の如きはすべて二の次で、従業員の待遇がまず第一義となり、誰一人として会社の基礎の強化や資本の蓄積など考える者がないありさまだった。

　株主への還元にもあまり配慮しなかった。**図表7-3**は1950年代から90年代までの配当利回りの推移である。日本では1割配当（額面50円に対して5円）が妥当という考え方で安定配当が重視されたため、株価の上昇に対して配当の引き上げが遅れた。70年代初めに3％を割り込み、80年代半ば以降1％未満で推移した。主要企業の配当性向は、1960-70年代は60-70％で推移していたが、次第に低下し、1980年代末には40％を割り込んだ。
　さらに、日本では企業の合併においても、株主の利益よりも、合併する企業の融和や経営者・従業員の面子に配慮していた。両社の株価を基準として合併

---

6) 1917年に東洋製罐を創立した実業家で、後に政治家に転じた。1942年満州重工業開発総裁に就任。その後、電源開発初代総裁、通商産業大臣、初代経済企画庁長官などを歴任した。

● 図表7-4　東証上場企業の合併における対等合併の比率（1968-2000年）

件数

（年）	対等合併	対等合併（調整後）	広義の対等合併	それ以外	合計
1968-70	10	0	10	4	14
1971-80	9	1	10	8	18
1981-90	4	4	8	14	22
計（1968-90）	23	5	28	26	54
1991-2000	13	2	15	46	61
計（1968-2000）	36	7	43	72	115

比率（%）

（年）	対等合併	対等合併（調整後）	広義の対等合併	それ以外	合計
1968-70	71.4	0.0	71.4	28.6	100.0
1971-80	50.0	5.6	55.6	44.4	100.0
1981-90	18.2	18.2	36.4	63.6	100.0
計（1968-90）	42.6	9.3	51.9	48.1	100.0
1991-2000	21.3	3.3	24.6	75.4	100.0
計（1968-2000）	31.3	6.1	37.4	62.6	100.0

注：3社の合併はA：B、A：Cの2件の合併として数えた
　　詳細な情報が不明な若干の案件を除いた

比率を決めるのではなく、「基本的には『対等合併』の形を整えようとすることが多い」「市場原理に基づくものとは異質」（「日本経済新聞」1996年4月7日付）といわれていた。

図表7-4のように、1968-2000年の上場企業同士の合併で、対等合併の比率は31.3％に上った。1990年までの期間ではその比率はさらに高く、42.6％に達する。これは、同規模の企業同士の合併が多かったわけではなく、「対等合併」にこだわる経営者が多かったからである。そのために、合併比率を1対1に調整する目的で合併前に増資・減資を行うことも多かった。それらを含む広義の対等合併は、1968-90年には5割を上回っていた。

だが、商法・証券取引法など日本の公開企業に関わる法律は株主の権利の尊重を規定し、国際的に比較しても日本の法律は株主の権利を強く保護してきた（深尾・森田，1997など）。それにもかかわらず、経営者が株主を重視しなく

なったのはなぜだろうか。次に、戦後から1990年代半ばまでの時期に焦点を当ててこの問題を考察する[7]（1990年代半ばまでの時期としたのは、この頃に戦後日本企業の経営者の株主に対する姿勢に変化が見られたからである）。

経営者が株主を重視しなかった要因

　法律で定められた株主の権利を、戦後日本企業の経営者が重視しなかったのはなぜだろうか。その直接的要因として、①市場による規律が機能しなかった、②経営者を監督する大口の株主がいなかった、③投資家が会社を支配することに対して経営者が抵抗感を持った、の3点が挙げられる。

　①は市場が本来持っている規律付けのメカニズムが作動しなかった、②は規律付けの主体が存在しなかった、という意味である。つまり、規律付けを行う仕組みも主体も欠けていたのである。この制度面の問題に加えて、③は、投資家（広義の株主）が会社を支配するのを経営者が懸念したことを指す。

　議決権を通じて会社を支配するのは現在の株主である。だが、株主がいつでも株式を売却できる流通市場を前提とする場合、現在の株主とこれから株を買おうとしている潜在的株主の両方を考えなくてはならない。それらは広義の株主と考えられるが、まとめて「投資家」と呼ぶことにする。

　経営者が株主を重視しない、上記の3つの要因について以下に詳述しよう。

　第一の市場による規律の欠如とは、(a)発行市場で発行価格・規模などの条件が市場の調整機能に基づいて効率的・合理的に決定されなかったこと（発行市場の欠陥）、(b)流通市場でファンダメンタルズに基づく効率的な株価が形成されなかったこと（株価形成の非効率性）、を指す。

　日本では1970年代半ばまで、増資は株主割当・額面発行で行われていた。市場の株価が低迷しても額面を上回っている限り増資ができたので、発行企業の都合が優先され、増資が強行されることが多かった。だが、それに対する市場からの制裁はなかったため、過剰な増資が行われ、それが1965年の証券恐慌を惹起した。

　OECDの調査によれば、1960-65年の日本の株式発行高は世界一で18.8億ドルだった。第2位の米国は10.3億ドルで、経済規模の差を考慮すれば、明らかに過剰である。

---

[7] 詳細は江川（2008）参照。

1970年代以降は額面発行に代わって時価発行が始まったものの、発行価格を引き上げるための株価操作が広まった。つまり、額面発行・時価発行いずれの場合も、発行条件が市場の需給調整機能に基づいて合理的に決定されることはなく、発行市場の機能は不全に陥ったのである（発行市場の欠陥）。
　発行市場ばかりでなく、流通市場にも問題があった。株価は市場の需給関係やセンチメントに大きく左右され、ファンダメンタルズに基づいて株価を分析するアナリストも少なかった。実証研究でも、日本の株価形成が効率的でなかったことは検証されている。流通市場の株価形成が非効率では、ファンダメンタルズの良い会社に投資しても、株価が上がるかわからない。これでは、投資家は業績の良い企業の株式を選別するインセンティブを失ってしまうだろう。機関投資家やアナリストの間に熾烈な競争がなかったことも、合理的な株価形成が行われなかった一因である。
　このように、流通市場でも株価形成は合理的でなく、市場による規律付けはあまり機能していなかった（流通市場の機能不全）。
　第二の監督する大株主の不在をもたらしたのは、財閥解体による大株主の消滅、株式持ち合い、機関投資家の不在であった。財閥解体では、1945年当時の発行済み株式数の42％に相当する株式が従業員・個人株主に再分配され、大株主や資産家が消滅した。株式持ち合いは、1950年代に始まり、徐々に進行した。多くの企業で安定株主比率が6-7割に達したため、株主による監督は機能しなくなった。
　欧米では市場の機関化とともに、機関投資家が大株主として経営者の規律付けに一定の役割を果たしてきた。だが、日本では間接金融を中心とした政策、厳しい金利規制、株式持ち合いなどにより、機関投資家が長い間発達しなかった。
　第三の投資家の支配に対する経営者の抵抗感をもたらした要因には、株式市場に関わるものとそれ以外のものがある。ここでは前者について論じ、後者に関しては後で述べる。
　株式市場に関わる要因として、(a)投資家の短期的・投機的傾向、(b)株価形成の非効率性、(c)財閥解体と大株主の消滅がある。日本の投資家の短期的、投機的傾向は、株式市場の売買回転率から明らかである。1951-95年の東京証券取引所の回転率は49.0％、全国証券取引所は64.5％で、これは同時期のニューヨーク証券取引所の29.9％の1.6-2.2倍に当たる（売買回転率は売買

● 図表7-5　東京株式取引所の株式取引の内訳
（百万株）

凡例：
- 実物取引
- 短期清算取引
- 定期取引・長期清算取引

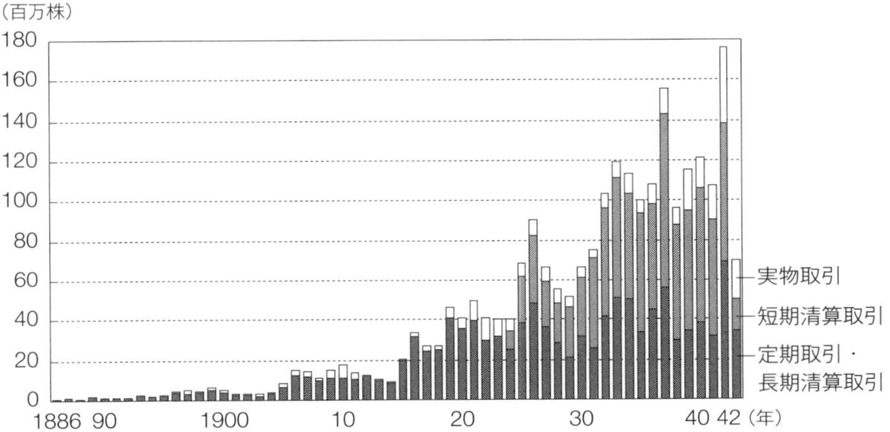

注：「実物取引」は現物取引を指す。それ以外は差金決済による先物取引である
出所：『東京株式取引所50年史』『東京証券取引所50年史』

高を上場株式数で除して算出する。日本では上場株式の相当の部分が持ち合い株式で売買されなかったことを考慮すると、売買されていた株式の回転率はさらに高かったことになる）。このため、長期的視点を持つ日本の経営者は、投資家が企業の重要な意思決定に影響を与えるのを懸念したと考えられる。

投資家の短期的・投機的傾向の背景として、明治時代の株式市場の創設時に、江戸時代の堂島米会所（先物取引所）の投機的な取引方法が取り入れられ、株式市場が投機的な流通市場を中心に発達したことがある。1885（明治18）年－1942（昭和17）年の東京株式取引所の取引の9割近くは先物取引だった（**図表7-5**参照）。株式取引で使われる「銘柄」という語は、株式が米・小豆などと同様の売買の対象であったことを示す。市場の投機性は戦後も引き継がれ、投資家の行動や経営者の投資家に対する意識に大きな影響を与えた。

GHQによる財閥解体では、株主に指名された取締役も退任させられた。そこで、GHQや労働組合の支持により当時の中間管理職から抜擢された経営者の意識の中では、経営者支配が正当化されたであろう。それは戦後の民主主義志向のなかで、労働者の権利尊重、従業員重視の経営に結び付いたと考えられる。

より根本的な構造的要因

以上述べたように、戦後日本企業の経営者が株主を重視しなかった要因は、①市場による規律の欠如、②監督する大株主の不在、③投資家による支配に対する抵抗感、であった。だが、その背後に、(a)発行市場の欠陥、(b)株価形成の非効率性、(c)投資家の短期的・投機的傾向、という構造的な要因があることが、これまでの説明で明らかになった。

3つの構造的要因の間には「相互補完性」がある。例えば、流通市場の株価は、本来発行市場で形成される株価の指針となるべきものだ。ところが、日本では流通市場の株価形成が合理的・効率的でなかったので、発行市場の欠陥が助長された。また、株価が合理的・効率的でないと、投資家は業績の良い会社の株式を長期的に保有してもキャピタルゲインを期待できないので、株価が少しでも上がると売却するという短期的行動を取るようになる。このように、3つの構造的要因は互いを強め合う関係にある。

さらに、経営者の株主を重視しない行動そのものが、構造的要因を強化し、それがまた経営者の株主を重視しない行動を惹起する、という「スパイラル（循環的）現象」も見られた（**図表7-6**参照）。例えば、多くの企業は長年配当を額面の1割に固定してきたため、1980年代に配当利回りは1%未満に落ち込んだ。その結果、投資家は配当への関心を失い、目先のキャピタルゲインを狙って短期的売買を行うようになった。つまり、配当を増やさないという株

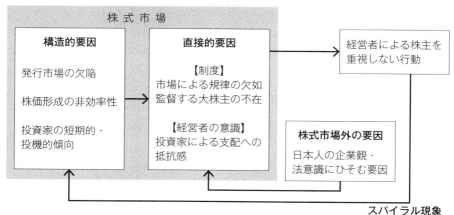

● 図表7-6　株式市場と戦後日本の経営者の関係

出所：筆者作成

主を重視しない行動が、投資家の短期的・投機的行動を助長したのである。
　このように、発行市場の欠陥、株価形成の非効率性、投資家の短期的・投機的傾向の3つが、日本の経営者が株主を重視しなくなった構造的な要因だったが、それらの要因は相互補完性やスパイラル現象によって、さらに強化、維持されたのである。

株式市場以外の要因

　経営者が投資家の支配を懸念した要因には、株式市場以外のものもあると指摘した。これは、①企業を公共性・永続性を備えた社会的実在と捉える見方、②従業員の会社へのコミットメント、③法や契約を絶対的、確定的なものと見ない考え方、である。

　日本の経営者は、企業を公共性・永続性を備えた社会的実在と見なしてきた。企業は株主の私的所有物でなく、社会の「公器」であり、社会に貢献しなくてはならないと考えてきた。松下幸之助は、創業時から企業の公共性を強く意識し、1929年に策定された経営綱領にもそれが反映されている。三井などの財閥では、事業の永続性を担保するため、江戸時代から「総有」（安岡, 1970）という所有権形態が採用され、株主の持分の処分権が制限された。

　さらに、企業を社会的実在と見なす考え方（法人実在説）が広く共有されてきた[8]。例えば、株式のプレミアムが企業の所得と見なされて、明治時代以来課税の対象であったこと、会社による政治献金をめぐる最高裁判決（1970年）が「会社は……自然人とひとしく……社会的実在なのである」と述べていること、などはその証左である。

　第二は、従業員の会社へのコミットメントである。日本の大企業では、終身雇用制度の下で内部昇進者が取締役・経営者に選ばれたため、従業員は自己を企業の内部的・本質的存在として認識し、株主を外部者と考えるようになった。

　従業員の力が強まった背景には、戦後の労働組合の興隆とブルーカラーの待遇改善（ホワイトカラーとの身分の差の廃止）がある。後者は国際的にも珍しく、現場の労働者も企業共同体の一員として一体感を持てる基盤が作られた（菅山, 1996）。

---

[8] 経済学では企業を「契約関係の集合の要」と見做すことが多い。欧米の経営者の多くは、この考え方に基づいて、会社は便宜的な外殻（シェル）と捉える法人名目説をとる。

強いコミットメントを持つ中核的な従業員が組織の主導権を握る現象は、江戸時代から見られた。江戸時代の商家では、大規模経営が続くと、主人たる相続人の家産の所有は名目化し、主人家族や別家・手代等の集団的な所有と管理に移行した。組織のトップがリーダーとしての役割を果たさず、組織が危機に瀕した場合、組織を守るために部下が組織の上司の命令に反する行動を取ることも伝統的に認められてきた（末永, 1997）。これは商家ばかりでなく、武家社会でも見られ、主君「押込（おしこめ）」と呼ばれた（笠谷, 1988）。

　現代でも、企業が誤った方向に向かった際、組織を救うために従業員が団結してリーダーに対抗することがあった。1982 年の三越の岡田社長の解任、87 年の国鉄民営化などの例がある。

　戦後の経営者が、株主の権利に関する商法、証券取引法の原則を疎かにした第三の要因として、日本人が法や契約を絶対的なものと見ない傾向がある。

　1995 年の日米の比較調査では、「損をする場合には必ずしも法を守る必要がない」について、米国人は 67％が否定したが、日本人は「どちらともいえない」「どちらかといえばそう思う」の合計が 6 割を超えた（河合・加藤, 2003）。日本人の遵法精神が弱い理由として、日本では歴史的に権威と権力が分離していたので、法よりも当事者間の合意に基づいて統治が行われてきたからという指摘がある（Haley, 1991）。

　このように、法は厳格に守らなくてもよいという考え方があった上に、戦後の商法改正、証券取引法制定は GHQ 主導で行われたため、日本側は当事者意識が希薄であったと考えられる。しかも、株主の権利保護の規定には、日本側は経済界ばかりでなく法曹界も反対していた。

　以上のように、日本の企業は公共性・永続性を備えた実在と見なされ、従業員は中核的な役割を果たしてきた。このような企業の実態は、株主の権利保護を定めた商法や証券取引法と乖離していたが、日本では法は厳格に守らなくてよいと考えられてきたので大きな問題にはならなかったのであろう。

第 8 章

激変の時代──1990年代以降の改革

1. 1990-2000年代のコーポレートガバナンス改革

コーポレートガバナンスに対する関心の高まり

　第6、7章で述べた日本企業のコーポレートガバナンスは、1990年代半ば以降大きく変容した。1980年代から90年代にかけて世界の資本市場の自由化・国際化が進み、機関投資家が「もの言う株主」として台頭した。米国、イギリスなどが先導する形で、各国でコーポレートガバナンス改革が進み、それを受けて、日本でも1990年代からコーポレートガバナンスへの関心が高まった。

　その背景としては、①バブル崩壊後の企業業績の悪化と株価低迷、②企業不祥事の頻発、③直接金融の発達とメインバンクの影響力の低下、④外国人株主の台頭、⑤金融危機による株式持ち合いの解消、⑥グローバル競争の激化による業界再編と事業ポートフォリオの見直し（「選択と集中」）、などがある。

　上記の③～⑥は密接に関連しており、その結果、日本企業の株主所有構造が大きく変化した。銀行を中心に持ち合い株式が大きく減少する一方、外国人株主が台頭した。

　1980年代以降資本市場の規制緩和やグローバル化が進展し、日本でも1996-2001年に「金融ビッグバン」といわれる金融システム改革が行われた。大企業の資金調達が間接金融から直接金融にシフトして、メインバンク離れに拍車をかけた。バブル崩壊後、90年代半ば以降の金融危機に際して、銀行は持ち合い株式を大量に売却し、その含み益によって不良債権を償却した。この背景には、持ち合い株式の自己資本上の位置付けの変化もある[1]。

　不良債権問題により銀行の業績が悪化し、株価が下落すると、その銀行の持ち合い先企業の含み益も縮小した。それで当該企業の株価が下がると、その株

を保有するメインバンクの含み益も減少し、銀行株がさらに下落する、つまり、持ち合いをしている銀行と企業の株価が相互に下がるダウンスパイラル現象が惹起された。

こうして、日本企業の強みとされていた持ち合い株式が、リスクとして認識されるようになり、2000年度の時価会計の導入（持ち合い株式については2001年度）と相俟って、銀行・事業法人による持ち合い株式の売却が加速した。

さらに、グローバル競争の激化により、経営の効率化のために資本系列を超えた業界再編が進んだ。事業ポートフォリオの「選択と集中」を進めたり、系列に基づく取引関係を見直したりする企業が増え、持ち合い株式の売却が加速した。例えば、1999年に日産に出資したルノー出身のゴーン社長が主導した改革により、日産の購買先の数は半減し、素材・部品メーカーの統合が進んだので、持ち合い株式の売却も加速した。

これらを受けて、かつては上場企業の6-7割を占めた持ち合い株式が大きく減少した。1980年代は20％前後だった都銀・地銀等の保有比率は、1995年に15.4％、2000年に11.5％、05年に2.1％に低下、17年には3.1％となった（39ページ**図表3-3**参照）。

この間、資本市場のグローバル化を背景に、欧米の機関投資家が日本株への投資を大幅に増やし、日本企業における海外投資家の持株比率が上昇した。株式分布状況調査によると、日本の上場企業の外国法人などの保有比率は1990年には4.2％にすぎなかったが、95年に9.4％、2000年に13.2％、05年に20.5％と大きく伸長し、13年には3割に達した。海外の投資家は売買を活発に行うので、日々の売買高における外国人投資家の比率は2000年ごろから5割を上回り、市場の動向に大きな影響を与えるようになった。外国人株主の持株比率が高まった会社では、企業価値を高めるための事業再編や人員削減などに取り組む動きも見られた（Ahmadjian and Robbins, 2005）。

さらに、バブル崩壊後の株価の長期低迷、企業不祥事の多発（総会屋への利益供与、金融機関の乱脈融資、証券会社による損失補填、粉飾決算など）によ

---

1) 1988年にバーゼル合意による銀行の自己資本規制が導入された当初は、日本の銀行が保有する持ち合い株の含み益の45％を自己資本に含めることを認められた。ところが、不良債権問題で銀行の経営が悪化すると、銀行等株式保有制限法（2001年）により、2004年9月までに持ち合い株を総資産の8％までに縮小することが義務付けられた。

り、コーポレートガバナンスに関する社会の関心が高まった。

コーポレートガバナンス改革の始まり

　1990年代以降のガバナンス改革では、まず、法律改正によって主に株主の権利の拡大と監査役の権限強化が図られた。

　1993年の商法改正では、株主権の強化を図るために株主代表訴訟制度が改訂されたが、その後発覚した大和銀行事件の巨額の損害賠償により、取締役の責任に注目が集まった[2]。また、監査役の監督機能の強化のために社外監査役・監査役会が導入された。具体的には、監査役の任期を2年から3年に延長し、大会社には3人以上の監査役の設置、1人以上の社外監査役を要求するとともに、監査役会制度を導入して多くの権限を監査役から監査役会に移した。

　さらに、2001年の商法改正では、監査役に取締役会への出席義務と意見陳述義務を課すとともに、任期を4年に延ばした。大会社では半数以上を社外監査役とすることとされた。

　役員報酬・取締役会の改革は、法律改正ではなく、ソニーが先導する形で進んだ。1996年当時、商法でストックオプションが認められていなかったので、ソニーはワラント債を用いた疑似ストックオプションによる株価連動報酬を導入した。取締役会改革もソニーが先鞭をつけ、1997年に監督と執行の分離を狙いとする改革を行った。

　それまで、日本企業の取締役会は社内取締役のみで構成されていることが多く、取締役会と経営陣が一体化した統治構造が一般的だった。員数も数十人と多く、取締役会で実質的な議論はあまりなかった。取締役会は議論の場というよりも、経営会議で審議された内容を正式に意思決定する儀式のようになっていた。役員である取締役への昇進は「サラリーマンの目標」ともいわれていた。

　ソニーの改革では、取締役会を「業務執行の監督を行う機関」として位置付けて、員数を38名から10名に大幅に削減、社内取締役7名、社外取締役3

---

[2] 1995年に大和銀行ニューヨーク支店巨額損失事件が起こり、総額14億5,000万ドル（約1,550億円）を賠償するよう求めた株主代表訴訟を受けて、2000年大阪地裁は、当時ニューヨーク支店長だった元副頭取に単独で5億3,000万ドル（約567億円）を、また、ニューヨーク支店長を含む現・元役員ら11人に計約2億4,500万ドル（約262億円）を支払うよう命じた。株主代表訴訟で前例のない巨額の損害賠償が命じられたことから、この事件の後、取締役の責任やコーポレートガバナンスに関心が高まった。

名とした。執行役員という役職を新設し、取締役を退任した 18 名と部門長 9 名の計 27 名が執行役員に任命された[3]。

その後、執行役員の導入は他の企業にも急速に広まったが、社外取締役の選任については追随する企業は多くなかった。2002 年の東証の「コーポレートガバナンスに関する調査結果」によると、社外取締役を既に選任している企業は 34.1％（回答企業 1,137 社中 388 社）だが、そのほぼ半数は親会社・同じ財閥グループ企業など利害関係であるとのことだった。選任している企業でも人数は 1 人が最も多く、6 割以上を占めた。

このような企業主導の改革を受けて制度の見直しも進んだ。商法の改正は 1997 年以降ほぼ毎年行われ、2005 年に新たに会社法が制定された。

2002年商法改正と委員会等設置会社

2002 年、社外取締役の導入、監督と執行の分離を後押しする狙いで、大きな商法改正が行われた。制度設計については、従来の監査役会設置会社に加えて委員会等設置会社が新設され、会社が自由に選択できるようにして、制度間の競争を促すことになった。

なお、「委員会等設置会社」は 2005 年会社法制定に伴い、「委員会設置会社」に名称変更され、2014 年会社法改正では、新設の「監査等委員会設置会社」と区別するために、「指名委員会等設置会社」に変更された。

委員会等設置会社は、アメリカの制度に倣い、監督と執行を分離した、モニタリング・モデルと呼ばれるガバナンスの形態である。取締役会の役割を「経営陣の監督」と「重要な意思決定の承認」に限定し、取締役会の相当数は経営陣から独立した取締役が占める。

委員会等設置会社には次のような特徴がある。

1) 会社の業務執行に当たる「執行役」を置く（経営陣のトップ（社長）は「代表執行役」となる。「執行役」は会社法上の役員で、法に基づかない、従業員である「執行役員」とは異なる）

---

[3] 当時の大賀社長は、取締役を退いて執行役員に就任する経営幹部たちに対し気を使ったとされる。特に、家族から「降格されたのではないか」と誤解されるのを避けるため、家族に宛てた手紙をしたためて、執行役員になっても取締役時代と何ら待遇は変わらないこと、秘書や役員室、社用車もそのままであることなどを説明したと報じられた。

2) 取締役には業務執行権限が認められない（代表執行役をはじめ一部の執行役は取締役を兼務することが多いが、あくまでも2つの異なる役割を兼ねている。この点で、取締役が業務執行権限を有する監査役会設置会社と異なる）
3) 取締役会に指名委員会、報酬委員会、監査委員会の3委員会を設置する（各委員会は3名以上で構成され、委員の過半数が社外取締役でなければならない。監査委員会の委員は執行役を兼ねることができない）
4) 監査役を置くことができない
5) 迅速で機動的な業務執行ができる（監査役会設置会社に比べ、取締役会が執行役に委任できる事項が幅広い）

　委員会等設置会社では、3委員会は取締役会の下部機関ではなく、内部機関と位置付けられている。指名委員会は取締役候補者の決定、報酬委員会は取締役・執行役の個人別報酬の決定、監査委員会は取締役と監査役の職務執行の監査、会計監査人の人事案の決定を行う。委員会はこれらの権限を取締役会と独立に行使することが認められているので、委員会の決定を取締役会で覆すことはできない。

　改正商法が施行された2003年には、日立製作所、ソニー、東芝、三菱電機、野村ホールディングス、HOYA、イオンなど44社が委員会等設置会社に移行した。翌年は16社が移行したが、その後移行する会社はあまり増えず、監査役会設置会社に戻る会社もあったので、ずっと60-70社前後で推移している。2017年12月現在73社で、全上場会社に占める比率は2%である（日本取締役協会のデータによる）。

　委員会等設置会社に移行する会社が当初の期待ほど増えなかったのは、経営者の間に社外取締役が委員の過半数を占める3委員会が経営者の指名、報酬の決定の権限を握ることに抵抗感があるからだといわれている。

モニタリング・モデルの導入

◆ドイツと米国のハイブリッドの日本企業のガバナンス体制

　日本の監査役会設置会社の仕組みはわが国独自のもので、特に欧米の投資家から理解しにくいといわれてきた。これは明治時代に、ドイツ法の影響で三権分立の株式会社の仕組みが導入された上に、戦後に米国の占領下で英米法の仕

組みが追加され、現在の重層的なガバナンスシステムが出来上がったためである。

　ドイツ法の三権分立の仕組みとは、企業のガバナンスに関わる権力を、株主総会、取締役、監査役会の3つの機関に分けて、互いに牽制し合うことによりコントロールするという考え方に基づいている。取締役は業務執行機関、監査役会は監督機関と独立しており、執行と監督が明確に分離されている。これは二層式システムと呼ばれている。

　監査役会には独立性のみならず、強い監督権限が与えられている。監査役会は、業務を執行する取締役の選解任の権限、主要な業務執行の決定に対する同意権、取締役に報告を課し、調査する権限を持っている。しかし、制度上は業務執行に関与しえず、監督・監査を担当する。

　ドイツの監査役会は日本の取締役会、取締役は日本の代表取締役にほぼ相当すると考えられる。株主総会は、監査役会の構成員の選解任権は持っているが、直接取締役を選任・解任する権限は持っていない。

　英米法のガバナンスの仕組みは単層式システムと呼ばれ、取締役会が業務執行機関であると同時に監督機関でもある。業務執行の監督を担う取締役、業務執行を担う経営陣が混然一体となって、取締役会による監督が機能しにくいという問題が生じる。そこで、執行と監督を分離するために、取締役会の意思決定の内容を経営陣の選解任と経営計画に関する承認に限定し、取締役会に社外のメンバーを入れて独立性を高めるようにしたのが、モニタリング・モデルである。

◆米国企業のガバナンスの変遷

　米国の株式会社では1960年代まで、取締役の大部分が実質的にCEOによって選任されていた。取締役会も頻繁には開催されず、重要な意思決定は、実際には少数の社内取締役から成る経営委員会で行われていた。

　取締役会には早くから社外取締役が導入されていたが、その位置付けは今日とは異なっていた。名誉職的な色彩が強く、「クリスマスツリーの飾り」（Mace, 1971）に例えられることもあった。1950年代以降、取締役会の内部者の比率は平均すると半数を下回っていたが、社外取締役は必ずしも監督を意識したものではなく、独立取締役の数は多くなかった。米国の大企業の社外取締役比率の研究によれば、1950年、70年の社外取締役比率はそれぞれ51％、59％だったが、独立取締役比率は22％、25％であった（Gordon, 2007）。

ところが、1970年、米国史上最大の企業倒産であったペン・セントラル鉄道の破綻をきっかけに、コーポレートガバナンスへの関心が高まった。取締役会は時間的制約、情報収集能力、及び分析能力の欠如などにより、実際には、経営の意思決定機能・業務執行機能をほとんど果たしていないことが問題となった。

そこで、米国の会社法学者のMelvin Eisenbergが取締役会の機能を再検討して提唱したのがモニタリング・モデルで、監督機能に重きを置いた取締役会の仕組みである。執行と監督を分離して、経営計画の立案と日常業務の執行を常勤の経営陣に委ねることを唱えた。取締役会に期待できる法的役割は、役員の選解任を基礎とする業務執行の監督、基本的な経営計画の承認、それに付随する助言であるとしたのである（Eisenberg, 1976）。

それ以外に、取締役会に社外のメンバーを入れて独立性を高める（単に非役員・非従業員という形式的要件ではなく、独立性の実質的要件を課す）、監視機能の重要な部分を担当する内部委員会（監査委員会、報酬委員会、指名委員会）を設置してその過半数を社外取締役が占めるようにする、などを提案した。モニタリング・モデルは、1970年代後半に米国法律家協会（ABA）やビジネス・ラウンドテーブル（経営者団体）が大筋で受け入れて広まった。

ニューヨーク証券取引所も1978年に、上場企業に取締役会の独立性を求めるようになった[4]。さらに、1980年代に敵対的買収が盛んになると、買収防衛に関して裁判所が社外取締役の判断を尊重する判決を下したことから、取締役会の中で社外取締役の役割が重視されるようになった。また、1990年代初頭に業績が悪化したGM、IBM、アメリカン・エクスプレスなどの大企業で、機関投資家の圧力を背景に、社外取締役が主導する取締役会がCEOを更迭したことも世間の注目を集めた。先の研究によると、2000年には社外取締役比率が84％、独立取締役比率は69％に上昇している（Gordon, 2007）。

エンロン事件を受けて制定された2002年のサーベンス・オックスリー法とその後のNYSE・NASDAQ規定では、過半数の独立取締役選任が義務付けられ、独立性の要件も明確化された。現在、S&P500企業では独立取締役の比

---

[4] ニューヨーク証券取引所は、1965年、既に全上場企業に最低2名以上の社外取締役を選任することを上場規則で定めていたが、78年に、経営者から独立し、独自の判断を行使できる取締役のみで構成される監査委員会の設置を義務付けた。これは、SECが1972年に社外取締役のみで構成される監査委員会の設置を要求する声明を発表したことを受けたものである。

率が 80％超となっている。

◆戦後日本企業のガバナンス体制

日本では、明治時代にドイツ法に基づく株式会社の仕組みが導入されたが、経営者の権限が強かったため、監査役の監督機能が必ずしも機能せず「閑散役」と揶揄されることもあったという。戦後、米国の会社に倣って取締役会が新設されて監督機能を担うようになり、重複を避けるために1925-74年の時期は監査役の役割が会計監査のみに縮小された。

このようにドイツと米国の法律の影響を受けて株式会社の仕組みが整備された歴史的経緯から、取締役会は業務執行と監督を担い、監査役会が取締役を監督する、という仕組みができた。だが、社外取締役の導入は進まずに、取締役会の中に、業務執行を担う経営陣とこれを監督する取締役が混然一体となった状態が長く続いた。ガバナンス強化の要請に対しては、主に監査役会の監督機能を強化することで対応してきた。

1990年代以降、日本企業における海外投資家の持ち株比率が高まるにつれ、このようなガバナンスの仕組みに疑問が呈されるようになった。監査役・監査役会の権限は次第に強化されたが、取締役会での議決権がなく、代表取締役の選解任の権限は持っていないので、実際に経営陣を牽制できるのかという疑問が持たれる。一方、代表取締役の選解任権を持つ取締役会は、社長の部下に当たる社内取締役ばかりで、社外取締役がほとんどいないという状況だったので、実質的にガバナンスが機能していないのではないかと批判されるようになったのである。

監査役会設置会社では、取締役会で決議しなければならない事項が多く、取締役会が意思決定機能と監督機能を併せ持っているので、執行と監督の分離が難しいという問題もあった。

このような背景から、2002年商法改正で、モニタリング・モデルに基づく制度設計として委員会等設置会社が導入された。だが、委員会等設置会社に移行する会社は増えず、社外取締役の導入も海外諸国に比べて緩やかだった。

2. 2010年代のコーポレートガバナンス改革

1990年代以降のガバナンス改革により、経営者の姿勢や行動も徐々に変化した（第4節参照）。2000年以降、ファンドなどによる株主提案、敵対的買

収、委任状争奪戦が増え、経営者がこうした株主と対峙する場面も増えた。メディアに大きく取り上げられた事案として、ライブドアによるニッポン放送の株式取得（2005年）、スティール・パートナーズによるブルドックソースの敵対的買収（07年）、ザ・チルドレンズ・インベストメント・ファンドによる電源開発への株主提案と委任状勧誘（07-08年）などがある。

経営陣が持ち合い先などと連携してファンドを退けることが多かったが、これらは、経営者が株主との関係やコーポレートガバナンスについて考える大きなきっかけとなった。

2000年代はアクティビストとして活動したのは、経営陣と対立する一部のファンドにとどまったが、2010年代の改革により、あらゆる投資家に受託者責任に基づいた行動が求められるようになった。さらに、企業経営者にも投資家との建設的な対話が求められるようになった。

日本再興戦略と「攻めのガバナンス」

2010年代に制度改革が加速したきっかけは2013年6月に取りまとめられた日本再興戦略で、成長政略の一環としてコーポレートガバナンスの見直しを取り上げた。それを受けて、2014年2月には金融庁が「『責任ある機関投資家』の諸原則」（日本版スチュワードシップ・コード）を公表、同年8月末までに160の機関投資家が受け入れを表明した（2018年8月末には233機関）。

スチュワードシップ・コードと対になっているのが、上場企業を対象とするコーポレートガバナンス・コードである。同コード策定の計画は、2014年6月に公表された日本再興戦略の改訂版に示され、原案が12月に公表された。翌年3月に金融庁と東証が正式決定し、6月から上場企業に適用された。機関投資家と上場企業を対象とする2つのコードが制定され、両者の建設的な関係を構築する取組が動き出した。

一連のガバナンス改革は、3つの点でこれまでのガバナンス改革と異なる。

第一は、中長期的な企業価値の向上を目指していることで、「攻めのガバナンス」がキーワードとなっている。従来のガバナンス改革が、不祥事を契機としてコンプライアンス（法令遵守）に重きを置いていたのと対照的である。

第二は、原則主義（プリンシプルベース・アプローチ）である。大きな原則を定め、詳細な法律・規則などは制定せずに、各主体の自主的な取り組みを促進する手法で、従来の細則主義（ルールベース・アプローチ）と異なる。

コーポレートガバナンス・コードでは、定められた原則に従う（comply）、もしくはなぜ従わないかを説明する（explain）の選択を各企業に委ねる。従わない場合には説明責任を課し、その評価は投資家などのステークホルダーに任せるという考え方である。
　これは comply or explain と呼ばれるアプローチで、多様な上場企業に自己規律を通じて、各企業に適した取り組みを促すことができるという利点がある。すべての企業に同じ規則を強制しようとすると最低基準とせざるを得ないが、目指すべき方向を示して comply or explain を課すことにより、努力義務を上回る実効性を担保できる。
　Comply or explain はイギリスのコーポレートガバナンスに大きな影響を与えたキャドベリー報告書（1992 年）で採用されたアプローチで、その後のイギリスのガバナンス規制に取り入れられたばかりでなく、他の多くの国でも導入され、高く評価されている。日本でも、この原則主義のアプローチは、スチュワードシップ・コード、コーポレートガバナンス・コードばかりでなく、平成 26（2014）年会社法改正にも取り入れられた。
　第三は、ソフトローの活用である。法律、規制など法的拘束力を持つ規範はハードローと呼ばれるが、それに対し、法的拘束力のない私的な取り決め、社会的規範などはソフトローと呼ばれる。
　従来のコーポレートガバナンス改革は、商法（会社法）改正という形でハードローを通じて進められてきたが、今般はハードローとソフトローの組み合わせで改革が促進された。2014 年会社法改正というハードローに加えて、スチュワードシップ・コード（金融庁が公表した原則に対して各機関投資家が受け入れを表明）、コーポレートガバナンス・コード（取引所規則として適用）などソフトローが大きな役割を担った。
　日本で比較的短期間に 2 つのコードが整備されたのは画期的である。イギリスでコーポレートガバナンス・コードの前身となった「統合規範」がロンドン証券取引所の上場規則の一部として策定されたのは 1998 年だった。それが何度かの改訂を経て、金融危機後の 2010 年、上場企業向け、機関投資家向けの 2 つに分離され、それぞれコーポレートガバナンス・コード、スチュワードシップ・コードとして制定された。多くの国でモデルとなっており、日本ではスチュワードシップ・コードが先行したが、2014 年半ばの段階で、コーポレートガバナンス・コードが制定されていたのは約 70 カ国、スチュワードシップ・

コードは約 10 カ国であった。

スチュワードシップ・コード

　スチュワードシップ・コードは機関投資家の行動原則で、資金の最終的な出し手（委託者）に対する責任を重視している。イギリスのケイレビューでも取り上げられた投資家の短期志向を是正する考え方に基づいている。

　ケイレビューとは、イギリス政府の要請で、ロンドンスクールオブエコノミクス教授のジョン・ケイが座長となって取りまとめた報告書で、2012 年 7 月に公表された。イギリス企業のイノベーション創出能力の弱体化に対する危機感に基づいて、投資家の短期志向化（ショートターミズム）が企業の意思決定の短期志向化などの悪影響を及ぼしていると指摘し、インベストメントチェーンの高度化を提言した。

◆インベストメントチェーンの高度化

　イギリスでは 2010 年ごろから使われている「インベストメントチェーン」という語は、「顧客・受益者から投資先企業へと向かう投資資金の流れ」（「日本版スチュワードシップ・コード」）を指す。投資は資金の提供者と資金の需要者がつながることで実現するが、その流れの中には異なる役割を担う多様なプレーヤーが関与する。それらすべての参加者が、顧客・受益者の最善の利益のために行動することが重要であるとの認識がグローバルに広まっており、それが「インベストメントチェーンの高度化」という目標である。

　資金の提供者といっても一様ではない。年金基金・保険会社・財団のように自ら資金を保有して投資を行う者（アセットオーナー）もいれば、投資信託会社・投資顧問会社・信託銀行のように他者から資金を預かって運用する者（アセットマネージャー）もいる。アセットオーナーは、インベストメントチェーンの中で重要な役割を担う。自ら運用を行うばかりでなく、アセットマネージャーに運用を外部委託する際、最終受益者のために資産が適切に管理・運用されるように、アセットマネージャーを監督する責任を負うからである。

　インベストメントチェーンの中でもう一つ重要なのが、資金の需要者である企業とアセットマネージャーとの関係である。企業が中長期的な価値向上によって利益を拡大し、配当や賃金の上昇が最終的に家計にまで還元されるという一連の流れを最適化するために、投資家と企業とが建設的な対話（エンゲージメント）を行うことが求められている。

コーポレートガバナンス・コードも企業に対して機関投資家とのエンゲージメントを強く促しており、2つのコードが「車の両輪」のように機能してエンゲージメントの実効性を高めるのが狙いである。機関投資家が中長期的な投資リターン、上場企業が企業価値の向上を目指すことにより、インベストメント・チェーンの高度化、最適化が実現する。

インベストメント・チェーンの参加者には、アセットオーナーやアセットマネージャーに投資戦略を助言する投資コンサルタントや証券会社、債券格付け機関、ESG格付け機関、議決権行使助言会社なども含まれる。これらすべての参加者が顧客・受益者の最善の利益のために行動するように、一連の流れを最適化することがインベストメントチェーンの高度化につながる。

◆**受託者責任（フィデューシャリー・デューティ）**

スチュワードシップ・コードの重要な概念として「受託者責任[5]」（Fiduciary Duty フィデューシャリー・デューティ）がある。受託者責任とは英米法上の概念で、「他者の信認にこたえるべく一定の任務を遂行する者が負うべき幅広い役割・責任の総称」とされる。

この言葉が注目を浴びた一因は、「日本再興戦略2016」の「活力ある金融・資本市場の実現を通じた成長資金の円滑な供給」という項目の具体策として、「フィデューシャリー・デューティーの徹底」が明記され、金融審議会の報告書に基づいて2017年3月に金融庁が「顧客本位の業務運営に関する原則」を制定したことである[6]。

受託者責任は専門的な知識に基づいて他者のために任務を遂行する者が負う幅広い責任を指す。医師と患者、弁護士と顧客などの関係を考えるとわかりやすい。医師は病気を患った患者を診療し、治療を施すが、患者には専門知識がなく、医師の判断に委ねざるを得ない。そのような場合、医師は患者の立場に立って何が最適かを考えて行動する責任を負っている。このように受託者責任は専門的知識に基づいて任務を遂行する者に求められる幅広い役割であり、倫理的責任も含む概念である。

資金運用を行う会社も、資産を預ける顧客（受益者）の利益を第一に任務を

---

[5] Fiduciaryの訳語として「信認」もあるが（樋口, 1999）、本書ではFiduciary Dutyの訳語として広く使われている「受託者責任」の語を用いる。
[6] この語は先に2014年夏に金融庁が出した「平成26事務年度 金融モニタリング基本方針」の中に明記されていた。

遂行しなければならないはずだが、日本ではこれが必ずしも守られていなかった。1951年に議員立法で急ごしらえに制定された証券投資信託法には、投資家保護の規定が含まれていなかった。忠実義務の規定が加えられたのは1967年になってからである。また、資産運用を営む会社の多くは銀行や証券会社などの子会社として設立されたので、顧客の利益を第一に行動することは難しかった。系列グループの資産運用会社の運用商品を顧客に勧める、持ち合い先の株式の議決権を行使しない、というのが一般的だった。

◆2017年の改訂

2014年に公表されたスチュワードシップ・コードは、スチュワードシップ活動の実効性の向上を目的として2017年5月に改訂された。改訂では、アセットオーナーに対して、アセットマネージャー（運用機関）に要求する事項の開示、運用機関の実効的なモニタリングなどを通じたチェック機能の強化を求めた。同時に、アセットマネージャーには、利益相反の管理、議決権行使結果の個別開示、パッシブ運用におけるエンゲージメント、運用機関の自己評価などを求めた。特に影響が大きかったのが、議決権行使結果の個別開示で、いくつかの運用機関が、グループ会社の議案について反対票を投じたことが注目を集めた（議決権行使に関しては第12章第3節参照）。

改訂の背景に、アセットオーナー（特に企業年金）のスチュワードシップ・コード受け入れが少なかったこともある。コード導入以来、多くの資産運用会社・公的年金基金などが採択を表明したが、事業会社の企業年金はセコム企業年金だけという状態が続いていた。しかし、2018年2月にパナソニック、エーザイが受け入れを表明し、導入する企業年金が増え始めた（2018年8月末で事業会社5基金、金融8基金の計13基金）。

パナソニック企業年金が「市場が活性化すれば、年金受給者にとってプラスになる」（「日本経済新聞」2018年3月6日付夕刊）と述べているように、インベストメントチェーンを最適化するためには、アセットオーナーの役割が極めて重要である[7]。「もはや、年金が母体企業の顔色をうかがう時代ではない」（「日本経済新聞」2018年3月15日付）という指摘もある。スチュワードシップ・コード改訂を契機として、このような動きは今後さらに増えるだろう。

---

7) GPIFは2016年から「企業・アセットオーナーフォーラム」を運営している。これはGPIFなどのアセットオーナーがスチュワードシップ活動の参考にするために、参加企業が運用機関との建設的な対話等に関する意見交換を行うものである。

コーポレートガバナンス・コード

インベストメント・チェーンの高度化には、企業と投資家のエンゲージメントが重要であり、スチュワードシップ・コードに加えて、企業向けのコーポレートガバナンス・コードも必要となった。

コーポレートガバナンス・コード策定の計画は、2014年6月に公表された日本再興戦略の改訂版に示され、有識者会議が取りまとめた原案が12月に公表された。翌年3月に金融庁と東証が正式決定し、6月から上場会社に適用された。東証は、コーポレートガバナンス・コードを上場規定の別添として定めると同時に、上場規則を改訂した。2004年に策定（2009年に改訂）された「上場会社コーポレートガバナンス原則」は、努力規定にすぎなかったが、コーポレートガバナンス・コードに置き換えられて、実質的な義務に近いものとなった。

コーポレートガバナンス・コードは「攻めのガバナンス」を強調する。後述する『伊藤レポート』やJPX日経インデックス400などの取り組みと平仄を合わせて、企業に健全なリスクテイキングを促し、収益力を高めることを狙いとしている。

図表8-1はコード（改訂版）の基本原則と原則を一覧にまとめたものである。全部で基本原則は5、原則は31、補充原則は42ある。

コードの中で、「説明」（Explain）の比率の高かった原則を**図表8-2**に示す。特に企業の対応が困難で議論になったのは、①独立社外取締役2名以上選任、②政策保有株式、③投資家への情報開示書類の英訳である。

投資家への情報開示書類の英訳に関しては、議決権電子行使・招集通知の英訳（原則1-2④）、英語での情報開示・提供の推進（原則3-1②）、の「説明」比率が高い。3,000社以上ある上場会社の中には外国人株主が少ない会社も多く、費用対効果の面から英訳の必要性を感じない会社も多い。そのため、これらの項目に従うのは、外国人株主の保有比率が高い大企業が中心である。

◆独立社外取締役

コードの原則の中で大きな議論となったのが、独立社外取締役2名以上の選任（原則4-8前段）である。ソニーの取締役会改革、2002年商法改正などを受けて、社外取締役を選任する会社の比率は徐々に増え、2013年以降伸びが加速した（**図表8-3**参照）。

従来多くの日本企業が親会社、メインバンク、あるいは同じ財閥グループの

● 図表8-1　コーポレートガバナンス・コード（改訂版）の原則

基本原則1 株主の権利・平等性の確保	基本原則2 株主以外のステークホルダーとの適切な協働	基本原則3 適切な情報開示と透明性の確保	基本原則4 取締役会等の責務	
原則1-1 株主の権利の確保	原則2-1 中長期的な企業価値向上の基礎となる経営理念の策定	原則3-1 情報開示の充実	原則4-1 取締役会の役割・責務①	原則4-8 独立社外取締役の有効な活用
原則1-2 株主総会における権利行使	原則2-2 会社の行動準則の策定・実践	原則3-2 外部会計監査人	原則4-2 取締役会の役割・責務②	原則4-9 独立社外取締役の独立性判断基準及び資質
原則1-3 資本政策の基本的な方針	原則2-3 社会・環境問題をはじめとするサステナビリティーを巡る課題		原則4-3 取締役会の役割・責務③	原則4-10 任意の仕組みの活用
原則1-4 政策保有株式	原則2-4 女性の活躍促進を含む社内の多様性の確保		原則4-4 監査役及び監査役会の役割・責務	原則4-11 取締役会・監査役会の実効性確保のための前提条件
原則1-5 いわゆる買収防衛策	原則2-5 内部通報	基本原則5 株主との対話	原則4-5 取締役・監査役等の受託者責任	原則4-12 取締役会における審議の活性化
原則1-6 株主の利益を害する可能性のある資本政策	原則2-6 企業年金のアセットオーナーとしての機能発揮	原則5-1 株主との建設的な対話に関する方針	原則4-6 経営の監督と執行	原則4-13 情報入手と支援体制
原則1-7 関連当事者間の取引		原則5-2 経営戦略や経営計画の策定・公表	原則4-7 独立社外取締役の役割・責務	原則4-14 取締役・監査役のトレーニング

出所：みずほ総合研究所作成。資料を共に筆者作成

会社などから取締役を受け入れていたことから、2010年の社外取締役の比率は48.5％と半数近くに達した。だが、同年に独立社外取締役を選任している会社の比率は31.5％なので、全体の17％に当たる取締役（あるいは社外取締役のうち35％）は、社外出身でも監督機能を果たすための独立要件を満たしていなかったことになる。

● 図表8-2　コーポレートガバナンス・コードの「説明」比率が高かった原則（%）

原則	内容	2015年12月	2017年07月
4-11③	取締役会の実効性評価	63.6	28.7
1-2④	議決権電子行使・招集通知英訳	55.9	55.8
4-8	独立社外取締役2名以上選任	42.5	15.2
4-2①	役員の業績連動報酬	30.7	29.1
4-10①	任意の指名・報酬等の諮問委員会設置	29.4	23.3
3-1②	英語での情報発信・提供の推進	25.8	29.4

（出所）東証の開示情報に基づいて筆者作成

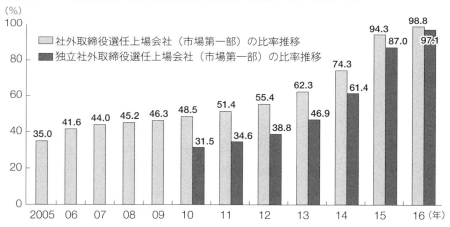

● 図表8-3　社外取締役・独立社外取締役を選任する会社の比率（市場一部）

出所：社外取締役選任上場会社の比率は、2015年までの数値は、上場会社から提出されたコーポレート・ガバナンスに関する報告書及び上場会社のコーポレートガバナンス調査（日本取締役協会）を元にして東証作成。2016年の数値は、2016年7月14日までに提出されたコーポレート・ガバナンスに関する報告書の記載をもとに東証作成
独立社外取締役選任上場会社の比率は、東京証券取引所「東証上場会社における社外取締役の選任状況〈確報〉」（2015年7月29日公表）による

　東証は2010年から、上場企業に対して、一般株主と実質的に利益相反が生じる恐れのない社外役員（社外取締役または社外監査役）を独立役員として1名以上確保し、独立役員届出書を提出することを求めるようになった。2013、14年時点で独立社外取締役を選任している企業はそれぞれ、46.9%、61.4%だったが、コーポレートガバナンス・コードが導入された2015年に87.0%に

急増、16年は97.1%に達し、社外取締役比率との差も縮小した（社外取締役、独立社外取締役とも比率が100%に近付いた2017年以降、東証は数字を公表していない）。

2014年の会社法改正では、社外取締役1名以上が求められ、選任がない場合は、株主総会で「社外取締役を置くことが相当でない理由」の説明義務が課された。独立社外取締役2名以上を求めたコードは人数、独立性の両面で、より厳しい条件を上場会社に課したことになる。

コーポレートガバナンス・コードで独立社外取締役2名以上が求められたことから、2名以上の独立社外取締役を置く会社の比率は21.5%（2014年）から、48.4%（2015年）、79.7%（2016年）に急上昇、2018年には91.3%に達した（168ページ**図表9-1**参照）。

◆政策保有株式

政策保有株式に関する原則1-4はComply（実施）の比率が91.9%（2015年12月）、96.9%（2017年7月）と高かったが、企業の対応が分かれた。コードはコーポレートガバナンス、資本効率の両方の観点から課題であると指摘したが、一律に売却を促すのではなく、①政策保有に関する方針を開示する、②毎年取締役会で政策保有株式に関して検証し、保有の狙いや合理性について説明する、③議決権行使の方針の基準を開示する、を求めた。

これを受けて、明確に売却の方針を打ち出した企業もあれば、曖昧な表現にとどめた企業もあった。メガバンク3行はそれぞれ2兆-3兆円規模（2015年3月末）の政策保有株式を所有しており、2015年3月末から3-5年間で3割削減する積極的な目標を公表した[8]。コードをきっかけに政策保有株式の売却は徐々に進んだが、その方針や進捗のペースには、会社によりばらつきがある。

◆コーポレートガバナンス・コードの改訂

コーポレートガバナンス・コードは2018年6月に改訂版が公表され、合わせて機関投資家と企業の対話において重点的に議論することが期待される事項を取りまとめた「対話ガイドライン」の案も提言された。改訂されたコード及び対話ガイドラインのポイントは以下の通りである。

---

[8] 例えば、みずほフィナンシャルグループは「保有の意義が認められる場合を除き、原則として保有しない」という方針を発表した（2015年6月1日）。

> 1) 経営環境の変化に対応した経営判断　持続的な成長と中長期的な企業価値の向上のために、新規事業への投資や既存事業からの撤退・売却を含む事業ポートフォリオの見直しなどの果断な経営判断を行う必要がある
> 2) 投資戦略・財務管理の方針　投資戦略と整合的で、資本コストを意識した適切な財務管理を行う
> 3) CEOの選解任・取締役会の機能発揮など　CEOの選解任について客観性・透明性のある手続きを確立する。後継者計画に取締役会が主体的に関与する。指名委員会・報酬委員会など独立した諮問委員会の活用。取締役会におけるジェンダー、国際性などの多様性確保
> 4) 政策保有株式　縮減に関する方針を開示する。保有の便益・リスクについて検証を行い、その内容を開示する。政策保有株主との関係
> 5) アセットオーナーとしての役割　企業年金のアセットオーナーとして期待される機能を発揮できるように、人材育成などの取り組み、利益相反の適切な管理などを行う

会社法改正と監査等委員会設置会社

　2014年6月に公布された会社法の改正（2015年5月施行）では、コーポレートガバナンスに関わる重要な改正が行われた。上場会社は社外取締役を1名以上置くこととし（置かない場合には社外取締役を置くことが相当でない理由の開示が義務付けられた）、社外取締役・社外監査役の要件が厳格化された。また、監査等委員会設置会社が導入され、2017年末までに822社が移行を表明した。

　会社法の改正に当たっては、社外取締役の導入を促進し、取締役会の監督機能を強化することが大きな検討課題とされた。ところが、監査役会設置会社では社外監査役2名の選任が義務付けられているので、さらに社外取締役を選任するのは負担が大きく、重複感があると指摘されていた。社外監査役2名、コーポレートガバナンス・コードが求める社外取締役2名を合わせると、合計4名の社外役員が必要となるからである。

　一方、2002年商法改正で導入された委員会等設置会社（2005年に委員会設

置会社に名称変更され、2014年会社法で指名委員会等設置会社と改称された)は移行する会社が少なかった。その理由は、社外取締役が過半数を占める指名委員会・報酬委員会に対する抵抗感が大きいからとされた。

そこで、監査役会設置会社と指名委員会等設置会社の折衷のような形で、新たな制度設計として監査等委員会設置会社が構想された。監査役会設置会社が監査等委員会設置会社に移行すれば、社外監査役と社外取締役の機能重複を解消できると考えられたのである。

なお、次節で既存の2つの制度設計との比較を行う。

◆**監査等委員会設置会社の概要**

監査等委員会設置会社の特徴は以下の通りである。

---

1) 監査等委員である取締役は、株主総会でそれ以外の取締役と区別して選任される。報酬などもそれ以外の取締役と区別して定める。任期は監査等委員である取締役は2年、それ以外の取締役は1年である
2) 監査等委員会は3名以上で構成される。監査等委員は取締役でなくてはならず、委員会の過半数が社外取締役でなくてはならない。なお、常勤の監査等委員は義務付けられていない
3) 監査等委員である取締役は、監査等委員である取締役以外の取締役の選解任及び報酬について株主総会で意見を述べることができる
4) 取締役の過半数が社外取締役である場合、あるいは定款の定めにより、重要な業務執行の決定の全部または一部を取締役に委任できる

監査等委員である取締役は任期が2年で、通常の取締役よりも監査役(4年)に近い。また、独立性確保のために解任には株主総会の特別決議が必要など、監査役と同様の身分保障と権限が与えられている。一方、取締役であることから取締役会の議決権を持ち、内部統制システムを利用した監査を行う。

この制度では2名以上の社外取締役が義務付けられている。一定の条件を満たせば、取締役会決議事項を軽減できるので、執行と監督を分離するモニタリングモデルを指向した制度設計であると言えよう。**図表8-4**は監査等委員会設置会社に移行した理由に関するアンケート調査である。最も多い「会社のガバナンス強化のため」は、制度設計の目的に沿った積極的な理由であるが、次に多いのが、「社外監査役に加えて社外取締役を選任することが負担になる

● 図表8-4　監査等委員会設置会社へ移行した理由（%）

移行を決定した理由	比率
会社のガバナンス強化のため（経営意思決定の迅速化、執行と監督の分離など）	93.3
社外監査役に加えて社外取締役を選任することが負担になるため	65.4
株主・投資家（特に海外投資家）の理解のため	19.2
親会社から提案を受けたため	5.8
グループ会社全体での組織改編のため	1.0
その他	1.9

注：複数回答可
出所：日本監査役協会「役員等の構成の変化などに関する第16回インターネット・アンケート集計結果」
期間：2015年7月24日-8月21日
対象：協会会員のうち監査等委員会設置会社129社、有効回答104社（有効回答率80.6%）

ため」という消極的な理由で、およそ3分の2を占める。「株主・投資家（特に海外投資家）の理解のため」も約2割ある。監査役会制度が海外投資家に理解されにくいという問題意識を持つ会社もあることがわかる。

『伊藤レポート』とJPX日経インデックス400

　図表8-5に2010年以降のコーポレートガバナンス改革をまとめた。2つのコード、会社法改正と並んで進められた取り組みとして、①経済産業省の報告書「持続的成長への競争力とインセンティブ――企業と投資家の望ましい関係構築」（通称『伊藤レポート』）、②JPX日経インデックス400、がある。

　2つのコードの策定は金融庁と東証が中心となって進めたが、経済産業省も2013年7月から「持続的成長への競争力とインセンティブ――企業と投資家の望ましい関係構築」プロジェクトを立ち上げ、2014年8月に最終報告書を公表した。この報告書はイギリスのケイ・レビューに刺激を受けて策定されたといわれ、一橋大学教授の伊藤邦雄が中心になって取りまとめたことから『伊藤レポート』と呼ばれている。

　同レポートでは、①企業と投資家が協調して持続的な企業価値向上を目指すべきである、②資本効率を意識した経営を行ってROE（自己資本利益率）は8%を上回る水準を目指すべきである、③インベストメント・チェーンを全体最適に向けて変革すべきである、④企業と投資家の間で建設的で質の高い対話（エンゲージメント）を行うべきである、などの提言を行った。

　この中で特に注目を集めたのが、ROEの数値目標である。日本企業のROE

● 図表8-5　2010年以降のコーポレートガバナンス改革

2013年	6月	日本再興戦略公表
	7月	経済産業省による「持続的成長への競争力とインセンティブ～企業と投資家の望ましい関係構築～」プロジェクトがスタート
2014年	1月	JPX日経インデックス400の算出開始
	2月	「責任ある機関投資家」の諸原則（日本版スチュワードシップ・コード）を公表
	6月	日本再興戦略改訂2014公表
	6月	改正会社法公布
	8月	経済産業省が「持続的成長への競争力とインセンティブ～企業と投資家の望ましい関係構築～」最終報告書『伊藤レポート』を公表
	12月	金融庁がコーポレートガバナンス・コード原案を公表
2015年	3月	金融庁と東証がコーポレートガバナンス・コードを正式決定
	5月	改正会社法施行
	6月	コーポレートガバナンス・コードを上場企業に適用開始
	9月	スチュワードシップ・コード及びコーポレートガバナンス・コードのフォローアップ会議第1回会合
2016年	6月	日本再興戦略2016公表
2017年	3月	金融庁が「顧客本位の業務運営に関する原則」を制定
		経済産業省が「コーポレート・ガバナンス・システムに関する実務指針」（CGSガイドライン）を公表
	5月	スチュワードシップ・コード改訂
		経済産業省が「価値協創のための統合的開示・対話ガイダンス」公表
2018年	6月	コーポレートガバナンス・コード改訂
		投資家と企業の対話ガイドライン公表

出所：筆者作成

が欧米企業のそれに比べて極端に低いことを指摘し、8％を最低ラインとして、より高い水準を目指すべきとした[9]。

　JPX日経インデックス400は、日本取引所グループ、東京証券取引所、日本経済新聞社が共同で開発し、2014年1月から公表を始めた株価指数である。グローバルな投資家を意識して、「投資者にとって投資魅力の高い会社」を東証上場全銘柄（市場第一部、市場第二部、マザーズ、JASDAQ）の中から選定して構成しているのが特徴である（東証株価指数（TOPIX）、日経平均株価（日経225）は東証第一部銘柄に限定）。定量的指標としてROEを採用し

---

[9] 8％を基準としたのは、日本企業の場合8％を超えるとPBR（株価純資産倍率）が1を上回る、海外投資家が想定する資本コストの平均が7.2％であるという調査結果があったことが背景だった（伊藤, 2017）。

たばかりでなく、2人以上の独立社外取締役を選任した場合は加点を行うなどの定性的指標も取り入れて、経営効率やガバナンスを重視する姿勢を打ち出した。企業間競争を促す狙いから、1年に1回銘柄の入れ替えを行っている。

3. 制度設計の多様化

3つの制度設計

　かつて日本の株式会社が選択しうる会社法上の制度設計は監査役会設置会社のみだったが、2002年商法改正で委員会等設置会社（後に指名委員会等設置会社と改称）が導入され、さらに2014年会社法改正で監査等委員会設置会社が導入されたので、現在3つの制度が並立している。3つの制度設計の変遷を**図表8-6**にまとめた。株式会社が基本的な制度設計を自由に選択できるのは、世界でも珍しい。

　図表8-7は一部上場企業の3つの制度の導入状況を示す。新たに導入された監査等委員会設置会社が急増し、2018年に500社超、全体の4分の1に達した。指名委員会等設置会社に移行する会社数は、2002年の制度導入以降大きな変化はないが、2016年に全体の3％を超えた。

　上場会社全体でみると、監査等委員会設置会社に移行した会社は、導入後およそ2年半後の12月末で822社となり、上場会社の2割近くを占める。**図表8-8**は『コーポレート・ガバナンス白書2017』に基づく制度設計の選択状況を示す（2016年7月14日現在）。指名委員会等設置会社の全上場企業に占める比率は2.0％だが、JPX日経400企業では7.5％となっている。相対的に、市場一部で指名委員会等設置会社の比率が高く、市場二部、JASDAQでは、監査等委員会設置会社の比率が高い。マザーズでは監査役会設置会社の比率が高い。

3つの制度設計の比較

　制度設計の選択肢が増え、運用も多様化した結果、各社のガバナンス体制を比較・評価するのが難しくなっている。**図表8-9、8-10**に3つの制度設計を比較する。

　新たに導入された監査等委員会設置会社は上場会社の2割以上が選択したが、「『監査等委』割れる評価　導入1年、400社超が設置──『改革が中途半

● 図表8-6　会社法の制度設計の変遷

法律改正	施行年月	会社法上の制度設計		
平成14（2002）年商法改正	2003年4月	**監査役会設置会社**	委員会等設置会社	
会社法	2006年5月	↓	委員会設置会社	
改正会社法	2015年5月		**指名委員会等設置会社**	**監査等委員会設置会社**

出所：筆者作成

● 図表8-7　3つの制度設計の導入企業数（一部上場企業）

		2005	2010	2015	2016	2017	2018
監査役会設置会社		1,615	1,629	1,726	1,552	1,516	1,529
監査等委員会設置会社				111	357	442	513
指名委員会等設置会社		49	43	51	61	62	60
東証一部計		1,664	1,672	1,888	1,970	2,020	2,102
比率(%)	監査役会設置会社	97.1	97.4	91.4	78.8	75.0	72.7
	監査等委員会設置会社			5.9	18.1	21.9	24.4
	指名委員会等設置会社	2.9	2.6	2.7	3.1	3.1	2.9

出所：日本取締役協会（東証コーポレート・ガバナンス情報サービスを利用して作成。毎年8月1日に集計）

● 図表8-8　会社法上の制度設計の選択状況

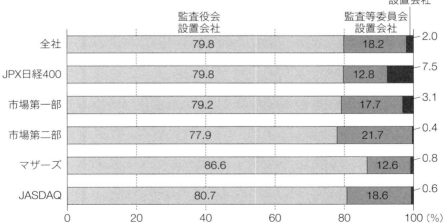

出所：『コーポレート・ガバナンス白書2017』

● 図表8-9　制度設計の比較（1）

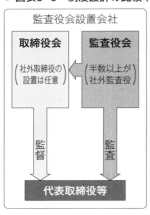

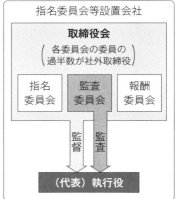

出所：アンダーソン・毛利・友常法律事務所「Japan Corporate / M&A Newsletter」（2015年5月）などから筆者作成

● 図表8-10　制度設計の比較（2）

		監査役会設置会社	監査等委員会設置会社	指名委員会等設置会社
制度設計の考え方		マネジメント・モデル 監査役が取締役を監査	モニタリング・モデル 監督と執行の分離	モニタリング・モデル 監督と執行の分離
取締役の業務執行権		代表取締役・業務担当取締役に権限あり	代表取締役・業務担当取締役に権限あり	なし
監査機能に関する事項	監査機能の主体	監査役・監査役会	監査等委員会	監査委員会
	監査主体の構成	監査役　3人以上 社外監査役が半数以上	取締役　3人以上 社外取締役が過半数	取締役　3人以上 社外取締役が過半数
	常勤者の要否	必要	不要	不要
	選任方法	株主総会で直接選任	株主総会で直接選任	取締役会で選任
	監査の方法	独任制 監査役が自ら実査	内部統制システムを利用した組織的監査	内部統制システムを利用した組織的監査
	監査役・監査（等）委員の任期	4年	2年	1年
指名・報酬委員会の設置		任意の設置は可能	任意の設置は可能	必須
報酬の決定		定款、株主総会で決定	定款、株主総会で決定	報酬委員会で決定

出所：筆者作成

端』／『迅速に意思決定』」(「日本経済新聞」2016年7月25日付）と報じられたように、評価が分かれている。移行した会社の多くは社外監査役を社外取締役に横滑りさせているため、適切な人材を社外取締役に選任できているか懸念があるといわれている。また、ガバナンス改革の面から中途半端だという批判もある。一方、任意の指名・報酬委員会の設置などガバナンス強化策と組み合わせて、積極的に活用している企業からは、取締役会が大きなテーマに集中できるようになった、迅速な意思決定が可能となった、などの声がある。

　一般的には、米国の取締役会に倣って執行と監督を峻別し、社外取締役が過半数を占める指名・報酬・監査委員会を設ける指名委員会等設置会社が、ガバナンスの面で優れているといわれ、海外投資家の評価も高い。監査役会設置会社では、取締役会が重要な意思決定と監督の両方を担っているので、原理的に執行と監督の分離が難しいという指摘もある。しかし、監査役・監査役会の監督機能も2001年商法改正、2005年会社法制定などを通じて強化されてきた上に、監査役会設置会社の中には、任意の委員会を設ける、独立社外取締役の比率を引き上げる、取締役会議長を社外独立取締役とする、など運営面でガバナンスを強化している会社も数多い。さらに、東芝で不適切会計が発覚し、指名委員会等設置会社でもガバナンスが機能していなかったことが明らかになった。

　最近、ガバナンス改革の進展により、基本的な制度設計ばかりでなく、独立役員の比率や属性、委員会の設置、議長や委員長の属性などが多様化している。このため、制度設計だけでガバナンスの良し悪しを判断するのが難しくなってきている。さらに、取締役会や委員会の運営、CEOとの関係、独立社外取締役間の連携、などの要素もガバナンスに大きな影響を与える。ガバナンスの実効性を高めるには、これらの要素を含め統合的、実質的な改善を図る必要がある。

4. 企業経営者の姿勢の変化

　1990年代半ば以降、経営者の株主に対する見方も大きく変わった。多くの上場企業にインベスター・リレーションズ（IR）を専門とする部署が設けられ、機関投資家に対する説明会や個別面談を行うようになった。従来、経理部長が行っていた決算発表も、社長やCFOなどのトップが企業戦略と絡めて説

明するようになり、経営者が株主との直接的な対話に積極的に取り組むようになった。

株主を意識するようになった経営者の姿勢の変化を象徴するのが、株主総会開催日の変化である。株主総会は総会屋の排除などを理由に、集中日に開催する慣行が長く続いてきた。3月期決算の東証上場会社の集中率は1995年（ピーク）には96.2％であったが、2008年には5割を切り、17年には30％未満となっている（247ページ**図表12-6**参照）。

2014年以降、独立社外取締役が急増したことは既に述べた。任意の指名・報酬（諮問）委員会の設置、取締役会評価など取締役会の改革が進み、運営も改善された。

『伊藤レポート』とJPX日経インデックス400に加えて、議決権行使助言会社インスティテューショナル・インベスター・サービシーズなどがROEを議案賛否の基準に採用するようになり、最近は、ROEの数値目標を公表する企業も増えた[10]。生命保険協会のアンケート調査（株式価値向上に向けた取り組みに関するアンケート）によれば、2014年にはROEを公表している企業の比率は35.8％だったが、2018年の調査では49.1％と約半数に達した。

経営者がROEを重視するようになったばかりでなく、実際のROE水準も向上し、中央値が7％から8％に上昇した。これは主に売り上げ原価の削減を通じて売上高利益率を改善したことによる（伊藤・加賀谷・鈴木・河内山, 2017）。

株主への還元（ペイアウト）にも積極的になった。日本企業は長い間、1割配当を続けてきたが、徐々に配当性向を重視するようになり、配当政策の公表にも積極的になった。生命保険協会の調査によると、株主還元に関する数値目標を公表する企業の比率は21％（2006年）から43％（2016年）と10年間に倍増した。公表している企業の6割が配当性向30％以上を目標としている。上場企業平均の配当性向は29％（2013年）から35％（2016年）と着実に増加し、配当額も伸びた。2017年度の企業の配当総額は約13兆5,800億円で、前年度から13％（1兆6,100億円）増加し、過去最高を記録した（「日本経済

---

[10] これ以前にもROEが注目されたことはあった。2007年、企業年金連合会が「3期連続ROEが8％を下回った企業に対して一定の条件の下、取締役再任議案に反対する」とする「ROE 8％基準」を制定した。投資家・企業に対してROEの重要性を認識させた意味では画期的だったが、当時この基準には賛否両論があり、その後リーマン・ショックもあってROEを経営指標として掲げる企業は増えなかった。

新聞」2018年7月13日付。2008年度から連続して比較できる上場企業を対象に調べたもの）。

　自社株買いは長い間認められていなかったが、1995年の自己株式の利益消却に伴うみなし配当課税の凍結、2001年の金庫株解禁など規制緩和が進み、配当と並ぶ重要なペイアウト手段として定着した。2005-07年には年間4兆円を超える自社株買いが実施された。2009年以降は1兆-2兆円規模に縮小したが、14年には3兆円を超え、15年、16年は年間5兆円規模が実施された。

　役員報酬も、2000年前後から海外で一般的なストック・オプションの普及が進み、さらに最近は、株式報酬を導入して報酬を長期的な業績に連動させる役員報酬を導入する動きも広がっている（第10章で詳述）。

　このように1990年代以降のガバナンス改革により、経営者も企業価値向上、株主との対話や還元に意を用いるようになり、業績も向上した。だが、その結果、企業の保有現金が積み上がっており、投資家からは未来への投資や還元が不十分という指摘もある。

第 Ⅲ 部

コーポレートガバナンスの実践

第 9 章

取締役及び取締役会の役割

1. 取締役会改革の動向

取締役・取締役会の重要性

　取締役会は、コーポレートガバナンスの重要な主体である株主と経営者をつなぐ結節点に位置し、①会社の重要な意思決定、②業務執行の監督を担っている。全部で31あるコーポレートガバナンス・コード（改訂版）の原則（151ページ**図表8-1**参照）の中で、「取締役等の責務」については14の原則が定められ、半数近くを占めることにもその重要性が示されている。取締役会の主な役割は監督と助言であるが、具体的には下記のような役割を果たす。

---
1) 社長（CEO）の選解任、及びサクセッションプラン（後継者育成計画）の策定を行う
2) 経営者の策定した経営計画を評価、決定する
3) 重要な意思決定を行う（大規模な設備投資、M&A、公募増資など）
4) 専門的な知識や経験に基づいて経営者に助言する
5) 会社の活動や財務状況を適切に開示する

　中でも、社長の選解任やサクセッションプラン（Succession Plan）は、会社の経営や長期的な企業価値に大きな影響を及ぼすので、特に重要である。
　歴史的には、株式会社が成立する過程で所有と経営が分離して、多様な株主の代表として取締役が選ばれ、取締役会が構成されるようになった。取締役会は経営陣に日常的な経営判断と業務執行を委ね、重要な意思決定と監督を行う。そのために経営陣と密接に意思疎通を図り、会社の現況や内部事情を理解する必要がある。ところが、それが行き過ぎると独立性が失われ、適切な監督

ができないという問題が生じる。一方、独立性を過度に重視して、会社や業界についての知見が乏しい者を選任したり、任期が短過ぎたりすると実質的な監督ができない。

このように、取締役会は「独立性」と「実効性のある監督」のバランスを取らなくてはならない。さらに、監督機能を発揮しながら、長期的な企業価値を向上させる、つまり、ブレーキとアクセルのバランスを取る役割も求められている。現代の企業は規模も巨大で組織も複雑になり、グローバル競争、技術革新、環境保全、地政学リスクなど多くの課題に直面している。そのなかで、取締役会は困難で微妙な舵取りを迫られている。

取締役会の監督機能の強化と社外取締役の増加

戦後日本企業の取締役会は社内取締役が中心で、経営会議の意思決定を正式に承認する場のようになっていたこと、実質的な議論が少なく形骸化していたことは既に述べた。問題点を整理すると以下のようになる。

---
1) 執行と監督が未分離（業務執行者が取締役を兼ねていた）
2) 社内取締役が主で、社外取締役がほとんどいない（社内取締役が、自らの上司である代表取締役を監督することはできない）
3) 員数が多い（実質的な議論が行われない）
4) 取締役会の構成員に部門管理者が多く含まれる（部門の利益を代弁することが多く、全社の観点からの議論が行われない）

1997年にソニーが先導した取締役会改革は他社にも広まり、2000年前後から、①執行役員制度導入による執行と監督の分離、②人数の削減、③社外取締役の選任、が進んだ。2000年の大和銀行巨額損失事件を巡る株主代表訴訟の地裁判決で、取締役の責任が問われて多額の損害賠償が命じられ、取締役の責任に対する社会の認識が変化したこともこの流れに拍車をかけた。

社外取締役を選任する会社の比率は2000年代半ばから徐々に増え、2013年以降伸びが加速した。さらにコーポレートガバナンス・コードの影響で独立社外取締役が2015年以降急増したことは前章で述べた（152ページ**図表8-3**参照）。**図表9-1**は、独立社外取締役を2名以上選任する会社の比率を示している。2015年のコード導入を機に大きく伸び、2018年には90%を超えた。

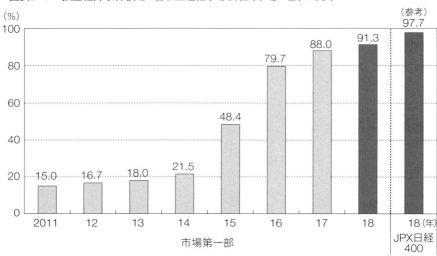

● 図表9-1　独立社外取締役を2名以上選任する会社（市場一部）の比率

注：2017年までの数値は、上場会社から提出されたコーポレートガバナンスに関する報告書をもとに作成。2018年の数値は、2018年7月13日までに提出されたコーポレート・ガバナンスに関する報告書の記載をもとに作成
出所：東京証券取引所

　2018年7月末時点の市場第一部の独立社外取締役（社外取締役）の平均人数は2.46人（2.68人）で、取締役総数9.29人に占める比率は26.8％（29.2％）であった。また、3名以上の独立社外取締役を選任する会社の比率は35.5％、3分の1以上は33.6％だった。

　2015年7月時点では、社外取締役の属性は他の会社の出身者が6割以上を占めており、特に社長経験者が多い（**図表9-2**参照）。それに弁護士（15.7％）、学者（9.3％）、公認会計士（7.4％）が続く。この分布には表れないが、官僚出身者も多い。社長経験者が多いのは、海外と同様の傾向である。

取締役の人数と任期

　1990年代には数十人であった取締役の平均人数は、10人前後に大きく減少した。全上場企業の取締役数の平均は8.4人、市場第一部では9.0人となっている[1]（『コーポレート・ガバナンス白書2017』による）。人数は会社の規模に比例して増える傾向があり、売上1兆円以上12.7人、1,000億円以上1兆円

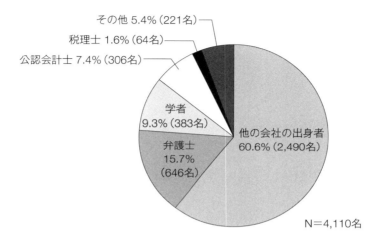

● 図表9-2　独立社外取締役の属性

注：2015年7月14日時点のガバナンス報告書データに基づき作成
出所：東京証券取引所

未満では9.9人、500億円未満では5.5人、となっている。

　取締役の任期も従来より短期化している。監査役会設置会社の取締役の任期について、会社法は原則として選任後2年以内としているが、定款または株主総会の決議によってその任期を短縮することができると定めている。指名委員会等設置会社、監査等委員会設置会社の取締役の任期は1年以内（ただし、監査等委員である取締役は2年以内）である。実際には、『コーポレート・ガバナンス白書2017』によると、上場企業の3分の2近く、65.8％の会社が任期を1年としており、一部上場企業ではこの比率が73.2％となっている。

　法定の任期が1-2年でも、実際は再任して数年間務めることが多いので、実際の任期について内規を設けている会社もある。エゴンゼンダーのアンケート調査（2017年、390社が回答）によると、半数近くの会社が独立社外取締役の任期を定めており、6年以上との回答が最も多く、47.5％を占めた。

---

1) 2018年7月31日の東京証券取引所による最新の発表（7月13日までに提出されたコーポレートガバナンスに関する報告書に基づく）によると、全上場企業の平均は8.3人、市場第一部では9.2人であった。

執行役員制度の見直し

　執行と監督を分離する目的で導入された執行役員制度は、多くの会社に広がった。だが、下記の問題点も指摘されており、最近は廃止や見直しの動きも出ている。

> 1) 人数が多く、迅速な意思決定が行えない
> 2) 法律的な位置付けがなく、会社との関係も不明確である（指名委員会等設置会社の執行役や米国の Executive Officer とは異なり、会社に対する善管注意義務や忠実義務を負わない）
> 3) 取締役との兼務者も多く、執行と監督の分離につながらない

2. 独立社外取締役の役割

独立社外取締役の機能——監督と助言

　取締役の役割・機能には、大きく分けて「監督（モニタリング）」と「助言（アドバイス）」があるとされている（Adams and Ferreira, 2007；Hillman and Dalziel, 2003）。監督機能の理論的根拠であるエージェンシー理論によれば、取締役会の役割は、経営陣による私的便益の追求やモラルハザードを防ぎ、株主の利益を保護することとなる。一方、資源依存モデル（Pfeffer and Salancik, 1978）によれば助言機能が重要で、これには、戦略や意思決定における助言、専門知識の提供、経営者の相談相手、対外的なイメージの向上、重要なステークホルダーとの連携、資本などの外部資源の獲得、広報・情報発信などが含まれる。Zehra and Pearce（1989）や Johnson et al.（1996）は Strategy, Service などの機能も提唱するが、これらは助言に含まれると考えられる。

　東証は2010年から、上場会社に独立役員を1名以上確保することを義務付けてきた。一般株主と利益相反が生じる恐れのない社外取締役または社外監査役を1名以上選任することで、大株主と異なり、自ら会社に影響力を行使することができない一般株主を保護するのが目的である。独立性を判断する際は、当該会社の親会社・兄弟会社、取引先、多額の報酬を得ているコンサルタントなどばかりでなく、それらの近親者なども問題となる。

この独立性の要件を満たすのが独立（社外）取締役である。独立取締役の監督機能には、①公正性の担保、②透明性の確保、の2つの側面がある。透明性には不正を抑止する機能があり、両者は密接に関連する。

　米国ではエージェンシー理論の影響で、ガバナンスは経営者に対する監視・監督（オーバーサイト）、モニタリングとして議論され、不正の防止、公正性の担保が重視されてきた。買収防衛策、第三者割当増資、MBO（Management Buyout）など、会社・経営陣と株主の利益が相反する場合、公正性を担保し、説明責任を果たす上で、独立社外取締役の役割が重要となる。

　一方、欧州では、企業のステークホルダーに対する経営者の説明責任が重視され、透明性の確保に重点が置かれてきた。独立社外取締役が意思決定に関与することにより、客観的な視点や外部に対するわかりやすさが加わり、様々なステークホルダーの利益のバランスを図ることもできる。この役割は、企業の影響力が増大し、従来以上に社会的責任が問われるようになって、重要性が増している。

　これらをまとめると、独立社外取締役の役割は以下のように整理できる。

1）　一般株主の保護
2）　公正性の担保と対外的な説明責任
3）　透明性、客観性の確保
4）　経営陣に対する助言・支援

　いずれがより重要かは、その時の会社の状況にも大きく左右される。経営が順調な局面では、相対的に監督機能よりも助言機能の方が有用だが、業績が悪化したり、経営に課題が生じたりした場合は監督機能が重要となる。会社の危機の際の独立取締役の役割を、「保険のようなもの」とする見方がある。1993年、ソニー会長の盛田昭夫が倒れて病気療養中に、会長職から退くように促したのは、社外取締役を務めていたピーター・ピーターソン（ブラックストーン・グループの創業者で元米商務長官）だったという。ソニー社内の人間では、本人に「会長から降りるべきだ」とは言えなかったであろう。

　監督と助言という2つの機能は補完的であるという見方がある一方、相反するという主張もある。例えば、Adams and Ferreira（2007）は、監督機能に重きを置き過ぎると、独立社外取締役が会社の戦略などについて十分な情報

を入手できなくなって、助言機能も監督機能も低下すると報告している。社外取締役に独立性を厳格に求めると、会社の戦略策定に貢献しにくくなる可能性があることも指摘されている。

監督と助言の2つの役割を厳密に切り分けることが難しいという面もある。独立社外取締役の役割は、本質的な質問を投げかけて経営者の内省や再考を促すコーチング機能であるという指摘がある。独立社外取締役が機能するには、経営陣との信頼関係が不可欠である。信頼関係がなければ、経営陣との意思疎通や社内事情に対する理解も深まらず、実効性のある監督ができないし、助言も聞き入れられないだろう。確固とした信頼関係が築かれれば、経営陣が進んで相談を持ち掛ける、耳の痛い助言を快く受け入れる、なども増えるだろう。その場合、監督と助言の線引きは曖昧になる。

独立社外取締役の役割と社長の姿勢

独立社外取締役がどのような役割を果たせるかは、社長の姿勢や考え方によるところが大きい。コーポレートガバナンスは制度の議論に偏りがちだが、エンロンや東芝の事例を見ても、制度設計だけではガバナンスの実効性は担保できないことがわかる。どのような優れた制度を導入しても、それに魂を入れ、実際に機能させることができるかは、ひとえに社長にかかっている。

日本では、会社を従業員のコミュニティとして捉えてきたために、監督機能を担う社外取締役に対する抵抗感が強かった。だが、海外では社外取締役も自分が取締役を務める会社を「My company」（私の会社）と呼ぶのが一般的である。日本の経営者の中にも「社外取締役は真のグローバル企業を目指して、一緒になって考えてもらう『仲間』である」という声もある。社外取締役を「お客様」にせず、会社の強み・弱みを共有して資源として生かす姿勢が望まれる。

仮に結論が同じでも、議論の過程に独立性の高い社外取締役が関与することにより、透明性・客観性が高まり、外部への説明責任を果たしやすくなる。透明性の確保により、リスクの高い意思決定も株主に説明しやすくなるだろう。

独立社外取締役の実態

独立社外取締役について、コーポレートガバナンス・コードは、すべての上場企業に2名以上、業種・規模・環境などの面から必要と考える会社には3

● 図表9-3 東証一部上場企業の社外取締役の属性

	合計		男性		女性	
	人数	比率（％）	人数	比率（％）	人数	比率（％）
他の会社の出身者	2,320	65.1	2,202	67.4	118	39.6
弁護士	483	13.6	404	12.4	79	26.5
学者	334	9.4	275	8.4	59	19.8
公認会計士	204	5.7	196	6.0	8	2.7
その他	192	5.4	159	4.9	33	11.1
税理士	31	0.9	30	0.9	1	0.3
計	3,564	100.0	3,266	100.0	298	100.0

出所：東京証券取引所（2015年7月）のデータに基づいて筆者が分析

分の1以上とすることを求めている。独立社外取締役の数は徐々に増えており、2018年7月現在では2.04人（全上場企業）、2.46人（市場第一部）で、一部上場企業の中で3分の1以上の独立社外取締役を選任しているのは33.6％、過半数では3.2％となっている。なお、JPX日経400に含まれる企業では3分の1以上の比率が40.6％、過半数は6.5％である。

近年、独立社外取締役の多様性も高まっている。上場企業の役員に占める女性の比率は2011年の1.4％（630人）から、2017年の3.7％（1,510人）に伸びた（内閣府男女共同参画局）。この中には取締役ばかりでなく、監査役、執行役も含まれる。女性社外取締役数は2016年に625人で、女性役員の45.0％を占めた（2013年の144人、23.8％から大きく伸長した）。特に大企業が取締役の多様性を高めている。2018年には、日経平均株価を構成する225社のうち3月決算170社で、女性取締役がいる会社は112社、全体の66％となった（「日本経済新聞」2018年6月18日付）。

しかし、海外では役員の女性比率が2-3割となっていることから、2018年に改訂されたコーポレートガバナンス・コードには「ジェンダーや国際性の面を含む多様性」を求める規定が盛り込まれた。

2015年7月時点の一部上場企業の女性取締役は298人、取締役全体に占める比率は0.84％だった。その属性は**図表9-3**にあるように、弁護士や研究者の比率が相対的に高い。また、男性は日本の一つの会社や組織に長く勤めた者が大部分だが、女性は転職の回数が多く、勤務先も日本企業ばかりでなく、外資系企業・国際機関・NPOなど幅広く、専門職・自営業などキャリアも極め

て多様である[2]。海外と同様、女性の方が年齢も若く、学歴が高い傾向がある。つまり、女性の取締役はジェンダーの面ばかりでなく、経験や年齢の面でも取締役会の多様性を高めている。

グローバル化の進展で、外国人を取締役に登用する動きも広がっている。日経平均株価を構成する225社のうち3月期決算170社で、外国人の取締役がいる会社は2018年に36社となり、初めて2割を超えた（「日本経済新聞」2018年6月18日付）。パナソニック、リクルートホールディングス、川崎重工業などが外国人取締役を初めて導入し、ソニーは2人から3人に増やした。2017年に外国人5名を加えたソフトバンクグループは計7名（うち社内取締役6名）となっている。

独立社外取締役の条件

最適な独立社外取締役を選任し、機能させるために重要なポイントを述べる[3]。

まず、人数は、実質的な議論をするのに適切な規模に限定する必要がある（海外の機関投資家の中には、方針として取締役の総数を15名以下に抑えることを依頼しているケースもある）。人数を考える際に考慮すべきは、社内取締役と独立取締役の適切なバランス、多様性、委員会の構成メンバーである。独立取締役が1名では孤立して十分な機能が果たせないとされているので、複数名を選任するのが望ましい。複数の委員会を設け、各委員会の構成について独立取締役を過半数とするには、数名の独立取締役が必要となる。

第二に、メンバーの多様性である。取締役会の構成員の多様性と会社の業績や意思決定の質の間に相関関係があるという学術研究に基づく報告もあり、多様性は取締役会の実効性を高めるために重要である。日本企業では転職者が少なく社内取締役の同質性が高いので、ジェンダー、国籍などの多様性に加えて、年齢や経験などが異なる者を選任することも重要である。

第三に、会社が必要とするスキルや資源をもたらす人材を選任する必要がある。独立社外取締役は、大きく分けて人的資本（経験、専門知識）と社会的資

---

2) 東証一部上場14社の社外取締役（男性41名、女性18名、計59名）を分析すると、平均年齢は69歳（男性）、60歳（女性）；修士以上の学位取得者の比率は19.5%、72.2%；転職経験者の比率（大企業や官庁に数十年勤務後に他の組織に移った者も含む）は48.7%、88.9%；外資系企業・国際機関の勤務経験者の比率（外国人2名を除く）は5.1%、66.7%だった（江川、2017）。
3) 社外取締役の属性と監督の実効性の関係などについての学術研究は第3章第2節で紹介した。

本（外部や他の組織とのつながり）を提供すると考えられている（Hillman and Dalziel, 2003）。後者の例として、新興企業は社会的地位の高い、著名な人物を選任することが多い。一人にすべてを求めるのは難しいので、属性やスキルの異なる複数の独立社外取締役を組み合わせるのが重要である。

　第四は、会社の置かれた状況との適合性である。業績が悪化した会社は社外取締役の比率を高めることが多い。また、国際化が進んだ会社の取締役会は、規模が大きくなり、社外取締役比率も高まる傾向がある。

　第五は、独立性である。社外取締役には公正性の担保、透明性の確保の両面から、監督機能が期待されており、利益相反の生じない人物を選ぶ必要がある。一方、モニタリングの実効性を高めるには、業界の動向や社内の状況を深く理解しなくてはならない。言い換えれば、独立性と効率性（監督の実効性）のバランスも重要である。最終的に、独立性は本人の姿勢の問題となる。客観的に独立性の要件を満たしているばかりでなく、経済的にも精神的にも会社や経営陣から適度の距離を保ち、有事の際には辞める覚悟がなければならない。

独立社外取締役の選任プロセス

　海外の取締役の選任に関する研究によると、実際の選任プロセスには経済合理性、社会的関係の２つの要素が混淆している。客観的な条件に基づいて候補を探索して選ぶという合理的なアプローチと、経営者と面識がある、たまたま紹介を受けた、などの社会的関係の両方が混じり合っているという点は、日本企業の社外取締役の選任プロセスも同様である。

　取締役は正式には株主総会で選任されるが、候補者の人選は、おおむね①候補者の探索、②候補者の絞り込み、③候補者への打診と内諾の確認、④指名委員会・取締役会における意思決定、というステップを踏んで進められる。株主総会の１年以上（時には数年以上）前から人選を始めることは珍しくない。

　このプロセスの進め方、関係する部署や担当者の数、意思決定者などは各社各様である。トップや他の経営陣と直接面識のある候補者が選ばれる場合が多いものの、監督機能の強化のために、意識的に社長と面識のない人を選んでいる会社もある（選任プロセス・要因の詳細については江川（2017）参照）。

　取締役候補者と経営陣との相性は重要なので、候補者に顧問やアドバイザリーボード・メンバーへの就任、社内講演会や社内の勉強会の講師などを依頼する会社もある。このような工夫により、選任前に互いの相性を確かめ、会社に

ついて深く知る機会・助走期間を設けることができる。

独立社外取締役の責任

独立社外取締役も他の役員と同様に善管注意義務を負っているので、会社や第三者に生じた損害を賠償する責任を負う可能性がある。責任を軽減する方策としては、定款に定める、責任限定契約を会社との間に締結する、などがあるが、後者が一般的である。執行に関与しない社外取締役の責任限度額は、年間の報酬などの2倍と定められている。

企業不祥事などで会社役員の法的責任が問われる場合には、賠償責任が巨額になる恐れがあり、そのリスクをカバーするのが会社役員賠償責任保険（D&O [Directors' and Officers' Liability Insurance] 保険と呼ばれる）である。

従前は、役員の第三者責任をカバーする基本契約の保険料を会社が負担し、役員の株主代表訴訟に対する特約の保険料は役員個人が負担していた。しかし、海外ではD&Oの保険料全額を会社が負担するのが一般的なので、経済産業省は2016年2月、一定の手続きを経れば会社が株主代表訴訟補償特約の保険料を負担してもよいとする見解を公表した[4]。それを受けて、国税庁も保険料が役員の給与課税の対象にならないことを公表した。

3. 取締役会の運営

所要時間と議題

日本企業の取締役会の開催頻度は平均月1回以上となっている。エゴンゼンダーのアンケート調査（2017年、390社が回答）によると、年間の開催件数は13-16回が最も多く、平均は14.7回である。1回当たりの平均開催時間は1時間44分である。監査役会設置会社（289社）の内訳は1時間台が49.5%と最も多く、2時間台が29.1%、1時間未満が9.3%、3時間台が9.0%と続く。取締役会の中で議論・質疑に費やす時間の比率の平均は3.8割だが、ばらつきが大きく3割に満たない会社が36.1%ある。筆者が一部上場企業13社を対象に2017年度に行った調査では平均41%、最大59%であった。

---

[4] 会社法の利益相反取引に関する手続きに配慮して、①取締役会の承認、②社外取締役が過半数の構成員である任意の委員会、または社外取締役全員の同意、を条件とした。

海外では取締役会の回数が少なく1回当りの時間が長い。米国の大企業では年間6回以下の比率が28％、7-9回41％、10-12回22％、13回以上13％となっている[5]。1回当りの時間は3〜5時間が55％、6〜8時間が35％である（欧州企業はサンプルが少ないが、開催頻度、開催時間ともに同様の傾向が見られる）。これ以外に監査、報酬、指名・ガバナンス委員会が開催されている。監査委員会は年間7〜9回が最も多く（46％）、開催時間は2〜3時間が最も多い（55％）。報酬委員会は4〜6回（67％）、2〜3時間（57％）、指名・ガバナンス委員会は4〜6回（77％）、2時間未満（74％）が最も多い。夕食などを含めて2日がかりで開催することが多い。

日本の監査役会設置会社では、会社法によって取締役会で決議しなければならない事項が多く、開催頻度や議題数が増える原因になっているといわれる。コンセンサスによる意思決定や情報共有を重視するために、かける必要がなくても、議題とする傾向が強いという指摘もある。

最近は取締役会の実効性を高めるために、議題の数を絞って重要な案件に多くの時間を割くようにする、議論を深めるために情報を早期の段階から取締役会に諮り、何回か審議した上で意思決定する、などの工夫を行う会社が増えている。また、正式の取締役会以外に、懇談や情報共有の場を設けて社外取締役の理解を深めたり、執行側の検討の参考にしたりすることも増えている。

近年、任意の委員会を設置する会社が増えた上に、取締役会の実効性を高めるために正式の取締役会以外の場で中期計画や重要な案件を議論するケースも増えているので、社外取締役が費やす時間の総計は延びる傾向にある[6]。

取締役会議長

取締役会の議長は、議題や時間配分を決めたり、活発な議論を促したりすることにより、取締役会における議論の質に大きな影響を及ぼす。イギリスのコーポレートガバナンス改革を方向付け、世界のガバナンス改革に大きな影響を与えたキャドベリー報告書（1992年）は、取締役会の監督機能を高めるため

---

5) 出所はDeloitte社作成の *2014 Board Practices Report*（有限責任監査法人トーマツ『取締役会の機能向上等に関する コーポレートガバナンス実態調査』（2017年3月）による）。大企業は時価総額100億ドル以上で、回答企業数は114社。
6) 米国企業の取締役が関連する活動に費やす時間は過去10年間に20％増え、年間245時間に達した（2017年。National Association of Corporate Directorsによる）。この中には、移動時間、インフォーマルな会合や経営陣との会話、社外の行事への参加なども含まれる。

● 図表9-4　取締役会議長の属性

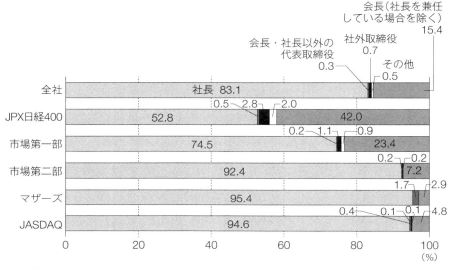

出所：『コーポレート・ガバナンス白書 2017』東京証券取引所

に、取締役会議長と社長の分離を推奨したので、イギリスでは早くから取締役会議長を独立取締役が務める会社が増えた。

一方、米国では社長（CEO）が取締役会議長も兼ねて権限を集中すべきだという考え方が根強かった。だが、現在ではニューヨーク証券取引所に株式を上場する会社の約半数が、CEOと取締役会議長を分離している。

図表9-4は、日本企業の取締役会議長の属性の分布を示す。社長が議長を務める会社が8割以上（市場第一部では74.5%）を占め、会長が15.4%（市場一部では23.4%）となっている。社外取締役が議長を務める会社はわずか0.7%（市場第一部では1.1%、JPX日経400企業では42%）である。日本では社長が退任後会長に就任して対外的な活動を行う慣習があるが、その役割は千差万別である。会長が非執行取締役として議長を務め、経験を活かしながら助言や監督を行っているケースもある。一方、会長が執行に関与し続けている場合は、社長が議長を兼務するのと同じと見なされるかもしれない。この問題は、スチュワードシップ・コード及びコーポレートガバナンス・コードのフォローアップ会議での議論でも取り上げられており、今後の課題の一つと言えよう。

取締役への情報提供と取締役の活動

多くの会社は新任の取締役に対して、会社の事業・戦略、業界の動向に対する理解を深めるためのプログラムや資料を提供している。毎月の取締役会についても、各取締役が十分な準備をした上で議論に参加できるように、事前に資料を提供したり、説明の機会を設けたりしている[7]。それ以外にも、経営陣との会食を行なう、国内外の拠点や工場など本社以外の場所で取締役会を開催する、工場・研究所・営業所などの視察（海外も含む）、営業会議・経営幹部の懇親会への参加などの機会を設ける、なども多い。さらに、取締役会以外の場で、中期計画・重要な戦略やトピックに関する議論に参加したり（時には経営陣と一緒に合宿して徹底的に議論する）、役員研修や社員向けに講演を行ったりなど、取締役の活動は多岐にわたっている。

独立社外取締役の貢献と連携

独立社外取締役2名以上選任という原則4-8は、コーポレートガバナンス・コードの中で大きな議論になった原則の一つで、2015年12月時点で「実施」（Comply）と回答した会社は全体の6割に満たなかった。しかし、その後比率は大きく改善し、2017年7月時点では84.8％に達した（**図表9-5**参照）。

独立社外取締役の貢献度について、先のアンケート調査では「高い」「非常

● 図表9-5　コーポレートガバナンス・コードの「実施」（Comply）状況（%）

原則番号	内容	2015年12月 (a)	2016年7月 (b)	2017年7月 (c)	b - a	c - b
4-8	独立社外取締役を2名以上選任すべき	57.5	78.8	84.8	21.3	6.0
4-8①	独立社外者のみを構成員とする会合の定期的開催	82.3	87.3	89.4	5.0	2.1
4-8②	「筆頭独立社外取締役」を決定	80.6	85.2	87.3	4.6	2.1

出所：東京証券取引所発表資料より作成

---

[7] 欧米では、財務・法務・ガバナンスコードなどについての研修プログラムを用意する、ビジネススクールなど外部機関の研修プログラムへ派遣する、などを行なっている企業もある。就任時ばかりでなく、継続的な学習機会を設ける場合もある。

に高い」の合計が64.6％となっており、過去と比較してその比率が増えている。また、「非常に高い」との回答は、1名の場合3.0％、2名の場合14.9％、3名の場合29.6％と社外取締役の人数に比例して増えている。これは、独立社外取締役がクリティカルマスに達するとガバナンスが向上するという実証研究と整合的である。

取締役会での議論は独立社外取締役を中心に行われており、議論の結果、結論が修正されたり、了承が得られずに結論が次の取締役会に持ち越されたりなど、独立社外取締役の意見が取締役会の意思決定に具体的な影響を及ぼしているケースもある。そのため、早期の段階から議案を取締役会に諮り、社内の検討に反映させている会社もある。

独立社外取締役の実効性を高めるために、補充原則4-8①は独立社外者だけを構成員とする会合の定期的開催、補充原則4-8②は「筆頭独立社外取締役」の決定を求めているが、いずれも2017年7月時点の実施率は90％未満であった。2017年7月時点の全体の平均実施率は基本原則99.9％、原則97.7％、補充原則93.4％なので、平均を下回っていることになる。

独立社外取締役の選任では多様性が重視され、異なるバックグラウンドの者が選任されるので、取締役同士は取締役会で初めて知り合い、取締役会開催時にしか顔を合わせないことが多い。各取締役とも普段は別の仕事で忙しく、常時自分が取締役を務める会社のことを考えているわけではない。仮に会社の経営に課題が生じても、取締役会で議論する以外の行動を積極的にとることは難しく、対応が先送りになりがちである。また、他の取締役の意見を聞かずに単独で行動することも難しい。独立役員だけの会合、筆頭独立社外取締役は、そのような課題を解決するための仕組みとなり得る。

現在、米国など海外の会社では取締役会の前後に、社外取締役だけの会合が定期的に行われており、Executive Sessionと呼ばれている。取締役会で話し合われた議題、会社の業績・戦略、CEOの評価などについて、フランクな意見交換を行う場となっている。時には、CEOも参加して特定のテーマについて深く議論することもある。

この独立社外取締役だけの会議を取りまとめるのが、筆頭独立社外取締役の役割である（独立社外取締役が取締役会議長を務める場合は、その者がこの役割を担うこともある）。筆頭独立社外取締役が決まっていれば、会社の経営に課題が生じた場合、独立社外取締役の意見を集約してCEOに対応を促した

り、早めに手を打ったりすることができる。

　独立社外役員だけの会合、筆頭独立社外取締役の選任は、コーポレートガバナンス・コード施行以前はほとんど行われていなかった。現在、各社が試行錯誤しながらコードへの対応を進めており、実際の対応は会社により大きく異なる。

取締役会の実効性評価

　コードの補充原則4-11③が求める取締役会の実効性の分析・評価も、実施率が低い項目で、36.4％（2015年12月）、55.0％（16年12月）、71.3％（17年7月）と徐々に実施率が向上している。多くの日本企業が自己評価を行っており、外部評価を取り入れる会社が少しずつ増えてきた。

　評価の目的はあくまでも取締役会の実効性の向上なので、自己評価が極めて重要である。2010年に制定されたイギリスのコーポレートガバナンス・コードは、FTSE300企業に3年に1度、外部評価を求めているが、この外部評価は自己評価を助ける材料として位置付けられている[8]。日本でも数年に1度、外部評価を行ってそれを自己評価に活かしていく企業が増えている。

　注意を要するのが、コードが求めている評価結果の開示である。イギリスでは評価プロセスの開示のみが要求されており、日本のように結果の開示は求めていない。取締役会に関する情報は機密性が高いので、詳細な開示を行うと、それが評価の性格に影響を与え、実効性を低下させる恐れがある。投資家もそれは理解しており、評価はそれを実施した取締役会にとって有益なものでなければならないという意見もある。つまり、開示は重要ではあるが、評価結果の詳細の開示が求められているのではない（高山, 2015）。

　従って、評価のプロセス（手法、期間、評価項目、評価者）、取締役会の議論の状況、評価を踏まえたアクションとその検証方法、などについて概要を開示して、取締役会が実効性の向上に真剣に取り組んでいることを投資家に伝える必要がある。何よりも重要なのは、取締役会自らが実効性向上のための不断の努力を続けることである。

---

[8] 日本のコーポレートガバナンス・コードは全上場企業が対象であるが、イギリスでは対象企業数は限定されている。

4. 社長の選任と指名委員会

社長選任の重要性

　社長の選任はコーポレートガバナンスの要諦である。トップのリーダーシップにより会社の戦略や業績は大きく変わるし、長期的に成長を続けることもできる。一方、ガバナンスが機能せず危機に陥った事例では、社長の方針や言動が大きな原因となっていることが多い。

　企業の持続的な成長や中長期的な企業価値の向上を図るために、透明性、公正性が確保された社長の交代プロセスを構築することが重要である。コーポレートガバナンス・コードでも、経営陣幹部の選解任と取締役・監査役候補の指名に関する方針、手続き、具体的な人選についての開示・公表が求められている（原則3-1）。

　最近は、業務執行のトップを務める者の肩書が多様化している。法律上の正式な肩書は、監査役会設置会社や監査等委員設置会社では代表取締役、指名委員会等設置会社では代表執行役であるが、日常的には「社長」が主に使われてきた（頭取、代表などもある）。最近は米国企業に倣ってCEO（Chief Executive Officer 最高経営責任者）という呼称も頻繁に使われている。本節では、株式会社の業務執行を統括する役員を「社長」と呼び、その選任について論じる。

> 会社のトップの肩書――日産ゴーン社長の例
> 　1999年にルノーの出資を受け入れた日産自動車では、カルロス・ゴーンがCOO（最高執行責任者）に就任し、代表取締役会長兼社長兼CEOの塙義一とともに再建に取り組んだ。ゴーンは2000年に社長に就任（社長兼COO）、2001年にCEOも兼務（社長兼CEO）、さらに2008年には会長も兼務するようになった（会長、社長兼CEO）。その後2017年に社長とCEOを退任して代表取締役会長となり、副会長で共同CEOの西川廣人が社長兼CEOに就任した。今日のグローバル、巨大な組織では業務執行の職務分担が複雑となり、多様な肩書が異なる目的で用いられることがある。

社長の選任方法と課題

　重大な危機など特別の場合を除けば、社長は内部昇進者から選ばれることが

多い。また、内部昇進者の候補の中で誰が次の社長としてふさわしいかに関する情報は、現任の社長が最も多く持っている。そのため、次期の社長は現任の社長が指名するというのがこれまで一般的であった。

◆**日本企業の従来の慣行**

図表9-6、**9-7**に示すアンケート調査は、調査年、対象が異なるが、いずれも現社長が次期社長を選任していることを示す。**図表9-6**によると、社長の任免の意思決定には取締役会が関わっているが、「その他」の影響が大きい。チェック機関についても「取締役」「その他」が重要な役割を果たしている。**図表9-7**も、現任社長の半数以上が次の社長を選任していることを示しており、それを肯定する回答となっている。罷免に関しても「株主・株式市場からの圧力」「どちらかといえば株主」を合わせても3割未満で、「社内圧力」「どちらかといえば社内」を大きく下回っている。

事実上、現任の社長が後継社長を指名するという慣行に対しては、社長の選任に関する客観的な基準がない、透明性に欠けるとの批判があった。また、明確な基準がないことから経営陣や大株主の対立に巻き込まれやすい、適切なタイミングでの社長交代が難しい、などの問題が指摘されていた。

このような背景から、経済同友会は2006年に「CEO交代プロセスのイノベーション」で、①業績評価プロセスの透明性を高める、②CEO候補の選抜育成のためのサクセッションプランを構築する、③客観性の高いプロセスを経て交代する、を提言した。この問題意識が、コーポレートガバナンス・コードの原則につながっている。

最近、相談役、顧問などの役割も議論になっている。日本企業では、退任した社長・CEOが、相談役、顧問などの役職で社外活動や社内への指導・助言などを行う慣行がある。会社によっては、次期社長の選任に関して現任の社長よりも大きな発言権を持っているという指摘もある。しかし、相談役、顧問などの氏名や役割は公表されないので、どのような役割を果たしているのか外部から見えにくい[9]。このような問題意識を受けて、東証は2018年1月以降コーポレートガバナンス報告書に相談役、顧問などに関する開示を求めることとした。

---

9) 「ウォールストリート・ジャーナル」紙(2015年7月23日付)は、「日本企業は『取締役会の幽霊』に取りつかれている」と報じて、透明性の欠如を批判し、相談役、顧問などの影響力のために戦略の転換、過去の失敗の清算も遅れがちになると報じた。

図表9-6　社長の任免の決定者とチェック機関（1996年）
(a) 決定者と影響を与える者

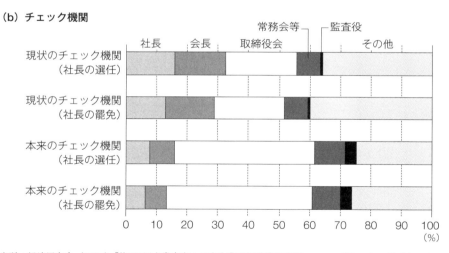

注：社長・会長の人事では、グラフでは「その他」に含まれている親会社（10.6-12.5%）、大株主（11.3-13.5%）の影響も大きい

(b) チェック機関

出所：経済同友会（1996）『第12回企業白書：日本企業の経営構造改革——コーポレート・ガバナンスの観点を踏まえた取締役会と監査役会のあり方』
調査：経済同友会によるアンケート調査、1995年5-6月
対象：上場・店頭登録企業の社長・会長4,040名と会員の社長・会長325名の計4,365名。回答者706名（有効回答率16.2%）

● 図表9-7　社長の任免の決定者（2005年）
（a）最初に誰から社長就任を打診されたか。社長選任決定に最も影響力の強かった人は誰か（％）

	打診	影響力
社長	66.3	58.2
会長	13.3	15.9
親会社（大株主）	9.2	10.8
指名委員会等	1.5	1.0
役員会	1.0	5.1
相談役等	1.0	1.0
創業一族（大株主）	0.5	1.0
主要取引先	0.5	0.5
主要取引行	0.0	0.5
その他	6.6	4.6

（b）事実上自らの後継者を決める立場にあるか（％）

ある	79.5
ない	20.4

（c）後継者の事実上の最終決定は誰がするのがよいか（％）

社長（自分）	53.2
会長・相談役・役員OBなど	2.0
現経営トップ層の合議	22.7
指名委員会等社外のメンバーのいる会議	10.8
取締役会が名実ともに決定するのがよい	9.4
その他	2.0

（d）誰が経営者の首を切るのがよいのか

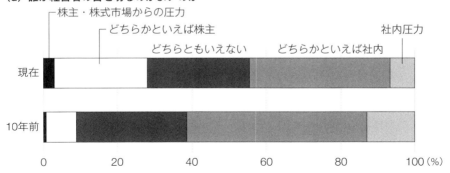

注：無回答を除いて比率を計算した。これらの設問の回答数は 195-203 社
調査：経済産業研究所企業ガバナンス委員会（委員長伊丹敬之）による調査（2005 年 3 月）
対象：東証第一・二部上場企業 2,154 社。232 社が回答（有効回答率 10.8％）

◆米国の動向

　米国でも現任の社長が次期社長を決めるのが一般的であったが、1990年代初頭に、GM、IBM、アメリカン・エクスプレスなどの大企業の業績が悪化した際、機関投資家の圧力を受けて、独立社外取締役が中心となって社長を更迭したケースが相次いだ。コーポレートガバナンスに対する意識が高まり、独立社外取締役が過半数を占める指名委員会が次期社長の選任に関与するようになったのである。

　指名委員会が社長選任に大きな役割を演じるようになったので、米国では社外からのスカウト人事が多いと思われがちだが、実際には現在も社内昇進の社長が大部分である。IBM初の外部招聘CEOとして、1993-2002年に同社を再建に導いたルー・ガースナーのような成功例もあるものの、失敗に終わることも少なくない。ハーバードビジネススクール教授のクラーナは、実証分析に基づいて、CEOと業績との相関性は通常考えられているよりも小さいと述べ、危機に瀕した取締役会が、救世主を求めてカリスマ的なリーダーに頼る傾向に警鐘を鳴らしている（Khurana, 2004）。

指名委員会の急増

　コードの補充原則4-10①は、独立社外取締役を主な構成員とする任意の諮問委員会の設置などを求めており、任意の指名（諮問）委員会を設置する企業が増えている。この補充原則を「実施」している会社の比率は、2015年12月の70.6％から、2017年7月には76.7％まで増えた（東証による、市場第一部、二部上場企業の開示に基づく分析による）。ただし、他の原則は「実施」が90％以上となっているものが大部分であり、それに比べると「説明」の比率が高い。指名委員会等設置会社は指名委員会の設置が義務付けられているので、それ以外、つまり75％前後の会社が任意の指名（諮問）委員会（以下「指名委員会」「委員会」とする）を設置していることになる。

　だが、2017年7月時点で任意の指名委員会の詳細をコーポレートガバナンス報告書や有価証券報告書で開示している会社の比率は18.4％にとどまるとの調査もある（KPMG『コーポレートガバナンス実態調査2017』による）。

　エゴンゼンダーのアンケート調査によると、指名委員会（指名委員会等設置会社における法定の指名委員会と、監査役会設置会社・監査等委員会設置会社における任意の委員会の両方を含む）について、年間開催回数は「2回以下」

（37.9％）が最も多い。平均開催時間は「1時間台」（45.6％）が最多で、年間合計は平均約4.0時間となっている（指名委員会等設置会社における指名委員会は、相対的に開催頻度が高く、年間の議論も多い）。回答した169社のうち、半数強の会社では、独立社外取締役が指名委員会の委員長を務めることにより、独立性を高めている。

指名委員会の役割

　指名委員会の主な役割は、株主総会に提出する取締役の選任案の決定、最高経営責任者の選解任案である。ここでは最も重要な社長の選任に焦点を当てるが、取締役会の独立性を強化するために、指名委員会が独立社外取締役等の選任にも関与する会社もある。

　次期社長の選任は取締役会の役割だが、社長の選任に求められる高い機密性、選考プロセスや最終判断の透明性、客観的で幅広い知見を確保するには、独立社外取締役を中心とする少人数の指名委員会が関与するのが適切である。委員会の実際の選考プロセスへの関与は、会社や状況によって大きく異なる。平時には、指名委員会が現任社長と密接に連携して進めることが重要である。

　選任プロセスの最初のステップは、企業理念、経営環境、業績・戦略などを踏まえて、次期社長に求められる資質、経験、要件などを明確にし、客観的な基準を定めることである。

　第二段階では、候補者の選抜・評価の方法、時間軸などを含む選考プロセスを決定する。選考プロセスの透明性、客観性を確保することが重要である。

　第三段階では、第一段階で定めた基準に基づいて候補者を洗い出し、リストを作成すると同時に、各候補者を評価してそれに基づいた適切な育成計画を立てる。評価に当たっては、社内の360度評価に加えて、外部コンサルタントなども活用し、客観的な情報に基づいて多面的に評価を行う。それによって評価プロセスの透明性が確保され、検証可能となる。さらに、育成計画に従って必要なスキルや経験を積ませる、コーチングを受けさせるなども重要である。サクセッションプランと呼ばれる後継者育成計画については次項で詳述する。

　次の第四段階では、継続的に候補者を評価し、育成計画を実行する。候補者は必要に応じて入れ替えながら、次第に数を絞り込む。選考プロセスと育成計画は密接に関連するので、両者を随時見直す必要がある。最終段階で若干名の候補に絞り込み、その中から1人を選考する。

指名委員会を実質的に機能させるには、早い段階から独立社外取締役にも各候補者を知る機会を設けることが望ましい。例えば、候補者に議案の説明者として取締役会に出席させる、独立社外取締役との面談の場を設ける、独立社外取締役に役員研修の講師を依頼して研修参加者（候補者を含む）と議論させる、などが考えられる。

　後継者育成に長い時間がかかること、候補者は期間をかけて評価するのが望ましいことを考慮すると、社長の選任プロセスは早めにスタートする必要がある。後継者育成を新任社長の重要なミッションとすると同時に、次の次の候補の育成にも着手するのが理想的である。

　指名委員会は、社長の選任ばかりでなく解任に関しても責任を負う。コーポレートガバナンス・コード改訂版では、解任についても取締役会が関与し、「公正かつ透明性の高い手続きに従い、適切に実行すべきである」（補充原則4-3①）とした。

　コード策定の議論にも参加した川村隆元日立製作所取締役会長は、「いくら良いCEOを選んでも、過去の経験からいくと、必ず人間は腐敗あるいは堕落する、若しくはその成長を止めるという欠点があるので、選任・解任というところを取締役会が主導しなくてはいけない」と述べている。そのため、解任に関して客観性・適時性・透明性を確保する仕組みや基準を、平時から議論して策定しておくことが望ましい。エゴンゼンダーのアンケート調査によると、現状では、解任に関するプロセスを整備、議論している会社はまだ少数である。

　指名委員会の位置付け・役割は、法定の委員会と任意の委員会とで異なる。指名委員会等設置会社では、過半数の社外取締役で構成される指名委員会が取締役の選任議案を決定する。法定の指名委員会での決定が最終で正式の決定となる（ただし、代表執行役の選定・解職は取締役会が行う）。これに対して、監査役会設置会社・監査等委員会設置会社における任意の指名委員会の場合、委員会で決めた内容を取締役会で審議・決定する。任意の委員会のメンバーは各会社の裁量であるが、独立社外取締役を過半数としたり、独立社外取締役が委員長を務めたりするケースが増えている。

サクセッションプラン（後継者育成計画）

　企業が中長期的に成長し、企業価値を高めるには、継続的に適切な経営トップを育成、選任していく仕組みが不可欠であり、後継者候補の育成や選定を行

うプロセスがサクセッションプランである。

　サクセッションプランの策定・実行は社長選任プロセスと不可分で、指名委員会には社長の選任ばかりでなく、長期的に後継者を育成する仕組みを構築する役割が求められている。コードの補充原則4-1③も、「取締役会は、会社の目指すところ（経営理念等）や具体的な経営戦略を踏まえ、最高経営責任者等の後継者の計画（プランニング）について適切に監督を行うべきである」と、取締役会の責任を明記している。

　サクセッションプランの策定・実行においては、経営陣と人事部の役割が大きい。次期社長に求められるスキル、コンピテンシー、経験などを明確にした上で、複数の候補者を特定し、育成計画を策定して実行する。社長ばかりでなく、組織運営や戦略の面から重要なポストについては、同様に求められるスキル、コンピテンシー、経験などを明確にした上で、複数の候補者を特定し、育成計画を立てて実行することが望ましい。

　このように、組織の枢要なポストについて後継者育成計画を策定し、長期的視点から人材育成に取り組むことにより、計画的に優秀な人材のプールを形成、拡充できるので、社長候補の人材の層も厚くなる。

　サクセッションプランを策定し、重要なポストの後継者候補をあらかじめ特定しておけば、事故などで欠員が出た場合にすぐに後継者を決定できるので、危機管理にも役立つかもしれない。しかし、サクセッションプランは長期的な人材育成の一環として行われ、後継者候補は必ずしもそのポストを直ちに務められる者とは限らない。

　これまでも、人事部は特定のポストが空くとその後任を登用する、数年単位のローテーション計画により複数のポストを経験させるなどの人事政策を実行してきた。このような従来型の人事政策・後任登用とサクセッションプランの違いは、①従来型の後任登用は主に人事部が行うが、サクセッションプランは経営陣が深く関与して、戦略的、長期的な視点で人材育成を行う、②従来型の後任登用は、ポストに対してそれに適した最適な人材（既にスキルを備えた候補者）を探すという受け身のアプローチだが、サクセッションプランは能動的なアプローチである、とされる。サクセッションプランでは人材は自ら育成すべきと考えるので、人材を育成途上と捉え、今後の成長に対する期待なども含めて評価して育成のために選任するのである。

　サクセッションプランでは、一つのポストについて、次の次、さらにその次

まで候補者を選任したり、ある人材を育成するためにその者の現在のポストの次、その次、さらに次のポストまで検討したりすることも珍しくない。そのため、数年間、時には十数年という非常に長いスパンで行われる施策となる。

このような長期にわたる人材育成計画を行うのは、将来の役員候補となる人材が対象となる。戦後の日本企業では年功序列に基づく人事制度が行われてきたが、将来の役員候補となる潜在力の高い人材（ハイ・ポテンシャル人材などと呼ばれる）を早期に選抜して、計画的にストレッチアサインメントや修羅場を経験させ、成長を促すことが重要である。優秀な人材を上司や部門長が抱え込んで放さないということがないように、トップが関与して全社的にハイ・ポテンシャル人材をリストアップし、育成計画を練り、実行しなければならない。ハイ・ポテンシャル人材は定期的に入れ替えて、選抜されなかった従業員の士気が下がらないように配慮する必要がある。

第 10 章

役員報酬と報酬委員会

1. 役員報酬の位置付け

　第3章第3節で述べたように、会社の業務執行に携わる経営陣の報酬を株価や業績に連動させ、企業価値の最大化という株主の利益と一致させることにより、経営陣を規律付け、エージェンシー費用を削減することができる。また、グローバル化の進展で、優秀な人材を獲得・保持し、業績向上のインセンティブを高めるための報酬制度の重要性が認識されるようになった。

　このような背景から、最近、日本でも自社株を用いた報酬制度を導入する動きが加速している。本章では国内外の役員報酬の動向、株式報酬の導入にあたっての留意点、報酬委員会の役割について述べる。

　「株式報酬」には、ストックオプションと自社株報酬（自社の現物株式またはその代替物を交付）の両方が含まれる。

　株式報酬の議論では、株主との利害の一致（alignment）が重視され、「同じ船（same boat）」という表現が使われることがある。これは、会社という同じ船に乗って運命を共にする者が団結して、企業価値向上というゴールを目指す航海に取り組み、将来の株価上昇で得られる果実を分かち合う仕組み、とイメージするとわかりやすいだろう。

　米国では1980年代以降、経営陣に長期的な株価上昇へのインセンティブを与えるために、ストックオプションを含む報酬制度が導入された。ストックオプションは1990年以降急速に広まり、米国企業の役員報酬は、株主に対するリターンに連動するようになった。その後、世界中で機関投資家の影響力が強まると、欧州などでもストックオプションが導入され、役員報酬が急騰した。

　日本では1997年以降、ストックオプションが導入されたが、経営者の報酬総額に占める比率は小さかった。だが、コーポレートガバナンス・コードでは、

健全なリスクテイクを促すために自社株報酬の導入を求めており、法制度・税制の整備も進んだので、最近、役員報酬を見直して株式報酬を導入する企業が増えている。なお、日本では「役員報酬」は業務執行に携わる経営陣の報酬を指すことが多い。ただ、インセンティブ報酬をどの範囲まで適用するかは会社により異なる。

コーポレートガバナンス・コードで役員報酬について記述があるのは、主に「原則3-1（iii）」「原則4-2」「補充原則4-2①」の3カ所である。

原則3-1（iii）は、「取締役会が経営陣幹部・取締役の報酬を決定するに当たっての方針と手続き」の開示を求めている。原則4-2は、「経営陣の報酬については、中長期的な会社の業績や潜在的リスクを反映させ、健全な企業家精神の発揮に資するようなインセンティブ付けを行うべきである」と述べ、補充原則4-2①は、「持続的な成長に向けた健全なインセンティブの一つとして機能するよう、客観性・透明性ある手続きに従い、報酬制度を設計し、具体的な報酬額を決定すべきである。その際、中長期的な業績と連動する報酬の割合や、現金報酬と自社株報酬との割合を適切に設定すべきである」としている。2018年の改訂では、手続きの透明性やそれに則った報酬制度の設計、報酬額の決定が強調された。

2017年7月14日時点でこれらの原則を「実施」している会社の比率は、原則4-2が89.6％、補充原則4-2①は70.9％となっており、他の原則に比べるとまだ実施率は低い。だが、企業の間で役員報酬体系の検討の優先順位は高まっている。生命保険協会の調査でも（242ページ**図表12-5**参照）、「コーポレートガバナンスに関して課題に感じていること、もしくは今後特に取り組みを強化しようとしていること」（3つまで）に対して、22.4％の企業が挙げており、4番目に多い。

一方、投資家の間での順位は7位（18.1％）で、他の項目に比べて関心は高くない。だが、役員報酬について重視すべきこととして、83.6％の投資家が中長期業績との連動性（株式報酬等長期インセンティブの導入）を挙げており、業績連動指標の適切性（54.3％）、過度なリスクテイクや近視眼的な経営を誘発しない制度設計（50.0％）がそれに次ぐ。

このように、日本では、役員報酬の適切な設計、及びインセンティブ報酬の比率が小さい点が課題とされている。

2. 海外における役員報酬の動向

　経営陣の報酬契約を業績や株価に連動させるインセンティブ報酬は、米国で1980年代に導入され、その後、欧州をはじめとして世界中に広まった。しかし、この動きは経営者報酬の高騰を招き、それに対する社会の批判も高まって、情報開示や株主の声を反映させるための規制が導入されている。

　米国では、1980年代に役員報酬に導入されたストックオプションが、財務会計・税制上の優遇措置や株価上昇を背景に90年代に爆発的に広がった。ストックオプションを含む「長期報酬」の占める比率は1983年の34％から92年の68％に上昇し、経営者の報酬を高騰させた。1983年から93年の間に、米国大手企業250社の役員報酬は68％上昇したと報じられた。

　報酬の高騰に加えて、経営者が自らの報酬を決定する「お手盛り」に対しても機関投資家からの批判が高まったため、社外取締役を中心とする報酬委員会で報酬を決定するようになった。

　報酬金額だけでなく、オプションそのものにも批判が寄せられた。オプションを付与された者は株価下落のリスクを負わない半面、株価が上昇すれば巨額の利益を得られる可能性があるため、経営者に過度のリスクを取るインセンティブを与えると批判された。また、業績が振るわなくても、市場全体が活況を呈して株価が上昇すると、経営者が大きなリターンを得られることにも批判が集中した。

　経営者に対する大量のオプション付与に伴う希薄化も、投資家に批判された。S&P500企業の未行使ストックオプション数の平均は、1995年には発行済株式数の9.2％だったが、2000年には13.1％に上昇した。2000年以降、株価下落で市場の株価がストックオプションの行使価額[1]を大きく下回ると、経営者のインセンティブとして機能しなくなったので、行使価額の引き下げ（repricing）が広がったが、希薄化を懸念する多くの投資家が反対した。

　2000年代に入って、①会計基準の変更によるストックオプションの費用計上の義務化、②ストックオプションのインセンティブ機能の喪失（株価低迷により、株価がストックオプションの行使価額を下回るケースが増加した）、③

---

1) 実務では、「行使価額」の代わりに「行使価格」という語が用いられることも多い。

● 図表10-1　日米欧企業のCEO報酬の比較

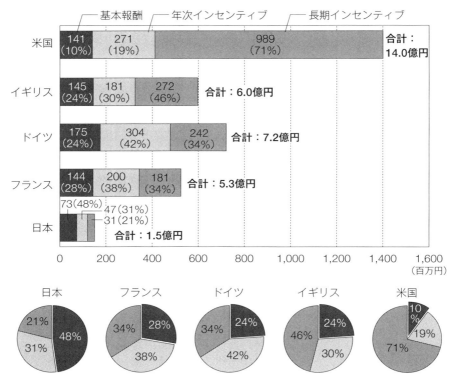

出所：各国開示資料よりウィリス・タワーズワトソンが作成。なお、各国の調査対象は以下の通り：
- 米国：Fortune 500のうち売上高等1兆円以上の企業253社の中央値
- イギリス：FTSE 100のうち売上高等1兆円以上の企業52社の中央値
- ドイツ：DAX構成銘柄のうち売上高等1兆円以上の企業25社の中央値
- フランス：CAC 40のうち売上高等1兆円以上の企業31社の中央値
- 日本：総額は時価総額上位100社のうち売上高等1兆円以上の企業74社の連結報酬等の中央値
  内訳（割合）は連結報酬等開示企業（異常値を除く）58社の平均値を使用して算出
  長期インセンティブには退職慰労金単年度を含む

※円換算レートは2017年平均TTM（1ドル＝112.19円、1ポンド＝144.51円、1ユーロ＝126.67円）

　株式報酬プランに株主の承認が義務付けられた、などにより、ストックオプションを利用した報酬制度が見直されるようになった。多くの企業がストックオプションの新規付与数を削減すると同時に、多様な株式報酬を工夫するようになった。
　その結果、リストリクテッド・ストック（譲渡制限の付いた自社株を付与す

る)、パフォーマンス・シェア（業績目標の達成度に応じて自社株を付与する)、ストック・アプリシエーション・ライト（権利の付与時点と行使時点の株価の上昇分を現金で支払う）などの仕組みが考案された。

米国では、パフォーマンス・シェア、ストックオプション、リストリクテッド・ストックの導入比率がそれぞれ約80％、70％、60％という調査結果があり、多くの会社が複数の株式報酬を組み合わせている。

図表10-1は日米欧の役員報酬を比較したものである。現在では日米欧とも役員報酬は、①基本報酬、②年次（短期）インセンティブ、③長期インセンティブ、という3つの要素から構成されるのが一般的である。

基本報酬は固定給（サラリー)、年次インセンティブはボーナスに相当し、最後の長期インセンティブには、ストックオプションや自社株報酬などが用いられる。中長期インセンティブの比率は地域によって大きな差があり、米国は7割前後、欧州は3-4割、日本では2割前後となっている。欧州の中でイギリスは他の2国に比べ、基本報酬の比率がやや低く、長期インセンティブの比率がやや高いので、より米国に近い。報酬の総額は米国が突出しており、日本は最も少ない。この差異は、長期インセンティブと年次インセンティブの違いによるところが大きい。

3. 株式報酬の類型

本節でまず、欧米で一般的な株式報酬のインセンティブ構造を解説し、次節で日本の具体的な制度について説明する。インセンティブ構造の類型には、①報酬価値の変動幅による分類、②グラントやベスティングの条件による分類、がある。

報酬価値の変動幅による分類

(A) 値上がり益還元型

株価の上昇分のみ報酬として受け取り、株価下落の場合、影響は受けない。ストックオプションが代表的だが、株価の上昇益を還元するストック・アプリシエーション・ライトもこれに該当する。

ストックオプションを付与された者は、あらかじめ定められた行使価額を支払って自社株を受け取る（オプションの行使という)。株価が行使価額を上回

ると、取得した株式を売却すれば行使価額との差額を利益として受け取ることができる。一方、株価が行使価額を下回るとオプションの価値はゼロとなり、利益も損失もない。このように、行使価額と権利行使時の株価の差額である値上がり益が得られる株式報酬を、「値上がり益還元型」と呼ぶ。

ストックオプションは、理論的な単価は株式の数分の1の水準となることが多く、同じ報酬金額を前提として、ストックオプション付与と自社株交付を比較すると、前者の方が付与個数が大きくなる。そのため、株価上昇時の利益は自社株報酬の場合よりも大きい。一方、株価が下落して行使価額を下回ると、株価を維持しようとするインセンティブは働きにくい。付与される時に経営者は対価を払わないので、コストはゼロと捉え、行使価額を上回る金額のみ利益として認識する。つまり、①ハイリターンのインセンティブ構造、②株価が下落しても損失は被らず、リスク（下方への変動）を株主と共有する度合いが低い、という特徴がある。

(B) フルバリュー型

現物株式を受け取る自社株報酬では、経営者は値上がり益ばかりでなく、株価が下落した時の損失も被るので、株式価値全体を受け取る。これを「フルバリュー型」と呼ぶ。株式を交付する場合は、役員には交付される株式の価値自体が報酬として認識されるので、株価の上昇の利益・下落のリスクが株主と同等に共有される。

欧米で2000年代半ば以降ストックオプションが減少し、自社株報酬が増えているのは、税制や財務会計上のルールの影響もあるが、フルバリュー型の自社株報酬の方が、株主との利害の共有の度合いが大きいからと考えられる。

グラント、ベスティングの条件による分類

ストックオプションや自社株報酬などを受け取る権利を付与することを「グラント」（grant）という。ストックオプションの場合はオプションの付与がグラントとなることが多い。一定の期間が経過する、あらかじめ定めた業績指標を達成するなどの条件が充足され、権利が発生するのが「ベスティング」（vesting）である（**図表10-2**参照）。オプションも自社株報酬も、ベスティングの後に保有者の権利が確定する。ベスティングのタイミングは自由に設計できるが、ここでは、グラント時（Y_0）から3年後（Y_3）をベスティング時とする。

● 図表10-2　株式連動報酬のタイムライン

(A) ストックオプション

役員は Y_0 時点でストックオプションを受け取る。Y_3 時点でオプションを行使して（行使価額相当の金額を支払って）株式を受け取る。

(B) リストリクテッド・ストック（譲渡制限付株式 Restricted Stock／RS）

リストリクテッド・ストックは、一定期間の譲渡制限を付して役員に自社株を交付する制度である。株主と利害を一致させ、譲渡制限期間を設けることによって中長期の株価上昇のインセンティブを与える効果があり、人材のリテンションのために活用されている。Y_0 時点で株式を交付し、Y_3 までの期間に譲渡制限を付けるので、役員はそれ以降株式を売却できる。

これと似たものに、一定期間経過後に（Y_3 時点になってから）株式が交付されるリストリクテッド・ストック・ユニットがある。

(C) パフォーマンス・シェア（業績連動型株式 Performance Share／PS）

パフォーマンス・シェアは、あらかじめ設定した業績指標（KPI）を一定期間（Y_3 までの期間）に達成した場合、自社株が交付される仕組みで、役員に業績目標を達成するインセンティブを与えるのが目的である。欧米では、業績がまだ達成されていないうちに議決権や配当が役員に帰属するのを避けるために、Y_3 時点になってから株式が交付されることが多い。

これと似たものに、パフォーマンス・シェア・ユニット（PSU）があるが、① Y_3 時点で株式が交付されるものと現金が交付されるものを併せて PSU と呼ぶ、② Y_3 時点で現金が交付されるもの、現金交付と株式交付を選択できるものを PSU と呼ぶ（この場合、Y_3 時点で株式が交付されるものをパフォーマンス・シェアと呼ぶ）、という二通りの意味で使われている[2]。

---

2) 日本のパフォーマンス・シェア・ユニットでは株式交付のみが一般的である。

4. 日本の株式報酬制度

歴史的にも日本の経営者の報酬は、株価や業績との相関が小さかった。ストックオプションが導入される前も、経営者は持株会などを通じて自社株を取得していたが、その規模は小さかった[3]。

1990年代にコーポレートガバナンスの議論が盛んになると、ストックオプション導入の機運も高まった。ストックオプションは、1995年の新規事業法改正により、まずベンチャー企業を対象として認められた。1997年の商法改正で一般企業にまで全面解禁され、99年には付与対象者が拡大された。さらに、2001年の商法改正により付与対象者・権利行使期間・付与金額等の制限が廃止されたので、日本における本格的なストックオプション制度はこの時からスタートしたと言えよう。東証のアンケート調査によると、2005年4月時点でストック・オプションを導入している企業は31.1％であった[4]。

日本では会社法上、無償で株式を発行することや労務出資が認められていないために、役員報酬として株式そのものを直接交付できず、中長期インセンティブ報酬の導入が遅れていた。だが、近年コーポレートガバナンス改革と平仄を合わせる形で、会社法や税制の整備が進み、役員を対象とした自社株報酬制度が導入された。そこで、その中で代表的な株式交付信託、特定譲渡制限付株式の概要を解説する。それに先立って、従来普及しているストックオプションについても説明する。

①ストックオプション、②株式交付信託、③特定譲渡制限付株式、の分類は日本の制度に基づくものであり、前節で述べた欧米の株式報酬のインセンティブ構造に基づく分類とは異なる。**図表10-3**はその対応関係を示す。

図表10-4は役員を対象とした株式報酬制度の導入状況を示す。従来、株式報酬の主流であった株式報酬型ストックオプションの伸びが鈍化・漸減する一方、新たに導入された株式交付信託や特定譲渡制限付株式を利用した報酬制度

---

3) 久保（2010）は1977年から2000年（115社）、1990年から2003年（約1800社）の実証分析に基づいて、経営者報酬と業績の相関が極めて低く、社長の持株比率も1977年の中央値0.067％から、2000年の0.015％と1/4の水準に下がったと指摘した。
4) 2005年7月29日発表の東京証券取引所の「コーポレートガバナンスに関するアンケート」調査（2005年4月実施、有効回答1,379社）では、545社（39.5％）が取締役にインセンティブを付与していると回答し、そのうち429社（31.1％）がストックオプション制度を導入しているとした。

図表10-3　株式報酬の分類と日本の制度との対応関係

役員報酬の分類	主な類型(グラント、ベスティングの条件による分類)	報酬価値の変動幅による分類	目的	日本の株式報酬制度との関係
ストックオプション	ストックオプション	値上がり益還元型	株価上昇へのインセンティブ	ストックオプション、株式報酬型ストックオプション
自社株報酬	リストリクテッド・ストック	フルバリュー型	役員のリテンション、株主との利害の共有	株式交付信託、特定譲渡制限付株式のいずれでも可能
	パフォーマンス・シェア		業績向上へのインセンティブ、株主との利害の共有	株式交付信託で可能

出所：神田・武井・内ケ崎（2016）などから筆者作成

図表10-4　役員を対象とした株式報酬制度の導入状況[5]

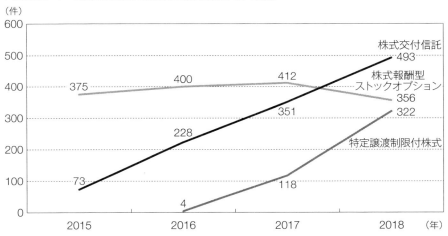

注：各年6月30日における各種制度の導入企業数（累計）を前年7月以降発表されたリリースに基づいて集計。特定譲渡制限付株式は2016年は4-6月の実績
出所：2014年7月から2018年6月までに付与もしくは制度導入の事実をプレスリリースにより発表した企業数につき三菱UFJ信託銀行にて集計したもの

を導入する会社が増えている。特定譲渡制限付株式については、2016年は同制度が事実上解禁となった4月1日から6月末日まで3カ月の累計値である。

---
5) このグラフの導入企業数と、**図表10-6**、後述の特定譲渡制限付株式に関する日本経済新聞の記事の企業数とは合致しないが、差はわずかであり、出所の違いによる。

ストックオプション

　第一のストックオプションは、役員に新株予約権を交付し、役員が権利行使すると株式が交付される仕組みで、2000年代から今日まで最も広く使われている株式報酬である。ベンチャー企業ではリテンションや株価向上のインセンティブのために、通常のストックオプションが利用されているが、多くの上場企業では、権利行使価額が1円に設定され、「1円ストックオプション」と呼ばれる株式報酬型ストックオプションが広く用いられてきたので、それについて詳しく述べる。

◆株式報酬型ストックオプション

　株式報酬型ストックオプションは、権利行使価額が1円に設定されているので、実質的に権利行使時の株価と同等の価値を付与対象者に与えることになり、インセンティブ構造は通常のストックオプションと大きく異なる。

　業績とは無関係に勤務年数や役職に応じて支払われる役員退職慰労金制度に対して、投資家の間で批判が高まったことから、2003年ごろから役員退職慰労金制度を廃止して、代わりに株式報酬型ストックオプションを導入する企業が増加した。役員退職慰労金相当額を現金で支給するのではなく、ストックオプションに切り替えることにより、役員は節税が図れるばかりでなく、退職後にストックオプションの行使や株式の売却により、キャッシュフローを得ることができる。

　通常のストックオプションは、株価が行使価額を下回ると価値がゼロになってしまうため、株価を上昇させようとするインセンティブが働くが、行使価額が1円の株式報酬型ストックオプションでは株価が行使価額を下回ることはあり得ず、株価を上げようというインセンティブは弱くなる。一方、通常のストックオプションでは株価下落のリスクが共有されないことが課題とされるが、1円ストックオプションでは株価が大きく下落した場合でもそれを改善しようとするインセンティブが働く。

　しかし、1円ストックオプションは、導入時に役員の報酬のうち一定の固定金額を、新株予約権の付与のための資金に割り当てるのが一般的で、インセンティブが逆に働くといわれる。すなわち、原資が固定されているため、業績が向上して付与時点で株価が高くなると、付与される新株予約権の数が減り、受け取る株式数が減る一方、株価が下落した局面では付与される新株予約権の数が増えて、役員が受け取る株式数も増えることになる。

● 図表10-5　株式報酬型ストックオプションの導入状況

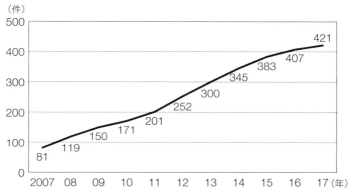

出所：株式報酬の導入状況（2017年8月21日、ウィリス・タワーズワトソン、三菱UFJ信託銀行）

　図表10-5は2007-17年のストックオプションの発表件数を示す。2016年7月から17年6月末日までの1年間に、株式報酬型ストックオプションを付与した企業は421社となっている。前年にストックオプションを付与した会社の約72％が2017年も継続しており、全上場企業の約5割が過去に1度以上付与を実施している。だが、株式報酬型ストック・オプションを新たに導入する企業の数の伸びは近年鈍化している。この仕組みを廃止して、株式交付信託や特定譲渡制限付株式に切り替える会社もあり、長期的には海外と同様に、日本でも自社株報酬に主流が移っていくと考えられる。

　株式報酬型ストックオプションのメリットとしては、①導入時に現金の支出がない（会計上、費用として計上されるが、現金の支出を伴わない）、②導入に伴うコストが相対的に低い、が挙げられる。デメリットとしては、①在任中の株式保有につながらない（権利行使のタイミングが限られる、権利行使で現金収入がないのに納税負担が生じる、などの理由による）、②事務負担が大きい、などがある。

株式交付信託

　第二の株式交付信託は、信託の仕組みを活用したスキームである。従業員への福利厚生の一環として従来利用されていた、信託を通じて従業員に株式を付与する制度（いわゆる日本版 ESOP（Employee Stock Ownership Plan））に倣い、役員を対象とする株式交付信託が2012年に初めて導入された。

導入時には報酬相当額を信託に拠出し、それを原資に信託が市場などから株式を取得した上で、一定期間経過後に役員に株式を交付する。役員に対してはポイントを付与し、ポイント数に応じて株式が交付される。

　近年導入件数が増加しており、2018年6月末までに導入を発表した会社数は493社となっている。

　メリットは、信託を利用するため柔軟な設計が可能なことである。交付する株式数を業績や在任期間などに応じて増減させることもできるし、リストリクテッド・ストックにもパフォーマンス・シェアにも対応できる。海外居住者への交付も可能である。また、制度の運用や管理を信託に一任できるため、事務負担を軽減できる。

　一方、デメリットとしては、信託への事務委託の結果、信託報酬・信託費用などのコストが比較的高いこと、会社は株式の取得資金をあらかじめ信託に拠出しなければならないので導入時に現金支出が必要なこと、が挙げられる。

特定譲渡制限付株式

　第三の特定譲渡制限付株式は、海外で普及している自社株報酬を日本企業でも利用できるように会社法の解釈を明確化し、2016年に税制改正が行われ、導入されたものである。

　会社法では、役員への株式の付与について、会社に対する労務の提供を出資の目的とする労務出資が認められるか明確でないという問題がある。そこで、2015年7月に経済産業省が公表した「法的論点に関する解釈指針」により、会社が役員に付与する金銭報酬債権を現物出資するという法律構成が提示され、役員に株式を付与する手続きが明確化された。これを受けて、2016年度税制改正で関連する規定が整備されたが、2017年度の税制改正でパフォーマンス・シェア型の損金算入が認められなくなったため、リストリクテッド・ストックとしての利用が中心となっている。

　日本の特定譲渡制限付株式は、期初に一定期間の譲渡制限を付した自社株が交付される点は海外のリストリクテッド・ストックと同様だが、譲渡制限期間中も役員が配当を受け取り、議決権行使もできる点が投資家から問題視されることがある。

　「日本経済新聞」（2018年6月16日付）によれば、2016年、17年にこの制度の導入を発表した会社は、それぞれ6社、130社となっている（2016年

は同制度が事実上解禁となった4月1日から6月末日まで。2017年は前年7月1日から当年6月末日までの期間)[6]。その後も導入する会社が増えており、2018年5月末時点での導入企業は338社と17年6月末の3倍となったと報じられた。

この制度は、株式交付信託など他の仕組みと比較して導入に伴うコストを抑えられるという利点があるが、社内の事務負担がやや大きい。

5. 報酬委員会の役割と制度設計上の留意点

報酬委員会の役割と運営

前章で述べた指名委員会と同様に、独立社外取締役を含む報酬委員会を設置する企業が増えている。指名委員会等設置会社では報酬委員会の設置が義務付けられているが、最近は監査役会設置会社や監査等委員会設置会社でも、任意の報酬委員会を設置する会社が増えている。

ウィリス・タワーズワトソンの調査（2017年6月）[7]によると、法定及び任意の報酬（諮問）委員会を設置している会社の比率は85.5％となっている。指名（諮問）委員会とセットで設置している会社が大部分である（ただし、186ページのKPMGの調査では任意の報酬委員会を設置している会社の比率は20.7％で、指名委員会よりやや多い）。委員数は4名（28.7％）、5名（27.1％）が最も多く、平均は4.5名である。社外取締役が報酬委員に占める比率について、過半数が48.6％、半数が18.9％で、社外取締役が含まれない会社も4.4％ある。報酬委員会の委員長の属性は、社外取締役が務める会社が45.6％、社内取締役が務める会社が47.1％とほぼ拮抗している。

別の調査（エゴンゼンダー、2017年6-8月、計390社がアンケートに回答）によれば、報酬委員会を設置していると回答した企業数は46.4％（そのうち法定4.9％、任意41.5％）であった。委員長の属性は、独立社外取締役が51.4％、社長32.6％、会長3.9％（非執行2.2％、執行1.7％）、社長・会長以

---

[6] 2017年の内訳は、リストリクテッド・ストックが101件となっており、全体の7割以上を占める。それ以外はパフォーマンス・シェアが23件、パフォーマンス・シェア・ユニットが15件となっている。1社で複数のプランを導入した会社もあるので、件数の合計（139件）が社数の合計を上回る（出所：ウィリス・タワーズワトソン）。

[7] 2017年6月末時点で開示されている「コーポレートガバナンスに関する報告書」を基に集計（計801社）。

● 図表10-6　報酬委員会の審議事項（%）

項目	%
報酬水準や報酬構成の妥当性	98.3
インセンティブ制度の仕組み（算式、評価体系等の妥当性）	88.0
役員個人別の実際支給額の妥当性	71.8
フリンジベネフィットの妥当性	12.8
利益連動給与の手続き要件としての審議	25.6
（本体）社外取締役の報酬制度	74.4
（本体）監査役の報酬制度　＊監査役設置会社のみ	23.1
他の役員と制度体系が異なる本体役員（外国人役員、外部より登用した役員）の報酬制度	21.4
（本体）役員退任後の顧問・相談役報酬制度	17.9
（主要国内子会社）役員もしくは幹部の報酬制度	17.1
（主要海外子会社）役員もしくは幹部の報酬制度	7.7
報酬開示に関する記載の在り方　＊株主総会議案、報酬の方針および手続きの開示内容や程度など	27.4
執行役員を除く一般従業員向け株式報酬制度	3.4

（複数回答）
注：2017年6月から7月上旬に調査。回答社数は117社
出所：ウィリス・タワーズワトソン「報酬・指名委員会および取締役会の実態調査」

外の社内非執行取締役3.3％となっている。開催頻度は2回以下が45.3％とほぼ半数を占めるものの、3-4回が23.8％、5-8回16.0％で、9-12回7.2％とばらつきが大きく、平均は3.6回である。1回当たりの平均開催時間は1時間未満が35.9％、1時間台が46.4％で、平均は57.6分であった。

　審議事項は**図表10-6**に示す通りで、役員の個人別支給額の妥当性を審議している会社が7割ある。一方、情報開示に関する記載の在り方を審議しているのは27.4％である。投資家が最も重視し、開示を求めるのは、役員報酬の設計思想や業績連動報酬の仕組みであり、必ずしも個別の報酬金額ではない。

報酬委員会における役員報酬の検討

　役員報酬の検討に当たっては、独立社外取締役中心の報酬委員会が重要な役割を担う。検討に当たっては、①報酬委員会の目的、役割を定める、②役員報酬制度全体の方針を定める、③具体的な制度設計を検討する、④業績を指標として用いる場合、適切な業績指標を検討する、⑤個別の役員の報酬について検

討する、⑥開示に関する方針を検討する、というプロセスを踏む。具体的な制度設計の詳細の議論に入る前に、制度の狙いや設計思想を明確にしておくことが重要である。

　第一の報酬委員会の目的、役割に関して、コーポレートガバナンスコード原則３－１（iii）は「取締役会が経営幹部・取締役の報酬を決定するに当たっての方針と手続き」を明確にすることを求めている。報酬委員会の位置付け・役割を明確にし、役員報酬を決定するための手続きを委員会規則として定めるのが重要である。

　第二の役員報酬制度全体の方針を定めるに当たっては、役員報酬改定の狙い、目的を明確にする。株主との利害の共有、長期的な企業価値向上の意識付け、経営陣の動機付けなどが挙げられるだろう。制度設計にあたっては、透明性・客観性・検証可能性、シンプルで理解しやすい、納得感がある、などが重要である。経営戦略との整合性も重要で、インセンティブ報酬を戦略に密接に絡めたストーリーと一緒に考えることが肝要である。多様なステークホルダーにとってわかりやすく、中長期的な企業価値向上達成のストーリーとして具現化していけるものが望ましい。競争環境、時間軸などは会社によって異なるので、他社の動向に左右されずに、今後中長期的に、自社にどのようなインセンティブの仕組みがふさわしいかを軸に考える必要がある。

　第三の具体的な制度設計に当たっては、長期インセンティブと年次インセンティブを独立に検討するのではなく、どのような時間軸でどのような指標を用いて評価すべきか、インセンティブ報酬をどの範囲に適用するか、などを全体として考える必要がある。実際の導入に当たっては、会社の会計処理、税務上の影響に加えて、対象者の税金・キャッシュフローへのインパクトについても検討しなくてはならない。

　第四の業績指標の検討では、ガバナンス強化の観点の観点から、中長期のインセンティブと同時に、戦略達成へのコミットメント、適切なリスクテイクを促す仕組みが重要である。経営者による恣意的な操作の余地が小さいのが望ましく、経営努力が適切に評価・反映される制度とするために、最適な指標の選択とバランスの取れた水準設定が重要である。経営環境・マクロ要因は大きく変動することもあり、制度設計には一貫性と同時に柔軟性も求められる。経営努力によらない目標達成を過度に評価するのも、経営陣がコントロールできない要因による業績悪化でインセンティブが失われるのも問題である。

報酬制度に組み込む業績目標は、会社全体や担当部門の業績目標と整合的でなければならないことは言うまでもないが、シンプルな制度とすることも重要である。業績目標や付与の条件などが過度に複雑で理解しにくくなると、目標・インセンティブとしての機能が損なわれ、管理も困難になる[8]。最近、従業員満足度などESGに関わる指標をKPIに設定する企業も増えている。

　第五の個別の役員の報酬の決定は、ルールに基づいて行う。ただし、コントロール不能な要因により報酬が大きく変動する、部門間で大きな格差が生じる、などで調整が必要な場合もあるだろう。

　検討に当たっては、さらに下記の点にも配慮する必要がある。

①株主の視点と経営陣のインセンティブの視点のバランス　役員報酬は「株主対策」として捉えられがちで、実際、退職慰労金の廃止、ストックオプションの導入はそのような側面もあった。だが、経営陣のインセンティブとして何が適切かという視点も重要である。両者のバランスを取らないと、経営陣・従業員の処遇の公平性、納得感の視点が失われて、制度の持続が難しくなるだろう。

②グローバル化対応　優秀な経営者人材の獲得・保持、中長期業績との連動性が重要であり、従業員や他の役員の報酬との格差、過度なリスクテイクの牽制なども考慮しなくてはならない。国によって異なる報酬水準や各国の税制・法制度への配慮と、客観性・一貫性のある制度設計とのバランスも肝要である。

役員報酬の開示に関する規制

　中長期インセンティブとして株式報酬を導入した結果、経営者の報酬が高騰したため、近年、欧米では批判が高まっており、開示や投資家による意見表明を求める規制も厳しくなっている。

　イギリスは、取締役報酬の適正化や報酬決定プロセスへの投資家の参加などを求める投資家の要望に応えて、役員報酬に関する投資家による意見表明（Say on Payと呼ばれる）をいち早く実施した。2002年に取締役報酬報告規則（Directors' Remuneration Report Regulations）を導入し、取締役報酬報

---

[8] Holmström and Milgrom（1991）は、人間は一つの目標に焦点を当てると他の目標を忘れてしまう傾向があることから（マルチタスク問題）、経営者に多様なステークホルダーの利益に配慮させたいと考える場合は、株価にリンクしたインセンティブ報酬よりも固定報酬が望ましい場合があると指摘している。

告を企業の開示情報として、定時総会で株主の投票に諮ることを義務付けた。この規定は、2006年に会社法に引き継がれた。

　欧州では、2004年にSay on Payの法制化がEU加盟各国に推奨され、取締役報酬に関する方針を株主総会の議案とすべきこと、取締役報酬の報告書について総会で承認を得ることなどが推奨された。さらに、2009年には機関投資家に対して、報酬議案に対する議決権行使を推奨した。その結果、欧州各国で、株主が取締役報酬の決定に関与する仕組みの普及が進んだ。

　2019年1月以降に始まる決算期から適用されるイギリスのコーポレートガバナンス・コードでは、役員報酬について、報酬委員会で明確で長期的な視野に立った基準づくりを要求し、従業員の報酬体系も踏まえて考えなければならないとした。また、報酬に株式を使う場合、行使までの最低保有期間を従来の3年から5年以上に延ばした。

　米国では、金融危機を受けて制定されたドッド＝フランク・ウォール街改革・消費者保護法（Dodd–Frank Wall Street Reform and Consumer Protection Act）に基づくSEC規制により、2011年にSay on Payに関する規制が導入された。

　それまでは個別報酬の詳細な開示はあっても株主が賛否を問われることはなかったが、3年に1度株主の（非拘束的な）承認を受けること、株主の承認の頻度に関しても諮ることが義務付けられた。さらに2017年末から、CEOの報酬と従業員の報酬（中央値）の比率（pay ratio）の開示も求められている。

　日本では2010年から、有価証券報告書で1億円以上の役員報酬を個別開示することが義務付けられている。2013年以降、個別開示者数が顕著に増えており、15年に500名を超えた。しかし、海外企業に比べるとインセンティブ報酬を導入する企業はまだ少なく、今後の課題である。

　実証研究によると、Say on Payに関する規制は過剰な役員報酬を牽制する効果はあるかもしれないが、役員報酬の水準にほとんど影響がなかったと報告されている。

社外取締役に対する株式報酬

　役員報酬に中長期インセンティブとして株式報酬を導入する動きのなかで、社外取締役の報酬に株式報酬を含めるべきかが議論になっている。従前より、社外取締役を含む取締役には自社株を保有することが推奨され、保有株式数は

有価証券報告書にも開示されている。だが、非業務執行の社外取締役に対する自社株報酬の支給については、監督機能が疎かになることを懸念する意見もあった。

2017年3月に経済産業省が公表した「CGS（コーポレートガバナンス・システム）研究会報告書〜実効的なガバナンス体制の構築・運用の手引〜」は、役員へのインセンティブ報酬の一環として、社外取締役への自社株報酬に対して積極的な姿勢を示した。

報告書は「自社株報酬は、株主の意見を適切に反映させる役割を担う社外取締役にとって、株主と目線を合わせる観点から、有効な場合がある。特に、自社株報酬のうち、業績条件の付されていない自社株を付与する類型のものは、その割合が金銭報酬に比して過度に高く無い限り、付与することによる弊害が少なく、有力な選択肢として考えられる」（64頁）と述べている。

一方、機関投資家の間には多様な意見がある。米国の多くの企業が社外取締役にも株式報酬を導入していることから、一般的に米国の機関投資家は株式報酬に対して前向きであるが、欧州の機関投資家の中には反対する者も多い。

論点は、①監督機能を担う社外取締役に対して自社株報酬を導入すべきか、②社外取締役に自社株報酬を導入する場合、どのような形態がふさわしいか、の2点である。

第一の論点に関しては、機関投資家の間でも見方が分かれている。企業価値向上への取締役の貢献を期待するという積極的な意見と、監督機能を損なう恐れがあるという慎重な意見がある。第二の論点に関しては、業績連動などの条件が付されたものは監督機能と相反する恐れがあるので不適切という意見が大部分である。

社外取締役の報酬制度は、社外取締役の監督・助言機能と調和したものでなければならない。自社株報酬を導入する場合は、自社株報酬が社外取締役の報酬全体に占める比率、執行を担う役員の報酬とのバランス、なども含めて、総合的に検討、判断する必要がある。

第 11 章

情報開示と内部統制

1. 情報開示の重要性と必要性

　株式会社が発行する株式や社債などの有価証券については、投資家が適切な投資判断を行うための材料を提供する目的で、金融商品取引法によって情報開示が義務付けられている。情報開示によって株価形成の効率性が高まり、市場によるガバナンス・監督が機能するようになるからである。

　　日光は最もよく効く殺菌剤であり、電灯の明りは最も有能な警察官である（Sunlight is said to be the best of disinfectants; electric light the most efficient policeman.）[1]

　これは米国の元最高裁判所判事を務めたブランダイスが残した有名な言葉で（**図表11-1参照**）、その根底には「明るいところでは悪いことはできない」という考え方がある。株主が保有する株式に流動性を与えるために株式市場が発達し、取引所ができた初期には、情報開示の規制もなく、投資家に発行会社の情報が伝わらない、証券を販売する銀行（証券会社）が法外な手数料を取る、

● 図表11-1　情報開示の役割
　　　　　　（情報開示により何ができるか）

---
1) Louis D. Brandeis, "What Publicity Can Do," Harper's Weekly, Dec., 20, 1913.

などの問題が発生した。そこで、情報開示を義務付けて透明性を高めることにより、会社や銀行の自制を促すようにしたのである。

情報開示のメリットとデメリット

証券を発行する企業に情報開示を義務付けるのには、どのようなメリットがあるだろうか。

第一は、企業の資本コストを引き下げる効果である。企業の経営状況がわからないと、投資家は疑心暗鬼となり、リスクを慎重に見積もって高いリターンを要求する。だが、過去の業績や将来の戦略に関して正確な情報が開示されれば、リスクプレミアムが小さくなり、結果的に企業の資本コストは引き下げられるだろう。また、情報が開示されないと、その会社について直接知っている者しか投資できないが、適切な情報が開示されて会社について知る人が増えれば、投資家層が拡大する。そうすれば株式の流動性が高まり、資本コストも下がるだろう。

第二は、情報の非対称性を減らし、キャッシュフローを増やす効果である。株主が会社の事業内容や財務状況を知ることができない状況では、経営者が経費を無駄遣いする、成長が見込めない事業に投資する、などの恐れがある。だが、透明性が高まれば経営者に対するガバナンス効果が働き、これらを未然に防止できる。

しかし、情報開示にはデメリットもある。公正で透明性の高い情報開示を継続的に行うにはコストがかかる。また、公開した情報が競合他社、顧客、取引先、規制当局、税務署などに利用されて、会社に不利に働く可能性もある。

つまり、情報開示には会社（資本コストの引き下げ）、投資家（ガバナンスの向上）の双方にメリットがあるので、デメリットにも配慮しつつ、適切な水準の情報開示を促すのがよいと考えられる。

情報開示の規制は必要か

次に、情報開示は規制で義務付けるべきか、を考えよう。

情報開示により資本コストを引き下げる、という観点からは、企業に情報を開示するインセンティブがあるので、市場の競争に任せるのがよいと考えられるだろう。特に優良企業は情報を積極的に開示して、他の会社との差別化を図るかもしれない。業績の振るわない会社は情報開示に慎重になるものの、投資

家からの選別を恐れて情報開示を継続するインセンティブはあるだろう。そのように考えれば、市場メカニズムが企業に適切な情報開示を促すので、情報開示に関する規制は不要だということになる。

一方、情報開示が義務付けられないと、投資家が一貫性のある情報を継続的に入手できないという問題が生じる。例えば、企業が業績の良い時には積極的に開示するが、悪くなると詳細な情報の開示を控えるのでは、投資家が業績の経年変化を追うことができない。あるいは、投資家が同業他社と比較したいと思っても、各社の開示情報が異なると、適切な比較ができない可能性もある。

さらに根本的な問題として、情報の公共財としての性格がある[2]。投資家が企業の事業内容や財務状況に関する情報を集めるには一定のコストがかかるが、入手した情報は他の投資家も利用できるし、利用者が増えても情報は減ることはない（道具のように摩耗しない）。投資家はコストをかけて集めた情報を独占できないばかりか、その情報を利用する他の投資家から手数料を徴収して情報収集にかかったコストをカバーすることもできない（フリーライダー問題）。従って、自ら情報収集をするのは意味がないということになって、情報収集する者がいなくなってしまう。公園、警察、環境保全など他の公共財と同様に、市場任せにするのではなく、規制する必要がある。そのために、各国で企業の情報開示に関する規制が強化されてきた。

情報開示を義務付けることにより、個々の会社のガバナンスが向上するばかりでなく、各社が競合他社の情報に基づいて適切な経営判断ができるようになるので、価格競争の行き過ぎ、生産拡大による供給過剰などを防ぎ、業界の健全な発展を促すこともできる。

情報開示に関する規制は次第に厳しくなり、今日の企業には広範で詳細な情報開示が求められている。また、企業の社会的責任が問われるようになり、情報開示、透明性の向上は、投資家保護の観点ばかりでなく、幅広いステークホルダーの理解を得るためにも重要となっている。

---

2) 公共財とは経済学の用語で、多くの人々が同時に不自由なく利用することができる財である（非競合性、非排除性を持つ）。

2. 情報開示の種類と制度

　情報開示は、英語で「ディスクロージャー」（Disclosure）と表現される。投資判断に役立つ情報を有価証券の発行者その他に強制的に開示させる制度で、法律や取引所規則に基づくものと、企業が自発的に行うものとに分けられる（**図表11-2**参照）。後者は任意開示とも呼ばれ、企業のインベスター・リレーションズや広報・PR活動も含まれる。本節では法律や取引所規則に基づく開示について説明し、任意開示であるインベスター・リレーションズは次節で扱う。

　ここで、日本の法定開示制度のモデルとなった米国の情報開示制度の歴史を振り返っておこう。米国では1929年の大恐慌を契機に、連邦レベルの情報開示制度が整備された。それ以前は州法やニューヨーク証券取引所（1817年設立）の規則による規制はあったが厳格ではなく、各企業は会計基準について自由裁量を有していた（米国会計基準（GAAP）が作られたのは大恐慌後である）。

　大恐慌の引き金となった株価暴落に対処するために証券制度改革が行われ、1934年に証券取引所を監督する連邦規制の担い手として証券取引委員会（Securities Exchange Commission；SEC）が設立された。SECは投資家保護及び公正な証券取引を目的として設立された独立の政府機関で、相場操縦など不公正取引に対する処分権限を有し、司法に準じる権限を持つ。

　1933年証券取引法、1934年証券取引所法が制定され、これらの法律に基づいて新たに証券を発行する会社には、SECへの登録・情報開示が義務付けられた。1933年証券取引法は発行時の情報開示を規制する法律で、登録届出書

● **図表11-2　情報開示（ディスクロージャー）の体系**

開示の種類	準拠する法律等	内容
法定開示	金融商品取引法	有価証券報告書、四半期報告書、有価証券届出書、目論見書など
	会社法	決算公告、株主総会に関連する情報（招集通知、事業報告、計算書類）
適時開示	証券取引所規則	決算短信、コーポレートガバナンス報告書
任意開示	なし	アナリスト説明会、一般向けの広報活動など

及び目論見書の提出を求めている。1934年証券取引所法はこの情報開示の要求を流通市場の証券取引にも拡充し、継続開示について規定している。

日本では、これらの米国の法律に倣って1948年に証券取引法が制定された。2006年にはそれを改正する形で金融商品取引法が成立したが、デリバティブ取引などを含め幅広い金融商品の取引を包括的に規制する狙いがあった。1992年には証券・金融先物取引などの公正を確保する目的で、証券取引等監視委員会が設立された。

法定開示

法律に基づく開示資料には、金融商品取引法と会社法に基づくものがある。

金融商品取引法によるもの
企業（発行体）に求められる開示書類
- 企業内容の開示
  - 発行開示　証券の発行時に求められるのが開示書類で、有価証券届出書、目論見書、発行登録書などがある
  - 継続開示　定期的に提出しなければならない開示書類で、有価証券報告書（年1回）、四半期報告書（四半期ごと）などがある
  - 臨時報告書　有価証券報告書や四半期報告書を提出した後に重要な事実が起こった場合、提出しなければならない。目的は証券取引所における適時開示制度（後述）と同じだが、法定開示なので、開示事項が狭く提出要件が緩めに設定されている
- 公開買付の開示　株式公開買付は買付期間・買い取り株数・価格を公告し、不特定多数の株主から株式市場外で株式等を買い集める制度である。株主還元策として自己株式の取得[3]を行う際には開示が必要である

投資家に求められる開示書類
- 公開買付の開示　株式公開買付により他者の株を不特定多数から買い集める場合、開示が必要である
- 大量保有の状況に関する開示　5％以上を保有する大量保有株主となってから5日以内に大量保有報告書を提出しなければならない。大量保

---
[3]　「自己株式の取得」は一般的に「自社株買い」と呼ばれている。

有株主は保有割合が1％以上変動した場合も報告書の提出が義務付けられている

会社法によるもの
- 株主総会に関連する情報　株主総会の開催2週間前までに招集通知を株主に発送することが義務付けられている。株主総会の日時、場所、議案に加えて事業報告、計算書類なども含まれる
- 決算公告　株主総会による承認後、貸借対照表及び損益計算書の公告が義務付けられている。現在はHPへの掲載が増えている（有価証券報告書の提出義務がある上場企業は決算公告は不要とされる）

　注意を要するのは、金融商品取引法と会社法に重複あるいは類似の規定がある場合である。例えば、金融商品取引法上の「財務諸表」は、会社法上では「計算書類」と呼ばれ、後者にはキャッシュフロー計算書が含まれないなど内容も少し異なる（「決算書類」は、決算関係の会計及び税務の書類を総称する通称で、書類の範囲は必ずしも明確ではない）。

　四半期開示制度が投資家と企業の短期志向化（ショートターミズム）を促しているという指摘がある。これには、①企業も投資家も3カ月ごとの業績開示に振り回される、②決算、証券取引所規則と金融商品取引法による二つの四半期報告の作成・開示、IRを3カ月ごとに行う企業の負担が大きく、中長期志向の対話機会を奪われている、という2つの問題がある（円谷, 2015）。②は日本独自の課題で、決算情報の重複をなくし、負担を軽減するための検討が進んでいる。①は海外でも議論になっており、むしろ四半期決算を維持した方が、経営の透明性や投資家間の公平性が維持されるとする意見もある。

取引所の規則による開示（適時開示制度）

　大型のM&A、戦略的な新商品の発売、大規模事故の影響など、企業の業績や株価に大きな影響を及ぼす情報をタイムリー（適時）に投資家に開示するのが適時開示制度であり、公正な株価等の形成と投資家保護を目的とする。

　企業の戦略や事業環境が日々変化する状況では、法定開示書類だけを投資判断材料とするのは不十分な上に、法定開示制度は機動的に変更することも難しい。適時開示は法定開示でカバーしきれないギャップを埋めるものと考えられており、重要性が高まっている。

取引所規則で提出が義務付けられている定型の開示書類としては以下のものがある。いずれも適時開示の一形態である。

- 決算短信　四半期の決算発表時に取引所に提出する、業績や財産の状況を開示した書類
- コーポレートガバナンス報告書　従来、コーポレートガバナンスに関する情報は、各社の裁量で決算短信で他の情報と合わせて開示されていたため、投資家が他社と比較するのが難しかった。そこで、証券取引所は当該情報のみを集約した報告書を導入した

フェア・ディスクロージャー・ルール

　諸外国では、発行体に適時の情報開示を求めるルールに加えて、公表前の内部情報を第三者に提供する場合、同じ情報を他の投資家にも提供しなければならないとするルール（フェア・ディスクロージャー・ルールと呼ばれる）が制定されてきた。例えば、米国では 2000 年に SEC がこのルールを定めた Reg FD を導入した。日本ではこのようなルールがなかったが、2018 年 4 月の金融商品取引法改正により導入された。

　これにより、発行体が公表されていない「重要情報」を伝達する場合、意図的な伝達の場合は同時に、意図的でない伝達の場合は速やかに HP などで公表しなければならないこととなった。「重要情報」とは、未公表の確定的な決算情報で、公表されれば株価に重要な影響を及ぼす蓋然性があるものを指す。その範囲は、インサイダー取引規制の「重要事実」よりも広い。

　この背景としては、2015 年以降相次いだ証券会社によるインサイダー情報漏洩事件があった。新しいルールは、いわゆる「早耳情報」に頼りがちだったアナリストに、より客観的で正確な分析に基づく推奨を行うように促し、投資家の意識改革も進める狙いがある。また、発行者側の情報開示ルールを明確にし、早期の情報開示や投資家との対話を促進することも企図している。これには、企業が委縮して情報開示に消極的になるのではないかという投資家の懸念もあったので、金融庁がエンフォースメントについて謙抑的な姿勢を示した。

3. インベスター・リレーションズ

インベスター・リレーションズとは

　現代の企業は、前節で述べた法律や取引所規則で要求されている情報開示の範囲を大きく超える幅広い情報を、投資家に対して任意に開示しており、その活動はインベスター・リレーションズと呼ばれる（Investor Relations を略して IR ともいわれる）。インベスター・リレーションズ活動を最初に始めたのは米国の GE で、1950 年に担当部署を設置したのが嚆矢とされている。全米 IR 協会によれば、インベスター・リレーションズの定義は以下の通りである。

> 　企業の証券が公正な価値評価を受けることを最終目的とするものであり、金融業界その他のステークホルダーとの間に、最も効果的な双方向の対話を実現するため、ファイナンス、コミュニケーション、マーケティング、そして証券関連法上のコンプライアンス活動を統合した戦略的な経営責務

　インベスター・リレーションズは投資家とのエンゲージメントの一環なので、双方向の対話が重要であり、適正な株価を実現することが目的である。良い情報も悪い情報も速やかに公表して説明を尽くす必要がある。もう一つの重要なポイントは、ファイナンス（財務）、コミュニケーション、マーケティング、コンプライアンスなどの様々な活動を統合した戦略的な経営責務という点である。

IRの目的と効果

　2017 年の日本 IR 協議会の調査[4]によると、日本企業の IR の目的は、①株主・投資家との信頼関係の構築、②企業・事業内容の理解促進、③適正な株価の形成の順になっている。2012 年の調査では「適正な株価の形成」がトップだったが、近年、投資家とのエンゲージメントに対する関心が高まっている。
　企業と投資家の間には情報の非対称性が存在するため、市場の株価は企業の

---

[4] 2017 年 1 月 26 日から 3 月 6 日に郵送で調査。全上場会社 3,650 社のうち 973 社が回答（回収率 26.7%）。内訳は、日本 IR 協議会会員企業が 352 社、非会員企業が 621 社。

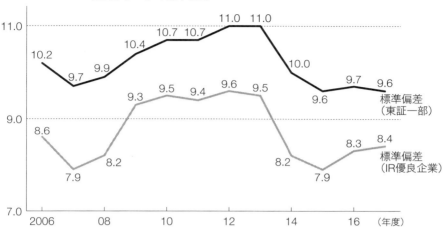

● 図表11-3　IR優良企業と東証一部上場企業に対する評価の比較
　　　　　　——投資リターンの標準偏差

注：東証一部：2017年3月13日現在に東京証券取引所市場第一部に上場する銘柄を構成母数とする
IR優良企業：2014年度、2015年度、2016年度に優良企業大賞、優良企業賞を授賞した全20銘柄で構成
株式リターンの標準偏差は決算月末から過去60カ月の月次リターンの標準偏差である
データをQUICKから取得して佐藤淑子作成
出所：佐藤（2017）

ファンダメンタルズに基づく価値（本源的価値）と乖離する。情報開示に積極的で、効果的なIRを行う企業ほどその乖離は小さく、変動も小さいが、逆に情報開示に消極的な企業は乖離も変動も大きくなる（**図表11-3**参照）。その結果、IR優良企業の資本コストは低くなる。投資家は不確実性を嫌うので、情報が十分に開示されない会社の株価は下がる傾向もみられ、「ディスクロージャー・ディスカウント」（Disclosure Discount）と呼ばれる。

　インベスター・リレーションズ活動では、株価への影響や資金力の観点から、主に大手の機関投資家に焦点を当てる。先の調査によると、海外でIRを行う会社も34.2％と増えており、「海外投資家から受ける意見は今後の自社の経営に役立つ」（89.6％）と評価も高い。

　今後、政策保有株主が減ることを予想して、長期保有の個人株主を戦略的に増やしている会社もある。IR実施企業のうち個人投資家向けに何らかのIR活動を「実施している」と回答した企業は83.3％で、その内容は、「株主向け報告書の充実」（62.2％）、「ウェブサイトを個人投資家を意識したつくりにする」（43.1％）、「証券会社支店などを利用した説明会」（36.5％）、「株主優待制

度の導入」(34.9%) が多かった。その目的については、「長期保有してくれる株主の確保」が 63.4% を占めた。

株主優待制度は、実証研究によると短期的に株価を上昇させるものの長期的な効果は未知数である（砂川・鈴木, 2008）。日本特有の制度なので海外の機関投資家には評価されていない。

インベスター・リレーションズ部門の活動

インベスター・リレーションズ部門の組織上の位置付けは会社によって異なるが、財務（経理）、広報、企画、法務、CSR などの他部門と密接に連携する必要がある。また、トップとの緊密なコミュニケーションも欠かせない。会社の戦略や長期ビジョンを投資家に伝達する一方、投資家の関心事や懸念を社内にフィードバックする機能を担っている。

インベスター・リレーションズ部門の日常的な活動としては、①投資家との面談、②アナリストとのコミュニケーション、③IR 資料の作成・情報提供、などがある。

---

①投資家との面談
- 決算発表、中期計画・大規模な投資プロジェクトの発表などの機会に多数の投資家を対象にした投資家説明会を行う
- 重要な投資家を個別に訪問して面談する
- 海外の都市に出向いて個別面談、グループミーティング、投資家説明会を行う
- 証券会社が主催する投資家向けカンファレンスに参加する

社長などトップの IR 活動への関与は高まっており、先述のアンケート調査によると、2017 年はトップが IR 活動を行っている企業の比率は 95.9% だった。経営トップによる IR 活動としては、「決算説明会（電話会議を含む）に参加する」84.6% が最も多く、「報道機関の取材を受ける」(61.4%)、「アナリストや投資家の取材を受ける」(45.3%) と続く。

生命保険協会のアンケート調査によると、企業は、説明会・スモールミーティング・個別対話を合計して、投資家との面談を年間 200 回以上行っており、増加傾向にある（**図表 11-4** 参照）。特に、競争相手を気にせずに自由に意見

● 図表11-4　投資家との面談数の推移

	a.経営者（社長・会長）		b.取締役・執行役員		c.社外取締役	d.事業部門の担当者	e.IR担当者		合計	
	2015	2017	2015	2017	2017	2015	2015	2017	2015	2017
①説明会	2.3	2.6	1.7	2.3	0.0	0.3	1.4	2.5	5.8	7.4
②スモール	1.6	2.0	3.3	3.9	0.1	0.6	5.6	5.5	1.1	11.4
③個別対話	9.9	14.1	26.7	35.0	0.6	2.0	126.3	132.0	164.8	181.8
合計	13.8	18.6	31.7	41.2	0.8	2.9	133.3	140.0	181.7	200.6

注：2015年はa＋b＋d＋eの合計、2017年はa＋b＋c＋eの合計
（回答数：2015年度549，2017年度581）
出所：生命保険協会「株主価値向上に向けた取り組みに関するアンケート」

交換できる個別対話は、投資家の立場から望ましいとされ、増えつつある。2015-17年に面談数は10.4％増加したが、そのほとんどが個別対話の伸びによるものである。また、トップが参加する面談が増えており（2015-17年に34.8％増加）、トップの個別対話も9.9件から14.1件と2年間に4割以上増えている。日本では社外取締役との面談はまだ少ないが、海外（特に米英）では、株主との対話を取締役会が担当するので、独立社外取締役との面談も増えている。

> ②アナリストとのコミュニケーション
> ・アナリストとの面談、カンファレンスコールなど
> ・アナリストからの質問や情報提供の依頼への対応

　証券会社のアナリストのレポートは機関投資家・個人投資家へ広く配布され、株価への影響もあるので、アナリストとのコンタクトや情報提供は重要である。

> ③IR資料の作成・情報提供
> ・決算その他に関連する投資家向け発表資料の作成
> ・HPの更新
> ・アニュアルレポート（英文年次報告書）、統合報告書などの作成
> ・工場・施設などの見学のアレンジ
> ・マスコミなどの問い合わせへの対応

投資家の理解を深めるために、業界構造や市場の動向などのマクロ環境も含めて多様な資料を作成する。業界・会社によっては、月次の製品別出荷状況、既存店売上前年同月比など詳細な業績指標を継続的に開示することもある。

決算に関するマスコミ等の問い合わせはIR部門で担当することが多い。

シェアホルダー・リレーションズ

インベスター・リレーションズが、株主を含む広く投資家全般に対する活動であるのに対し、株主に対応する活動をシェアホルダー・リレーションズ（Shareholder Relations 株主向け広報）と呼ぶ。最近は、シェアホルダー・リレーションズに専念する部署を設置して、株主との信頼関係を築くための様々な活動を行う会社もある[5]。

株主名簿に記載されている信託銀行名義・株式保管銀行（カストディアン）名義株主の大半は、実際に株式を保有している機関投資家（投資決定権者・議決権行使権限者）とは異なる場合が多い。株主名簿に表れない実質株主を特定するために株主判明調査を実施する必要がある。実質株主を把握することにより、それらの株主とエンゲージメントを行ったり、各々の状況に応じた丁寧な対応をしたりできる。

株主総会前に、大型M&A案件、賛否が分かれる議案などについて、主要な株主に経営陣の狙いを説明するために、対話の機会を設けることがある。その場合、実質株主の組織の中で、キーパーソンや議決権行使の担当者などを特定し、効果的なエンゲージメントを行う必要がある（議決権行使が別の投資家に委託されている場合もある。248ページ参照）。株主総会後、株主の議決権行使の内容を分析して反対票を投じた投資家に戦略的なエンゲージメントを行う、株式を保有したアクティビストに早期に対応する、なども重要である。

非財務情報の重要性と統合報告書

従来、情報開示の中心は定量的な財務情報だったが、最近、機関投資家の間で定性的な非財務情報に対する関心が高まっている。特に、環境（Environment）、社会（Social）、企業統治（Governance）に配慮する企業を重視して投資対象を選別する投資手法であるESG投資は、長期的にリスク調

---

[5] 従前は、総務部が総会屋への対応を含め、株主との関係を担当することが多かった。

整後のリターンを向上させる効果があるとされ、欧州を中心に世界中に広がっている。

投資家の関心を受けて、企業側の非財務情報を開示する取組も加速している。近年、財務情報及び非財務情報の関連性をわかりやすく、比較可能な形で取りまとめて提供する統合報告書に対する投資家の関心が高まっており、統合報告書を発行する企業が増えている。ESG投資や統合報告書については第14章で詳しく述べる。

4. 内部統制とリスクマネジメント

コーポレートガバナンスは、会社が株主をはじめ幅広いステークホルダーの利益に資する適切な意思決定を行うために、経営者を規律付ける仕組みである。だが、経営者の意思決定が着実に実行されるには、組織内の統制がとれていなければならない。また、不祥事の防止、リスク管理は企業価値の維持・向上に欠かせない。このように、内部統制は会社のガバナンス、企業価値の向上に密接に関わっている。

内部統制が重視されるようになった背景には、①2005年制定の会社法に、取締役会が内部統制についての決定を行う義務があるとの規定が導入された、②米国のエンロン事件後成立したSOX法に倣った内部統制の規定が、2006年に金融商品取引法に取り入れられた、がある。

会社法、金融商品取引法（いわゆる日本版SOX法）の内部統制の規定は、定義や求められる内容も異なる。本節では、それぞれの法律が求める内部統制について解説した後、それと密接に関連するリスクマネジメントについて述べる。

会社法における内部統制

会社法の内部統制に関する規定が導入される契機となったのが、大和銀行巨額損失事件の大阪地裁判決（2000年9月）である。当時の商法の規定には内部統制に関する規定はなかったが、この判決で、内部統制を構築する責任が経営者の善管注意義務の一環として認定された。裁判所は、自ら個々の業務や全従業員の行動を直接監視できない経営者は、自らに代わって業務や従業員の行動をチェックするためのリスク管理体制を構築する責任があるとして、経営者

の損害賠償責任を認定した。その後、他の会社の事件でも、経営者の内部統制構築責任を問う判決が続いた。

会社法の定義による内部統制とは、「取締役の職務の執行が法令及び定款に適合することを確保するための体制」「業務の適法性を確保するための体制」である。取締役会で決定すべき（取締役に委任できない）、会社の業務に関わる重要な決定と位置付けられている。会社の業務において違法行為・不正・ミスがないように、また、組織が健全かつ有効に、効率的に運営されるように、所定の基準や手続きを定めて、それに基づいて管理・監視・保証を行わなくてはならない。

この会社法上の概念は非常に広範囲にわたる。違法行為や不正を防止するための法令遵守よりも広く、危機管理も含め、すべてのリスクを包含していると考えられる。例えば、危機管理の一環として、BCP（Business Continuity Plan 事業継続計画）[6]の準備も含まれる。最近は情報管理の面で、不測のミスによる情報漏洩、サイバー攻撃などへの対応の重要性が増している。

このような幅広いリスクに備えることにより、様々な不祥事の発生を未然に防止できる。「備えあれば憂いなし」といわれるように、内部統制システムは不測の事態に備える事前の安全装置（セーフガード）とも位置付けられる。

金融商品取引法における内部統制

金融商品取引法では、内部統制について「当該会社の属する企業集団及び当該会社に係る財務計算に関する書類その他の情報の適正性を確保するために必要なものとして内閣府令で定める体制」としている。同法の定義は財務情報の適正性に関するもので、会計・経理に関する体制の整備に限定されている。概念としては、より広範な会社法上の定義に包含されていると考えられる。

2006年に成立した金融商品取引法上の内部統制の仕組みは、米国の2002年企業改革法（SOX法）を参考に導入された。このため、金融商品取引法の中の内部統制に関わる規定が「日本版SOX法」と呼ばれることがある。

米国の2002年企業改革法成立の契機となったのは、2001年から02年にかけて米国のエンロン、ワールド・コムなどで不正会計が発覚し倒産するという

---

[6] 大災害や大事故、疫病の流行、犯罪被害、社会的混乱など、通常業務の遂行が困難になる事態が発生した際、事業の継続や復旧を速やかに遂行するために、あらかじめ平時から戦略的に策定しておく計画。

事件であった。特にエンロンでは、当時、世界5大会計事務所（Big 5）の一つであったアーサー・アンダーセンが有罪判決を受けて解散に追い込まれたことから、会計監査に関する不信感が高まった。

そこで、監査人による会計監査を強化し、投資家を保護する目的で、2002年に企業改革法（法案作成者の名前を取って「サーベンス・オクスリー法」（Sarbanes-Oxley Act）、略してSOX法とも呼ばれる）[7]が制定された。同法では、CEO、CFOに財務諸表に係る内部統制システムの構築・運用と、その有効性の検証を義務付け、また、外部監査人がその監査・監査意見表明を行うこととした。

日本でも、2004年の西武鉄道事件（「株主の状況」の不実記載）をはじめ、カネボウ、ライブドアなど不適切な開示を巡る事件が社会現象となったことから、財務報告に関する内部統制が問題とされた。そこで、財務報告の信頼性確保を目的として、2006年の金融商品取引法で内部統制報告制度を導入した。

日本の内部統制報告制度では、経営者は、財務報告に関する内部統制体制の有効性について評価を行い、内部統制報告書を有価証券報告書と併せて提出することが義務付けられた。その内部統制報告書には、公認会計士または監査法人の監査証明を受けなければならない。

◆COSO内部統制フレームワーク

SOX法の規定はCOSO内部統制フレームワーク[8]に準拠している。COSO内部統制フレームワーク（**図表11-5**参照）では、内部統制を以下のように定義している。3つの目的カテゴリー、5つの構成要素があり、一部の部門や活動だけではなく会社全体に関わることが、立方体（COSO Cubeと呼ばれる）のモデルに示されている。

---

[7] 正式の法律名は上場企業会計改革および投資家保護法（Public Company Accounting Reform and Investor Protection Act of 2002）。

[8] COSOはCommittee of Sponsoring Organizations of the Treadway Commissionsの略である。米国で1980年代に不正な財務報告が社会問題化した際、財務報告に関わる団体が、元SEC委員のトレッドウェイを長とするトレッドウェイ委員会を組織した。同委員会は1987年に報告書を公表して使命を終えたが、その報告書の中で内部統制は未解決の問題であるとした。そこで、米国公認会計士協会、内部監査人協会、財務担当経営者協会など5つの支援団体が同委員会の作業を引き継ぐこととなり、1985年に民間組織としてCOSOを設立したのである。COSOの内部統制フレームワークは、1995年に米国公認会計士協会が全面的に受け入れたことを契機に広まり、SOX法でも取り入れられた。

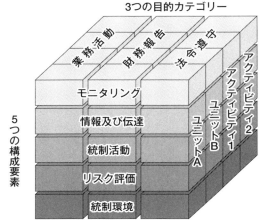

● 図表11-5　COSO内部統制フレームワーク（COSO Cube）

> **COSO 内部統制の定義及び3つの目的**　内部統制は、以下の目的の達成に関して合理的な保証を提供するために、会社の役員、その他の構成員によって遂行されるプロセスである
>   1) 業務の有効性と効率性【業務活動】（operations）
>   2) 財務報告の信頼性【財務報告】（reporting）
>   3) 関連法規の遵守【法令遵守】（compliance）
>
> **5つの構成要素**　5つの構成要素が事業目的の達成に関係し重要である
>   1) 統制環境（control environment）
>   2) リスク評価（risk assessment）
>   3) 統制活動（control activities）
>   4) 情報及び伝達（information and communication）
>   5) モニタリング（monitoring activities）

　日本版のCOSOフレームワークでは、目的に統制環境、要素にITへの対応、を追加した。

　COSO内部統制フレームワークは1992年に公表されたが、その後、財務報告に限定されない、全社的なリスク管理に対する関心の高まりに応じて、2004年にCOSO-ERMフレームワークも発表された（ERMはEnterprise

Risk Managemet の略）。

リスクマネジメント

　急速なテクノロジーの進化やグローバルな事業展開などにより、企業を取り巻くリスクは多様化・複雑化している。社会が企業を見る目が厳しくなり、より広範な説明責任が求められるようになったばかりでなく、インターネットにより情報の伝播速度が増した。リスクへの対処を一歩間違えると、ステークホルダーの信頼を失い、業績にも甚大な影響を与えることから、経営者の間でリスクマネジメントに対する関心が高まっている。

　リスクマネジメントについて、森宮（1985）は「経営体の諸活動に及ぼすリスクの悪影響から、最小のコストで、資産・活動・稼働力を保護するため、必要な機能ならびに技法を計画・組織・スタッフ・指揮・統制するプロセス」と定義している。つまり、企業経営上発生するリスクを組織的に管理して、損失や被害を最小限になるようにコントロールすることであり、内部統制を包含する、あるいは内部統制と一体化している、と捉えることができる。

◆リスクの種類

　リスクには大きく分けて、①経営戦略リスク、②財務リスク、③ハザードリスク、④オペレーショナルリスク、がある（**図表11-6**参照）。経営戦略リスクは企業活動そのもので、リスクマネジメント体制構築の際は、主にこれ以外を対象とする。内部統制の面からは、オペレーショナルリスクとハザードリスクが重視されている。日本版SOX法は、これら4カテゴリーのリスクの財務報告の適正性に関わる部分に適用される。

◆リスクベースアプローチ

　リスクマネジメントでは、リスクベースアプローチ（risk-based approach）が重要である。これは、リスクを起点に効果的・効率的に目的・目標達成を図るアプローチである。

　まず、各企業が直面するリスクの中で重要なものを洗い出し、発生頻度・影響の大きさなどを分析・評価する。次に、費用対効果も勘案しつつ対策を定め、優先順位を付ける。

　具体的には、リスクの発生頻度や損害の規模に応じて、下記のいずれかの方針を定める（**図表11-7**参照）。必要に応じて専門家の助言も受けながら、対応策を練り、監査部門の点検・承認を得る必要がある。

● 図表11-6　企業リスクの主な例

大分類	小分類	リスクの例
経営戦略リスク	事業戦略	新規事業、企業買収、規制
	市場マーケティング戦略	市場ニーズの変化、価格戦略
	技術革新	市場の消滅、ビジネスモデルの激変
	地政学・経済	経済危機、紛争
	社会	不買運動、風評、地域住民とのトラブル
財務リスク	資産運用	不良債権、株価・地価変動
	決済	金利・為替変動、取引先倒産
	流動性	資金繰り破綻
	資本・負債	格付下落、市場の混乱
ハザードリスク	自然災害	地震、異常気象
	事故・故障	火災、労災事故、停電、海外出張者の事故
	情報システム	誤動作、システム不備、サイバー攻撃
オペレーショナルリスク	製品・サービス	クレーム対応、製造物責任、個人情報漏洩
	法務・倫理	不正取引、知的財産権侵害、会計不正
	環境	環境規制強化、土壌汚染、事故による環境汚染
	労務人事	セクハラ、過重労働、労働争議
	経営者	経営者の事故・死亡、役員のスキャンダル
	サプライチェーン	部品供給停止、外部委託者による不正
	メディア	マスコミ対応

出所：東京海上日動リスクコンサルティング（2012）等を参考に作成

● 図表11-7　4つの基本的なリスク対策

出所：東京海上日動リスクコンサルティング（2012）

- 回避　情報漏洩につながるデータの作成・保存を禁止する、不要なデータの消去を徹底する、など
- 移転　保険に加入する、共同事業のパートナーを探す、など
- 低減　外部者の入退室管理を厳格に行う、マニュアル作成・訓練などにより事故を抑止する、など
- 保有　リスクが小さいことを確認し、問題発生時は損害を負担する、など

リスクマネジメント体制を構築する上で、具体的なポイントとして、①Chief Risk Officer（CRO）を任命するなど、リスクマネジメント体制を構築する、②取締役会、経営会議で定期的に（半年に1回以上）リスクにつき議論する、③株主に対して適切に重要リスク情報を開示する、④リスク評価・リスク統制を行う、⑤自己点検を行う、⑥業務監査（内部監査・監査役監査も含む）を行う、などが挙げられる。

リスクマネジメントにおける経営者や取締役会の役割は大きい。特に、方針の決定、計画の策定、継続的なレビュー、適切な資源の投入などに留意する必要がある。

5. 内部監査と三様監査

内部監査（英語では internal audit）は、組織体の内部の者による監査を指す。1941年に米国で設立され、内部監査に関する世界的な指導的役割を担う内部監査人協会（Institute of Internal Auditors（IIA））の定義によれば、その目的・役割は下記のようになる。

- 内部監査は、組織体の運営に関し価値を付加し、また改善するために行われる、独立にして客観的なアシュアランス（組織の運営状況を客観的に評価する検査業務）およびコンサルティング活動である
- 内部監査の目的は、組織体の目標の達成に役立つことにある
- このためにリスク・マネジメント、コントロール及びガバナンスの各プロセスの有効性の評価、改善を、内部監査の専門職として規律ある姿勢で体系的な手法を以て行う

M&Aによるグローバル展開、持株会社制度の導入などにより、組織が巨大化・複雑化して、グループ監査体制の構築が課題となっている例も見られ、内部監査の役割は増している。以下に、内部監査の位置付け、他の部門との連携について述べよう。

内部監査の位置付け──独立性とダイレクトアクセス

　内部監査部門の社内における位置付けについては、①内部監査の対象となる業務・部署に対して、直接の権限・責任・利害を負っていないか、②内部監査の対象となる他の部署などから影響や制約を受けることはないか、③経営陣に対して適時・適切に報告できる体制になっているか、などが問われる。このため、社長またはCRO直属の独立した部門として設置されることが多い。

　内部監査活動に従事する内部監査人には、専門的能力と独立性が求められる。内部監査に関する十分な知識やスキルを持っているか、業務遂行に際しての客観性、専門職としての正当な注意を有しているか、などが重要である。

　内部監査が専門職として確立し、キャリアパスも整備されている海外企業と異なり[9]、日本企業ではローテーションの一環となっているために、人材の育成・強化が課題となっている。内部監査では会社の業務を俯瞰できるので、将来の幹部候補を育成プログラムの一環として配置する会社もある。

　内部監査部門には高い独立性が求められるため、海外企業では、内部監査部門は、独立社外取締役が過半数を占める取締役会あるいは監査委員会に直属し、その指揮命令下で業務を行う。ところが、日本では内部監査は社長に直属することが多く、業務内容も、社長の定めた内部統制が現場で遵守されているかを点検することが主である。このように、日本企業の内部監査部門や常勤社内監査役は、経営者から独立した存在ではないため、経営者の不正、重大な不祥事などを牽制できなかったり、関与したりする事件が起きている。

　このため、日本企業でも、リスク管理部門と社外取締役がダイレクト・アクセスを確保する動きが少しずつ広がっている。例えば、経営者の同席がない状態で、リスク管理部門と社外取締役とが定期的な会合を行う会社もある。

---

[9]　例えば、GEのCorporate Audit Staff（CAS）は、全世界のGEグループ企業を会計監査する社内組織で、450人ほどからなる。CASのスタッフは世界各地に派遣されて監査を行い、大手監査法人と並ぶ質の監査を要求される。実務や研修で優秀な成績を残した者がこの仕事に応募できる仕組みで、将来のリーダー育成プログラムの一環として位置付けられている。

3つのディフェンスライン

内部統制の体制構築では、3つのディフェンスライン（防衛線）に基づく体制の整備が重視される（**図表11-8**参照）。第1のディフェンスラインである業務執行部門、第2のリスク管理部門、第3の内部監査部門の3つの部門が、それぞれ主体的にリスクマネジメントに関与する仕組みを作り、業務執行部門に当事者意識を持たせる必要がある。

リスクマネジメントにおける経営者のリーダーシップは重要である。全体のプロセスをコントロールし、監視する責任があるので、第一のディフェンスラインに位置付けられる。取締役会は、監督機関としてリスクマネジメントに関する最終的な責任を負う。そのためには内部監査部門がリスクマネジメントや管理の妥当性に対して、客観的な評価に基づいて保証する必要があり、同部門の独立性と客観性が担保されなくてはならない（**図表11-9**参照）。

三者の役割を、川を安全に渡る橋を築く作業になぞらえると、①経営者と取締役会は「渡る場所を決める」、②リスク管理部門は「渡る橋を設計する」、③内部監査部門は「橋を渡っても大丈夫か確認をする」、となる。

取締役会の観点から、内部監査部門の活動に関する留意点は以下の通りである。

- 内部監査部門の独立性　業務執行部門からの独立性を保つため、取締役会（監査委員会）や社外監査役などへのダイレクトアクセスがあるのが望ましい
- 適切な人的資源の配分　業務量に比して十分な人数の人員が配置されているか。人材の専門性・スキルは適切か
- リスクベースアプローチ　重大なリスクに焦点を当てているか、効率性を考慮しているか
- 網羅性　すべてのリスクを網羅しているか

● 図表11-8　3つのディフェンスライン・モデル

		統治機関・取締役会・監査委員会		
上級経営者			外部監査	規制当局
第1のディフェンスライン	第2のディフェンスライン	第3のディフェンスライン		
経営者による コントロール	内部統制手段	財務管理 セキュリティ リスクマネジメント 品質 検査 コンプライアンス	内部監査	

出所：内部監査人協会（IIA）「3つのディフェンスライン全体でのCOSOの活用」『月刊監査研究』No. 503, 2015年10月, p.40.（The Three Lines of Defense in Effective Risk Management and Control, The Institute of Internal Auditors, January, 2013）
http://www.iiajapan.com/pdf/data/cbok/201510.pdf

● 図表11-9　3つのディフェンスラインの比較

	第1のディフェンスライン	第2のディフェンスライン	第3のディフェンスライン
	リスクオーナーとしてリスクをコントロール	リスクに対する監視	合理的な保証（アシュアランス）を提供
役割・責任	・日常業務の中でリスクの特定、及び統制手続きを行う ・業務の方針・手続きの設計や改善を行う ・リスク事象から生じた結果に責任を負う	・業務執行部門から独立した立場から、リスク及び管理状況を監視する ・必要に応じてリスク管理上のアドバイスを提供する ・リスク管理フレームワークの設計、改善を行う	・業務執行部門、リスク管理部門から独立した立場から、リスク管理機能及び内部統制システムについて取締役会に合理的な保証を与える
担当部門	業務執行部門	リスク管理部門 コンプライアンス部門	内部監査部門
主な レポート先	社長、CFO	最高リスク責任者（CRO） 最高コンプライアンス責任者 リスク委員会（取締役会）	取締役会（監査委員会）

出所：各種資料に基づいて筆者作成

三様監査

　監査役監査、会計監査人監査、内部監査の3つを合わせて三様監査と呼ぶ。3つの監査の間には次のような違いがあるが、それぞれが連携して監査の実効性を高めることが重要である（**図表11-10**参照）。

● 図表11-10　三様監査

	監査役監査	会計監査人監査	内部監査
目的	職務・業務執行の適法性・妥当性の検証、債権者・株主の保護	財務情報の信頼性の保証、投資家の保護	組織の目標達成の支援、経営者の支援
法的な位置付け	法定されており、善管注意義務を負う	法定されており、善管注意義務を負う	法令上の位置付けはない
主な対象	取締役の職務執行	財務諸表（財務情報）	従業員の業務執行（組織のすべての業務）
方法	監査の基準に基づいて監査役等が独自に決定した手続きによる（独任制が前提）	監査の基準によって標準化された手続きによる	監査の基準に基づいて組織が任意に決定した手続きによる（組織監査が前提）
資格要件	資格要件なし	職業的専門家（公認会計士、監査法人）	資格要件なし（組織の構成員、内部監査部門）

注：監査（等）委員による監査は監査役監査に準じるが、組織監査が前提である
出所：各種資料に基づいて筆者作成

　監査役監査と内部監査は、両方とも社内の者が行うため、対象部門にその違いが理解されにくい。しかし、監査の実効性を上げるには、それぞれの意義を理解してもらい、協力を得ることが重要である。両者の間には3つの大きな違いがある。

1) 法的位置付け　監査役監査は法に定められており、監査役も善管注意義務を負う。内部監査は法令上の直接的な位置付けはない
2) 主な対象　監査役監査は主に取締役の職務執行を対象とする（取締役の違法行為は取締役自らに限定されず、部下への命令、部下の違法行為の放置なども含まれる）。一方、内部監査は主に従業員の業務執行を対象とする
3) 体制　内部監査は組織監査だが、監査役監査は独任制なので、他の監査役の意見にかかわらず意見を表明できる

◆三者の連携
　監査役は会計監査人・内部統制部門の両方と日常的な接点が多いことから、監査役が三者をつなぐ役割を積極的に担うことにより、相互の連携が深まり、

監査の実効性を高めることができる。

　監査役と会計監査人の連携については、①監査役は、会計監査人の社内情報へのアクセス・経営陣のヒアリングなどをサポートする、②両者の間で定期的に監査に関する意見交換を行い、経理・財務部門で意見の相違があった点や不正の恐れがあるポイントなどについて、早めに把握する、③監査役は、会計監査人から不正会計や法令違反など重大な事実の報告を受けた場合は、監査役会で検討して対応する、などが重要である。

　会計監査人と内部監査部門の連携は通常は少ないが、内部監査部門が金融商品取引法上の財務報告の内部統制の評価実務を担当している場合は、両者が意思疎通を図ることが肝要である。それ以外に、会計監査人が監査役に監査報告を行う際に、内部監査担当者を同席させる、三者で定期的に会合を持つ、などの工夫が考えられる。

　監査役と内部監査部門との連携については、期初にそれぞれの監査計画について打ち合わせ、重複を避けて効率化を図ることが重要である。例えば、監査役はテーマを絞った重点的な監査、内部監査部門はマニュアルに沿った網羅的な監査を行う、なども考えられる。

第 12 章

エンゲージメントと議決権行使

1. アクティビズムからエンゲージメントへ

　スチュワードシップ・コードとコーポレートガバナンス・コードは、企業と投資家の間のエンゲージメントが長期的な企業価値を創造するために重要であると述べている。本章では第7章で述べたコーポレートガバナンスにおける投資家の役割について敷衍し、近年の構造的変化、エンゲージメントと議決権に関わる課題について解説する。

アクティビズムとは何か

　アクティビズム（株主行動主義）は、広い意味では、「何らかの理由で対象企業の経営に不満を持つ投資家（株主）が、不満を解消するために、企業の経営に変化を生じさせようとする活動」を指すとされる（Gillan and Starks, 2007）。しかし、その主体や手段は多様で、時代を経て変化してきた。歴史的にみると、個人、ミューチュアル・ファンド、年金基金が中心となって株主によるアクティビズム活動を担ってきたが、近年は、ヘッジファンドの影響力が急上昇し、重要な役割を果たすようになっている。

　1980年代以降のアクティビズムを大きく分けると、CalPERS（カリフォルニア州職員退職年金基金）に代表される年金基金などの機関投資家によるものと、村上ファンド、スティール・パートナーズ、TCIなどヘッジファンドによるものとがある（新井, 2009）。まず、本節では前者に焦点を当て、ヘッジファンドによるアクティビズムについては次節で述べる。

　機関投資家によるアクティビズムには耳を傾ける必要があるが、ヘッジファンドによるアクティビズムは、会社が長い年月をかけて蓄積した資産を短期的に収奪しようとするものが多く、抵抗感がある。これが、経営者や取締役が持

つ一般的な印象ではないだろうか。ところが近年、ヘッジファンドによるアクティビズムの提案の内容が洗練されてきて、影響力が増している。例えば、サード・ポイントがファナックやソニーに投資した事案では、経営に一定の影響を与えた。米国の大手化学メーカー、ダウとデュポンの統合・再編にも大きなインパクトがあった。機関投資家がヘッジファンドの提案を支持するケースが増え、その結果、ヘッジファンドの影響力が大きくなると同時に、社会の評価も変わってきた。

機関投資家によるアクティビズム

第7章第2節で、従前はウォールストリートルールに従って、株価の振るわない株式を市場で売却していた機関投資家が、企業に対して企業価値向上に向けた働きかけ（アクティビズム）を始めた背景を述べた。

米国では1930年代に証券取引法などの規制が整備された後、約40年間は個人投資家が株主によるアクティビズムの主体だった。1970年代には、ラルフ・ネーダーなどの社会運動家が、企業の社会的責任を追及して株主提案権を行使した。しかし、1985年にCalPERSなどいくつかの大規模年金基金によってCII（Council of Institutional Investors 全米機関投資家評議会）が設立されたのを契機に、個人投資家に代わって、機関投資家が株主アクティビズムの担い手として影響力を増した。

◆株主提案からリレーションシップ・インベストメントへ

1980年代末から盛んになった米国の機関投資家によるアクティビズムは、初期は議決権行使や株主提案が中心で、買収防衛策の撤廃や役員報酬などに関するものが多かった[1]。それまで株主提案は総会で可決されることは珍しかったが、機関投資家による株主提案の得票率は1970年代と比べて高く、過半数を超えるものもあった。そこで、企業経営者も機関投資家と話し合う必要性を認識し、1990年代には投資家との対話に応じるようになったので、機関投資家の活動も、株主提案権の行使などの強硬手段から経営者との対話にシフトした。

このように、企業のコーポレートガバナンスに関与して長期的な投資を行う方法は、リレーションシップ・インベストメント（Relationship Investment）

---

1) 1987年にCalPERSがポイズン・ピル（買収防衛策）に反対する株主提案を出したのが最初である。

と呼ばれた。これらの活動は公的年金が主導したが、次第に公的年金以外の機関投資家の間にも広がった。

イギリスで機関投資家によるアクティビズムの中心になったのは、イギリスを代表する大手機関投資家Hermes[2]である。同社は1998年に、Hermes Focus Fundsと呼ばれる、世界で初めてのコーポレートガバナンス・ファンドを設立したことで知られる。また、CalPERSと提携し、コーポレートガバナンス問題に対する方針や行動計画を共同で作成し、議決権を行使するなど、米国の機関投資家とも協力しながらコーポレートガバナンスへの関与を強化した。

ただ、実証研究によると、1980年代から90年代の機関投資家による株主提案が株式のパフォーマンスや財務会計上の収益率に与えた効果に関する評価は分かれている。機関投資家によるアクティビズムが、株式や企業の収益率の上昇につながったという確定的な結論は見出せていない（新井, 2009；Karpoff, 2001など）。

◆長期的な企業価値に焦点を当てるエンゲージメント

1990年代以降も投資家と企業経営者との対話が続けられたが、その焦点は徐々に変化した。2000年代になると、企業の社会的責任に対する関心の高まりを背景に、コーポレートガバナンスに関する株主提案とともに環境問題、人権問題、雇用機会均等などに関する提案が増加した。また、欧州を中心に、機関投資家は短期的な株主価値の追求ばかりでなく、企業の長期的発展、マクロ経済、地球規模の環境問題などにも関心を払うべきだという議論が起こってきた。例えばイギリスでは、2000年の年金法改正により、年金基金が環境や社会、倫理などを考慮した投資の開示を求められるようになった。

さらに2006年には責任投資原則が策定されるなど、投資家も次第にESG（環境・社会・ガバナンス）などの定性的要因を重視し、企業の持続可能性や長期的な企業価値の向上に関心を寄せるようになった（第14章第3節参照）。2000年代後半の金融危機を経て、イギリスでは投資家のコーポレートガバナンスへの責務を明確にするため、2010年にスチュワードシップ・コードを策定した。スチュワードシップ・コードは、目的を「根源的な資金提供者も繁栄

---

[2] イギリスの郵便年金と英国テレコム年金の合弁運用会社であったPosTelの全株をブリティッシュ・テレコムが取得し、1983年にブリティッシュ・テレコムの年金基金を運用する子会社として設立され、Hermesと名付けられた。2012年以降他社の資産運用も受託するようになり、2014年にHermes Investment Managementと改称した。

できるような方法により、会社の長期的成功を促進する」[3]と定め、「会社、投資家、経済全体に恩恵を及ぼす」狙いを明確に謳っている。さらに、

> 投資家にとって、スチュワードシップは、単に議決権の行使だけを意味するものではない。その活動の中には、企業戦略、業績、リスク、資本構造およびコーポレートガバナンス（企業文化や報酬を含む）に関するモニタリングやエンゲージメントが含まれるであろう。エンゲージメントとは、こうした事項や次期株主総会の議案を巡り、会社との間で目的ある対話を行うことを指す

と述べている。

エンゲージメントとアクティビズムの関係

　1980〜90年代にアクティビズムと称された機関投資家による企業価値向上の取り組みは、近年、より長期的な企業価値、幅広いステークホルダーの利益に焦点を当てた活動（エンゲージメント）に変容した。つまり、初期のアクティビズムが株主の利益、比較的短期的な価値に焦点を当てたのに対し、エンゲージメントは、ESGへの関心にみられるように、幅広いステークホルダーの利益、長期的な企業価値の向上を目指している（**図表12-1** 参照）。
　このように、対話を通して企業や社会全体の長期的利益を追求するための企業経営への関与を「スチュワードシップ・エンゲージメント」と呼ぶことがある。コーポレートガバナンス・コードやスチュワードシップ・コードが企業と投資家の間の「建設的な対話」として求めているのは、このような長期的な企業価値向上を目指した、幅広いステークホルダーの利益も包含する価値の追求である。
　しかし、アクティビズム、エンゲージメントの意味や両者の関係については様々な見方がある。前述のように、アクティビズムを、投資家の不満を解消するための企業への働きかけというように広く捉える見方もあるし、エンゲージメントも同様の意味で用いられることもある。**図表12-1** の四角い枠はそれを

---
[3] 金融庁「英国スチュワードシップ・コード（仮訳）」日本版スチュワードシップ・コードに関する有識者検討会（第3回）2013年10月18日　会議資料
https://www.fsa.go.jp/singi/stewardship/siryou/20131018/04.pdf

● 図表12-1　アクティビズムとエンゲージメントの関係

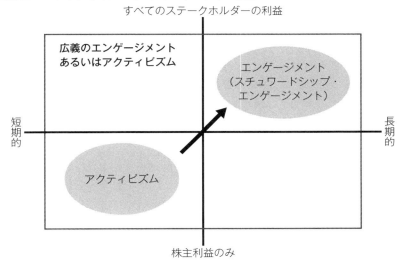

出所：筆者作成

表現しており、両者の違いは曖昧だとも言える。

　一方、企業への働きかけの手段に着目して、対立的、敵対的なものをアクティビズムと呼ぶこともある。「アクティビスト」は対立的な活動を行う株主（「もの言う株主」）を指すことが多い。

　以下の説明では、主にエンゲージメントを広義の意味で使用し、その中で対立的な活動については主にアクティビズムという語を用いる。

エンゲージメントの手段

　図表12-2は、機関投資家の視点からみたエンゲージメントの形態を示す。

　投資家にとっては、議決権行使が最もコストも小さく、電話・手紙の送付、面談、と進むにつれ、コストが増すが、インパクトも大きくなってリターンも増大する。手紙や面談を通じて、配当の増額、ノンコア事業の売却などについてインフォーマルな提案を行うことがある。その内容は公開しないのが一般的である。

　これに対して、次の「株主提案」は、株主総会の議案を提案するフォーマルなものである（日本の会社法では、1％以上または300個以上の議決権を有す

● 図表12-2　エンゲージメントの多様な形態

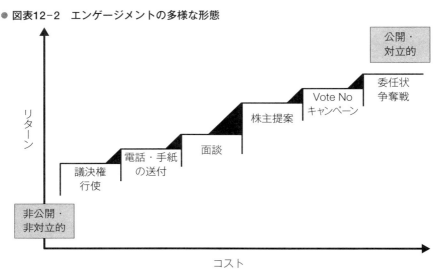

注：コストは経済的なものばかりでなく、心理的・社会的なものも含む
出所：ISSの資料を参考に筆者作成

る株主は、株主提案権を持つ）。**図表12-2**では「非公開・非対立的」から「公開・対立的」までリニアに並んでいるが、株主提案はそれ以前の活動に比べて大きな差があり、対立的な活動と見なされる。株主提案を行った株主は、提案への賛同者を得るために他の株主に働きかけて委任状（proxyと呼ばれる）を集めることがある。その場合、その投資家と会社との間で他の株主の委任状を巡る争いとなり、それが委任状争奪戦（proxy fight）である。株主提案を提出しない場合でも、取締役選任議案に反対する株主が反対投票を他の株主に呼び掛けることもあり、「Vote Noキャンペーン」と呼ばれる。これらは公開の場で行われる活動であり、より対立的である。

　機関投資家にとっては、最小のコストで最大のリターンを上げるのが最も望ましいので、エンゲージメントの手段の中で最も多いのは、電話、手紙やメールのやり取りで、それに次ぐのが面談である（**図表12-3**参照）。面談を通じて企業トップの考え方を確認しないと、まとまった投資は行わない、という方針の者もおり、面談を重視する機関投資家は多い。

　機関投資家はこのような一連の活動を通じて企業に働きかけるが、企業の姿勢が変わらない場合、Focus List（積極的・精力的に対話を行う企業のリスト）

● 図表12-3　エンゲージメントの手段

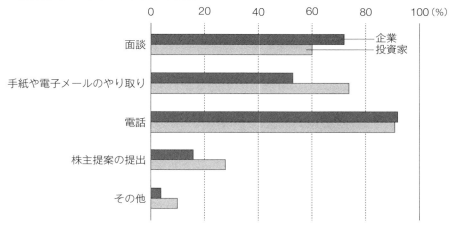

注：米国発行体133社及び米国企業に投資する機関投資家82社がオンラインサーベイに回答した。また、米国発行体20社、機関投資家25社にインタビュー取材を実施した
出所：ISSが米国で実施したエンゲージメントに関する調査（Defining Engagement：An Update on the Evolving Relationship Between Shareholders, Directors and Executives, IRRC Institute, 2014）

に掲載して、さらに集中してエンゲージメントを行うことがある。

エンゲージメントの課題

　2018年6月、コーポレートガバナンス・コードの改訂版と同時に「投資家と企業の対話ガイドライン」が公表された。企業と投資家の間でエンゲージメントを行うに当たって、焦点を当てるべき事項として、①経営環境の変化に対応した経営判断、②投資戦略・財務管理の方針、③CEOの選解任・取締役会の機能発揮など、④政策保有株式、⑤アセットオーナーの役割（企業が自社の年金を運用するにあたっての取り組み）、が挙げられている。これまで投資家の関心は、業績や収益予想など財務情報に偏りがちだったが、経営戦略等の大きな方向性、定性的な情報に重きを置くべきことが示された。

　一方、エンゲージメントには課題もある。

　第3章で述べたように、投資家による投資先企業への関与についてはフリーライダー問題が生じやすい。持株比率の大きい大株主は自ら積極的に関与するかもしれないが、エンゲージメントにかかる費用を上回るメリットを享受できるようなインセンティブが導入されなければ、機関投資家はスチュワードシ

ップ・コードで期待されているような役割を演じるのは難しいという指摘がある（加藤, 2018）。

エンゲージメントの費用は運用機関が負担するが、株式投資の損益はアセットオーナーに帰属する。そのため、運用機関に対する報酬に最終受益者の利益を最大化する行動をとるインセンティブを組み込む工夫をしなければ、運用機関の行動は大きく変わらないのではないかと懸念されている。

また、エンゲージメントに費用をかけてもそれに見合う効果が得られる可能性が小さければ、積極的に関与するインセンティブは小さくなってしまう。企業経営者が、投資家との対話に前向きでなければ効果は期待できないので、経営者の姿勢が重要である。また、機関投資家のエンゲージメントに関する実証研究では、株価や業績の向上に結び付いたという明確な結論は得られていないことから、さらなる実証研究の蓄積が期待される。

機関投資家と企業の視点の違い

機関投資家と企業は、中長期的に企業価値を向上させるという目標を共有していても、立場が異なるため、認識の差が生まれる。アセットオーナーから上場企業への資金の流れを最適化するインベストメントチェーンの高度化には、このギャップを埋める努力が欠かせない。以下に企業と投資家の見方の違いを説明する。

図表12-4 は投資家と企業が重視する経営指標を比較している。投資家はROEと並んでROIC（投下資本利益率）や総還元性向・配当性向を重視するのに対し、企業は利益・売上高の額と伸び率、売上高利益率を重視する傾向が強い。ROEに対する関心も投資家側は82.8％、企業側は49.1％、資本コストも投資家側は32.8％に対して、企業側は0.5％と大きな開きがある。こうした見方の違いから、投資家は不採算事業からの撤退・売却などを求めることが多く、企業経営者と対立することがある。

持続的な成長と中長期的な株式価値向上を目指すコーポレートガバナンスの取り組みに関しても、投資家と企業の間でギャップが見られる（**図表12-5** 参照）。経営計画・経営戦略を最も重視するという点は両者に共通だが、投資家の44.8％が挙げ、2番目に重要とされた、独立した社外役員は、企業側では19.1％で、両者の間に25.7ポイントも差がある。他にも、情報開示、投資家との対話方針、経営幹部の指名手続きは、投資家の比率と企業の比率の間に7

● 図表12-4　企業と投資家の見方の違い——経営指標

	投資家 (A)	企業 (B)	(A)−(B)	投資家の 順位	企業の 順位
ROE（株主資本利益率）	82.8%	49.1%	33.7%	1	1
ROA（総資本利益率）	30.2%	15.0%	15.2%	7	7
売上高利益率	28.4%	40.3%	−11.9%	9	4
売上高・売上高の伸び率	16.4%	44.2%	−27.8%	10	3
利益額・利益の伸び率	33.6%	47.5%	−13.9%	5	2
市場占有率（シェア）	6.9%	3.3%	3.6%	15	13
経済付加価値（EVA）	11.2%	0.2%	11.0%	12	17
ROIC（投下資本利益率）	44.8%	3.8%	41.0%	2	12
FCF（フリーキャッシュフロー）	30.2%	7.9%	22.3%	7	9
配当性向	42.2%	27.9%	14.3%	4	5
株主資本配当率	13.8%	2.8%	11.0%	11	14
配当総額または1株当たり配当額	4.3%	6.4%	−2.1%	17	11
総還元性向	44.8%	7.7%	37.1%	2	10
配当利回り	6.0%	0.3%	5.7%	16	16
自己資本比率	11.2%	18.2%	−7.0%	12	6
DEレシオ	9.5%	13.1%	−3.6%	14	8
資本コスト	32.8%	0.5%	32.3%	6	15
その他	0.9%	21.5%	−20.6%		
無回答	4.3%	0.5%	3.8%		
その他、無回答の計	5.2%	22.0%			

注：複数回答可。アミ掛けは、投資家・企業の順位1～4位、40%以上のものを示す
出所：平成29年度生命保険協会調査「株式価値向上に向けた取り組みについて」

−8ポイント差がある。

　投資家は、独立社外役員のさらなる拡充や経営計画・経営戦略の強化を期待しているが、企業の間ではコーポレートガバナンス向上へ向けた取り組みは一段落したとの認識が強く、独立社外役員の増員は他の取り組みに比べて優先順位が低い。また、企業の回答では、特段なし、その他、無回答の合計が1割以上となっていて具体的な取り組みを行っていない会社が相当数あることがわかる。

● 図表12-5　企業と投資家の見方の違い——コーポレートガバナンスの取り組み

	投資家(A)	企業(B)	(A)−(B)	投資家の順位	企業の順位
経営計画・経営戦略	50.0%	39.8%	10.2%	1	1
独立した社外役員	44.8%	19.1%	25.7%	2	6
取締役会の実効性の評価	41.4%	36.1%	5.3%	3	2
情報開示	32.8%	24.4%	8.4%	4	3
投資家との対話方針	29.8%	22.0%	7.8%	5	5
経営幹部の指名手続き	23.3%	16.5%	6.8%	6	7
役員報酬決定体系	18.1%	22.4%	−4.3%	7	4
取締役会の人数・構成	12.9%	16.4%	−3.5%	8	8
機関設計	7.8%	9.5%	−1.7%	9	9
株主総会運営	2.6%	7.6%	−5.0%	10	10
特段なし	0.0%	6.9%			
その他	0.9%	3.6%			
無回答	1.7%	2.2%			
特段なし、その他、無回答の計	2.6%	12.7%			

注：3つまで選択可。アミ掛けは、投資家・企業の順位1～3位を示す
出所：平成29年度生命保険協会調査「株式価値向上に向けた取り組みについて」

2. ヘッジファンドによるアクティビズム

　本節では、近年影響力が高まったヘッジファンドによるアクティビズム活動に焦点を当てる。
　ヘッジファンドの定義は、「投資家保護の観点から投資活動や情報開示などに関しても受けられる様々な規制の適用を受けることがないファンドの総称」（白井，2016）とされる。投資信託のような法的な規制下にあるファンドとは異なり、かなり自由にファンドの組成・運営ができる私的なファンドということである[4]。そのため、ヘッジファンドに投資できるのはプロの適格投資家に限定される。
　ヘッジファンドにはいろいろな投資スタイルがあるが、アクティビストとして投資を行うヘッジファンドは、少数の企業の株式に集中的に投資して、対象企業の経営・財務戦略に関する提案を行い、企業価値の向上を目指す。当初は

経営陣との面談や書簡による非公開のアプローチだが、株主総会における株式提案、委任状争奪戦など、公開の場で対立的な活動に至る場合もある。

　ヘッジファンドは資金面の制約などから支配権の獲得は目指さないため、会社に提案を受け入れさせて投資を成功させるには、機関投資家など他の株主の支持を集める必要がある。最近は、機関投資家などが協力・同調する事例も増え、影響力が大きくなった。

アクティビストの変遷

　米国で株主のアクティビズムが台頭したのは1980年代で、T. ブーン・ピケンズ、カール・アイカーンなどが有名である。ピケンズは1989年3月末にトヨタ自動車系の部品会社、小糸製作所の株式の20%を取得して筆頭株主になり、役員の受け入れや増配を求めたことで、日本でも知られるようになった。

　2000年代にヘッジファンドがアクティビストとして台頭し、スティール・パートナーズ、ザ・チルドレンズ・インベストメント・ファンドなどは日本企業に投資して注目を集めた。この頃のヘッジファンドの投資手法は、資産の価値に比べて安値に放置されている企業に投資して多額の配当を要求するなど短期志向が強く、海外でも社会の批判を浴びることが多かった。

　ところが、近年、ヘッジファンドの投資手法は高度に洗練され、対象企業の戦略の詳細な分析に基づいて、経営に大きな影響を及ぼす提案を行うようになった。P&GのCEOの退任、アップルの史上最高額の自社株買いを実現するなど影響力が増大している。

　このように影響力が大きくなったのは、資金供給、提案への賛同の両面で、機関投資家との協調関係が強まったことによる。アクティビスト・ヘッジファンドの運用資産は急成長しており、2004年に200億ドルだったが、2013年には1,000億ドル（田村, 2014）、2017年第2四半期末には1,260億ドルに達した[5]。ヘッジファンドの提案に対して機関投資家が支持を表明し、個別の交

---

4) 1949年にジョーンズ（Alfred Winslow Jones）が立ち上げたファンドがヘッジファンド第1号であるといわれている。株式市場に関する見通しを反映して、株式の買いと売りの比率を調整しながら運用を行っていったことから、ヘッジファンドという名称が付けられたと考えられる。その後、グローバル・マクロ型、リスク裁定型など様々なタイプの「ヘッジファンド」が登場し、名称が運用実態を必ずしも適切に表しているとは限らない状況になっている。つまり、私的ファンドというファンド組成上の特徴を考えなければ、通常の株式投資信託などと運用内容は大差ないというケースも少なくない（鈴木, 2007）。

5) Hedge Fund Industry Report（Hedge Fund Research発行）による。

渉や委任状争奪戦を通じて、企業の戦略の見直しを強く迫る事例が増えている。

このように機関投資家と連携するようになり、ヘッジファンドの社会的評価も変化した。2013年、米SEC（証券取引委員会）委員長のホワイトは、講演でアクティビスト・ヘッジファンドに関して好意的に言及した。2015年2月には英「エコノミスト」誌がアクティビスト・ヘッジファンドの特集記事を組み、肯定的に評価した。

アクティビスト・ヘッジファンドの特徴

1990年代以降の機関投資家によるアクティビズムと現在のヘッジファンドのアクティビズムを比較すると、いくつか大きな違いがある（Kahan and Rock, 2007）。

第一は、提案の内容。機関投資家の提案は、買収防衛策の撤廃や取締役会の構成（独立取締役の比率等）などガバナンスのルールに関わるものが多く、企業価値への影響は必ずしも大きいとは言えない。また、同じ提案を多くの企業に行うことが多かった。それに対して、ヘッジファンドの提案は、特定の企業の価値向上を目的とする具体的な内容で、経営・財務面の影響も重大なものが多い。

第二は、投資のタイミング。ヘッジファンドは、アクティビズム活動で企業価値が向上する余地があるかを見極めてから、株式を取得するのに対して、機関投資家は投資後にアクティビズム活動に着手する。

第三は、インセンティブ構造。分散投資を行う機関投資家は、特定の企業へのアクティビズム活動に多くのコストをかけにくく、かけたコストを上回るリターンが得られるかは定かではないが、ヘッジファンドは集中投資を行うので、特定企業に多くの時間やコストを割くことができる。また、ファンドマネージャーの報酬制度も、機関投資家は資産規模を基礎にした報酬だが、ヘッジファンドの場合は成果報酬で、投資対象の企業価値と連動している。

実証研究によると、機関投資家のアクティビズムの企業価値への影響は明らかでないが、ヘッジファンドのアクティビズムは企業価値にプラスの影響を与えたとの報告がある（Brav et al., 2008；Klein and Zur, 2009など）。

日本企業とヘッジファンドのアクティビズム

日本でも1980年代から、株価が低迷している企業に投資して経営改善を促

し、株価が上昇すると売却して利益を得る投資ファンドは出現したが、経営陣との対立を好まないケースが多かった。

日本における対立的なアクティビストの先駆は、元経済産業省の官僚、村上世彰が立ち上げたM&Aコンサルティングで、村上のファンドが2000年1月に東証第二部の昭栄に株式公開買付を行ったのが、日本で初めての敵対的買収である。昭栄の買収は芙蓉グループの持ち合いに阻まれて失敗に終わった。

同ファンドは2002年1月、アパレルメーカーの東京スタイルの発行済み株式9.3％を取得して筆頭株主となり、ファッションビル建設中止、自社株買いを求めて株主提案を行い、日本初の委任状争奪戦に発展した。村上は外国人株主、個人株主の賛成を取り付けようとしたが、会社側の多数派工作に遭い、失敗に終わった。

その後、2003年12月には米国のファンド、スティール・パートナーズが東証第二部のユシロ化学、ソトーに対する株式公開買付を発表したが、両社とも要求された大幅増配を行い、最終的にスティールは買収を断念した。

2005年以降、日本企業に対するヘッジファンドによるアクティビズムは件数、金額とも増加した。2007年にはスティール・パートナーズによる株式公開買付に対抗して、ブルドックソースが買収防衛策を発動し、最高裁まで争われた（詳細は第13章第4節参照）。

同年6月の株主総会では、Jパワー（電源開発）の株式9.9％を取得したイギリスのファンド、ザ・チルドレンズ・インベストメント・ファンド（TCI）が増配の株主提案を行って否決された。翌2008年1月、TCIはJパワーの出資比率を20％に引き上げるため、政府に株式の買い増しを申請したが、5月に外為法上の買い増し中止命令を受け、6月の株主総会に提出した株主提案も否決された。9月にJパワーが発表したグループ再編にTCIが反対して会社法に基づく買い取り請求を行ったため、11月にJパワーがTCIの保有する全株式を買い取った。

このように、日本企業に対するヘッジファンドの投資は失敗に終わることが多かった。一時、金融危機によりファンドのアクティビズムは後退したが、最近再び、日本企業と対立する事例が増えている。2018年には、TBSの株式1.9％を取得したイギリスのAsset Value Investmentが、TBSが保有する東京エレクトロン株式の現物配当を求めた。富士フイルムによる米ゼロックスの買収提案には、カール・アイカーンがゼロックス株主として反対した。

ヘッジファンドに対する評価

　現在のヘッジファンドの投資家層には、財団、年金、大学基金、保険会社など長期性の資金が増えており、アクティビスト活動も次第に長期的価値を志向するようになっている。Bebchuk et al.（2015）は、1994-2007年の約2000件の事例に基づく実証研究を行い、ヘッジファンドが長期にわたって企業価値を上げるのに貢献したと報告している。Gilson and Gordon（2013）は、ヘッジファンドが企業の業績を監視するとともに、企業や機関投資家に対して、事業戦略に関する具体的な代替案を提示する機能が、コーポレートガバナンスの観点から極めて重要であると述べている。

　アクティビスト・ヘッジファンドの社会的評価は高まる傾向にあるが、課題もある。2004年には、米医薬品メーカーのMylan LaboratoriesとKing Pharmaceuticalの合併を推進するために、ヘッジファンドのPerry Capitalがエクイティスワップを用いて経済的持ち分のない議決権を行使した。これはempty votingと呼ばれ、Perryは後にSECの処分を受けた。

　2005年には、ドイツ証券取引所が進めていたロンドン証券取引所との合併計画がTCIの介入により破談に追い込まれ、CEOも辞任した。これを機にドイツではヘッジファンドに対する批判が高まり、2007年の主要国サミットでは「ヘッジファンド規制と市場の透明性」が主要議題となった。

　このように他の株主との利害対立と透明性欠如は課題である。また、ヘッジファンドの短期志向により長期的な企業価値が損なわれるという批判も根強い。

3. 株主総会の変化と議決権行使

株主総会の変化

　日本の上場企業の6割以上が3月末を決算日としており、決算日から3カ月以内に開催される株主総会が6月末に集中する傾向がある。特に1980年代から90年代にかけては、総会屋を排除するために他社と同じ日（集中日）に開催する企業が多く、ピーク時は集中率が9割を大きく上回っていた。このため、株主総会に出席する者も少なく、質問も議論もないまま30分未満で終わることも珍しくなかった。当時は持ち合いの株主の保有比率が過半数から3分の2を占める会社が多く、開催前から過半数の賛成票を確保している会社が大部分だったのも、株主総会が形骸化した背景の一つである。

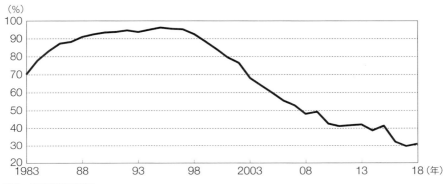

● 図表12-6　日本企業の定時株主総会の集中率の推移（3月期決算会社）

出所：東京証券取引所

　1990年代末からコーポレートガバナンスに対する関心が高まり、株主総会の開催日も集中日を避けて分散するようになり、集中率は徐々に低下、最近は3割まで下がった（**図表12-6**参照）。ただ、その前後の数日間に開催する会社数は3月決算企業の7-8割に上る。決算日も海外事業の拡大に合わせ12月決算に変更する企業が増え、全体の1割を超えた。開催日の分散により、出席する株主が増えて質疑も活発に行われるようになり、所要時間も延びている。

　開催日の集中と並んで、海外の投資家から問題とされてきたのが、招集通知の発送時期である。会社法では株主総会の日の2週間前までとしているが、議案を英訳したり、国内の常任代理人と海外のファンドマネージャーの間で書類を郵送したりするのに時間的に間に合わないという問題があったからである。インターネットの普及で大きな問題ではなくなったが、発送時期は徐々に早まり、2015年には3週間以上前までに発送した企業の比率が3割を超えた。

議決権行使の変遷

　米国では、1988年の労働省の回答書（エイボン・レター）をきっかけに、機関投資家が議決権を積極的に行使するようになり、コーポレートガバナンスに大きな影響を与えてきた。だが、日本では、長年の株式持ち合いの慣習もあり、機関投資家も議決権を積極的に行使してこなかった。しかし、1998年に三井信託銀行（当時）が不祥事を起こした企業の役員退職慰労金に反対（実際には棄権）し、2001年に厚生年金基金連合会が「株主議決権行使に関する実

● **図表12-7　機関投資家等から議案に「否」のあった企業の比率**

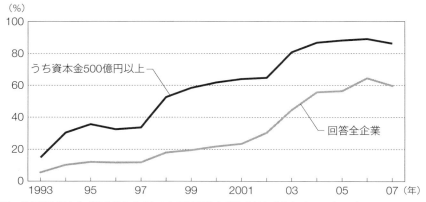

出所：商事法務研究会「株式総会白書」より野村證券金融経済研究所作成（西山（2009）、P. 32 より引用）

務ガイドライン」を示すなど、90年代終盤から議決権行使は受託者の責任という認識が浸透し、次第に議決権を行使するようになった。

　その結果、1997年までは10％台であった議案に一つ以上「否」のあった企業の比率は漸増し、2004年には全体で55％、資本金500億円以上の企業では86％に達した（**図表12-7**参照）。2005年には3社で議案が否決されるという、以前は想定できなかった事態が生じた。2008年には取締役再任議案が否決されるまでに至った（西山, 2009）。

　2007年の株主総会では、増配を求めるアクティビスト・ファンドの株主提案が増加したが、すべて否決された。2005年以降は、企業が議案の内容や経営の在り方に関して投資家と対話し、それを取り入れる、否決を回避するため議案を取り下げる、などの動きも進んだことから、機関投資家から反対のあった企業の比率も伸びが鈍化、あるいは減少している。

　アセットオーナーが資産運用を外部に委託する場合、議決権行使の意思決定を誰が行うかは、いろいろなケースがある。資金を委託され、運用を行っている機関投資家が運用とセットで議決権行使も委託され、議決権行使の判断を行うことが多い。一方、①資金運用と議決権行使判断を別々の機関に委託する、②議決権行使判断は委託せずに自ら判断を行う、こともある。複数の運用委託先が同じ企業に投資する可能性がある場合、同じ議案に対する判断が運用委託先によって分かれることを回避するためである。

議決権行使助言会社

　議決権行使助言会社は、株主総会の議案内容を独自に分析し、投資情報として機関投資家に表明するサービスを提供する。最大手のインスティテューショナル・シェアホルダー・サービシーズ（ISS）は、1985年米国で活動を開始したが、日本でも近年、機関投資家の議決権行使に影響を及ぼすようになった。

　多数の株式を保有する機関投資家にとって、短期間に個別の議案を精査するのは大きな負担で、議決権行使助言会社による分析・提言を参考にするケースが増えている。機関投資家の多くがISSの行使基準を参照することから、特に米国では影響力が大きい。そのため、議決権行使助言会社の議決権行使の方針が企業の行動にも影響を与えるようになった。

　2013年、社外取締役が1人もいない日本企業の経営トップの取締役選任議案についてISSが反対を推奨していたところ、当時、社外取締役を選任していなかった複数の大企業の著名経営者の取締役選任議案の賛成率が8割を下回るという事態が起こった。翌年、これらの企業で初めて社外取締役が選任されたので、ISSが影響を与えたといわれている。

　図表12-8はISSが反対を推奨した比率を議案別に整理したもので、役員退職慰労金、買収防衛策に対する反対比率が高い。取締役選任議案には、個別の候補者が独立性その他の観点から問題があると判断したケースと、会社の業績が振るわない、不祥事を起こした、社外取締役を導入していないなどの事由により、代表取締役の取締役選任議案に反対票を投じたケースとが含まれている。

　議決権行使助言会社にはグラス・ルイスもある[6]。グラス・ルイスは2017年11月に、2019年より、TOPIX100を構成する主要上場企業について、女性役員がいない場合、会長もしくは社長の選任議案に反対

● **図表12-8　ISSの議案別反対推奨率（2017年）**

(%)

取締役選任	7.9
監査役選任	27.0
余剰金処分	0.5
定款変更	7.1
役員賞与	0.4
役員報酬枠	2.3
退職慰労金	92.3
株式型報酬	25.5
買収防衛策	100.0
会計監査人選任	12.8
M&A	30.4

注：2017年に開催された日本企業の株主総会でISSの反対推奨率を議案別に集計した結果。役員選任については、議案数ではなく候補者総数を母集団としてISSが反対推奨を行った候補者の比率を示す
出所：ISS

---

6) 他に大手としてプロクシー・ガバナンスもあったが、2011年にErnst & Youngに買収された。

票を投じるよう投資家に推奨するという方針を発表し、注目を集めた。

議決権行使結果の開示

　議決権行使結果の開示も求められるようになった。米国では証券取引委員会（SEC）規則により、投資信託は個別議案の賛否まで開示すべきとされている。一方、イギリスではスチュワードシップ・コードの「コンプライ・オア・エクスプレイン」に基づいて行使結果を公表すべきとされているが、公表内容は機関投資家独自の判断とされており、個別議案の結果まで開示しない機関投資家も少なくない。しかし、開示が求められている投資家の範囲はイギリスの方が広く、米国では投資信託だけだが、イギリスではスチュワードシップ・コードに署名した機関投資家に求められている。

　日本では、日本投資顧問業協会、投資信託協会が、2010年に議決権行使の集計結果の公表を義務付けた。その後、2014年のスチュワードシップ・コードに署名した機関投資家は、議決権行使結果を集計して公表すべきとされたので、この頃から信託会社や一部の保険会社も、同様の公表を行うようになった。また、集計結果を公表しない場合、議決権行使の状況に関する説明資料を公表する機関投資家が増えた。

　2017年のスチュワードシップ・コード改訂により、機関投資家の受託者責任、利益相反の管理がより重視されて、議決権行使について投資先企業の個別議案ごとに賛否の開示を求められるようになった。その結果、不祥事などの場合、同じグループの会社であっても反対票を投じるケースが増えている。

　2010年より、会社の側も株主総会における議決権行使結果の開示が義務付けられた。株主総会の決議事項について、内容や賛否の得票数（取締役・監査役の選任議案では候補者別の得票数も含む）などを臨時報告書で公表することが求められている。

4. 少数株主の権利

　大株主は多くの議決権を持ち、会社のガバナンスに重要な役割を果たすが、大株主の利益と一般の少数株主の利益が相反して問題が生じることがある。本節では、少数株主の権利の侵害が問題となるケースとして、MBO（Management Buyout　マネジメント・バイアウト）と親子上場を取り上げる。

MBOは、会社や事業部門のトップが、ファンドによる出資や銀行ローンなどの資金支援を得て当該会社や事業部門を買収する取引で、日本では2001年以降増加した[7]。リーマンショック後の株価下落により国内企業同士のM&Aが激減する中、MBOの件数は伸び続け、2011年には21件と過去最高を記録したが、その後減少した。会社や事業の中身を熟知する経営者と一般の株主の間には大きな情報ギャップがある上に、経営者（買収者）はできるだけ低い価格で買収したいと考えるので、利益相反が生じる。

　親子上場とは、親会社、子会社ともに上場会社であることを指す。

　戦後の日本では、親会社が過半数を保有して経営権を握りながら子会社を上場するケースが多く、例えば、1998年末時点で日立製作所は20社もの上場子会社を擁していた。この場合、子会社の株式を保有する一般少数株主の利益が保護されるかが問題となる。

　このように大株主と少数株主の利益が相反する場合、取締役の責任も問われることになる。第9章第2節で述べたように、取締役には会社・経営陣と株主とで利益相反が生じた場合の公正性の担保も求められている。特に独立社外取締役は公正性を確保し、説明責任を果たす上で重要な役割を担う。例えば、MBOにおける少数株主の締め出しで直接被害を受けた少数株主は、株主の株式買取請求権に対して対価の公平性を確保して「公正な価格」で交付したか、それについての善管注意義務を果たしているか、などについて取締役の責任を問うことになる。

MBO（マネジメント・バイアウト）

　上場会社を対象とするMBOの場合、買収者（経営者）が株式公開買付（第13章第2節参照）で100％の株式を取得しようとしても、一部の株主が買い付けに応じない、あるいは忘れるなどで少数株主の持分が残ることが多い。この場合、買収者（支配株主）は少数株主から強制的に持株を取得して100％の株式を取得することができる。この手続きは、スクイーズアウト（Squeeze Out）、あるいはキャッシュアウト（Cash Out 現金を対価とする場合）と呼ばれる。

---

[7] 2001年のトーカロのMBOが日本で初めてである（同社は2003年に再上場した）。その後、2006年は10件、2011年には21件に達した。

これには、①大胆な事業再編など長期的視野に立った経営をしやすくする、②株主管理コストを削減する、③株主総会にかかる手続きの省略により意思決定を迅速化する、などの目的がある。

株主の利益の最大化を目指す立場にある経営者は、MBOの買収価格の最大化を図らなくてはならないが、この場合は自らが買い手となるので、できるだけ低い価格で買収したいと考える。そのため、本来の企業価値に比して株価が割安の時にMBOを実施する、業績予想を保守的に見積もる、などの行動をとるかもしれないという懸念が生じる。

このような利益相反により買収価格を巡って係争となった事案として、レックス・ホールディングスの事例を挙げる。

◆レックス・ホールディングスの事例

焼肉チェーン「牛角」など外食事業を展開するレックス・ホールディングスは、事業再構築を図るため、2006年11月10日にアドバンテッジ パートナーズと組んでMBOを実施することを発表した。買付価格は1株につき23万円（過去1カ月間の株価の終値の単純平均値20万2,000円に13.9％のプレミアムを加えた価格）とされ、公開買付後のスクイーズアウトにおける取得価格も23万円とされた。

同社の株価は長期間下落傾向にあったが、8月21日に特別損失を発表し、業績予想を下方修正したため、さらに急落した。その中でMBOの実施が公表され、公開買付価格も急落後の株価を基準として設定されたため、一部の株主から、公開買付価格及びその後のスクイーズアウトにおける取得価格の設定が、本来の株式価値を大幅に下回っているのではないかとの疑義が提起され、争われた。

2007年12月19日、東京地裁は会社側の主張を認め、業績の下方修正発表後TOB発表までの市場株価を評価の対象として1株当たり23万円と決定した。しかし、2008年9月12日、東京高裁では、業績の下方修正は適法な会計処理の範囲内だが、決算内容の下方誘導を意図したことは否定できないとした。業績の下方修正の発表前の市場株価も、発表後の市場株価も共に評価の対象として、1株当たり33万6,966円（公開買付公表前日の6カ月前から同公表日の前日までの株価の終値の平均値に20％を加算した価格）と決定した。

2009年5月29日、最高裁は高裁決定を支持し、1株当たり33万6,966円という判断が確定した。同決定の補足意見では、スクイーズアウトを伴う

MBOは「構造的な利益相反状況」にあると認め、公正な価格の決定に当たって経営者は透明性に配慮すべきとした。

この後、2012年のジュピターテレコムへのTOB後のスクイーズアウトでも、少数株主が全部取得条項付種類株式の価格決定について申し立てを行い、東京高裁ではTOB価格を上回る価格が認定された。しかし、2016年7月、最高裁は東京高裁の決定を破棄し、独立した第三者委員会や専門家の意見を聴くなど適切な手続きが踏まれていれば、取得価格は公開買付価格と同等とするのが妥当とした。この判決に関しては、取引の安定性が確保されたと積極的に評価する意見と、少数株主が申し立てを通じて公開買付価格を上回る価格を裁判所に認定される可能性が限定的になったとする意見とがある。

MBOの利益相反問題に関して、経済産業省は企業価値研究会での議論などを踏まえて、2007年9月に「企業価値の向上及び公正な手続確保のための経営者による企業買収（MBO）に関する指針」を公表し、企業価値の向上、公正な手続きを通じた株主利益への配慮の2つの原則、客観性・透明性を確保するための指針を示した。

東証も2006年以降段階的に規則改正を行い、2013年以降独立した第三者からの条件の公正性に関する意見書の取得・開示を義務付けた。しかし、海外に比べて情報開示が不十分であるという指摘もある。

親子上場

親子上場は英米ではほとんど見られないが、日本では伝統的に親子上場の会社が多く、日立、パナソニック、東芝、イオンなど、グループに多くの上場子会社を擁する企業は少なくなかった。その中には親会社と独立した経営を行ったり、親会社と競争したりする子会社もあり、それが活力を生むと評価されることもあった。しかし、コーポレートガバナンスへの関心が高まるにつれ、その問題点が指摘されるようになった。そこで、子会社の戦略的な重要性を踏まえて、戦略事業の子会社は少数株主持分を買い取って完全子会社とする、ノンコア事業の場合は売却する、などの方策を取る会社が増えている[8]。

---

8) 山本（2000）は戦略的な子会社のうち、成熟事業は完全子会社化、成長事業はトラッキングストック（企業の特定の事業部門や子会社の業績に、市場で形成された株価が連動するよう設計された株式）が望ましいとする。山田（2000）も日本企業の実例に基づいて、重要な子会社は完全子会社化すべきとする。

親子上場の例に携帯電話事業を営むNTTドコモがある。同社はNTTが63.3％を保有する子会社で、1998年に上場した。ドコモの上場は、親会社のNTTにとっては、①ドコモの株式売却によりキャピタルゲインを獲得できる、②子会社の成長性や価値を顕在化できる、③子会社が自ら資金調達できるようになる、④親会社の役員が退任後、上場会社の役員に就任できる、というメリットがある半面、①上場子会社の経営に当たって少数株主の利益への配慮が必要、②親子会社間の取引の公平性の確保が困難、というデメリットがある。

子会社のドコモにとっては、①資金調達の選択肢が増える、②社会的信用が増して人材の獲得や取引先の開拓にプラスの効果がある、③子会社の自律性が増し、経営者のやる気が高まる、④ストックオプション、従業員持ち株制度などを導入して優秀な人材を確保できる、などのメリットがある半面、①上場会社として情報開示の手間やコストがかかる、②株主総会の開催など、未上場の場合に比べて意思決定に時間やコストがかかる、③少数株主の利益に配慮しなければならない、などのデメリットもある。

ドコモの一般の株主にとっては、携帯電話事業だけに投資する選択肢が提供される[9]、というメリットがある半面、少数株主の利益が保護されないのが大きな問題となる。例えば、NTTグループの他の会社が手掛ける事業分野に、ドコモが新規に参入するのを親会社から制止されるなど、ドコモの株主の立場から見れば不利な意思決定がなされる懸念がある。

このように、大株主である親会社の利益と少数株主である一般株主の利益が相反するのが最大の問題だが、それ以外にも課題がある。東証は、親会社は子会社も含めた企業価値を裏づけに市場から資金を集めているのに、さらに子会社上場で再び資金を得るという二重取りになっている、と指摘している。

親子の株価が逆転して、子会社の時価総額が親会社を上回ることもある。アクティビストファンドが親会社の株式を取得して、子会社の時価総額を下回るのは甘受できないと経営改革を迫る事例もある。2005年には、ライブドアが、フジテレビの筆頭株主（22.5％を保有）のニッポン放送の35％の筆頭株主となったので、ライブドアがフジテレビの経営も支配することを恐れたフジテレビ・ニッポン放送との間で係争となった（詳細は第13章第4節参照）。

---

[9] "Pure Play"として投資家から評価される。ドコモが上場されないと、親会社NTTに投資するしか選択肢がなく、携帯電話事業のみに投資することはできない。

親子上場を解消するために親会社が子会社株式を取得する場合にも、利益相反問題が生じることがある。2017年12月、パナソニックは住宅子会社のパナホームを株式交換で完全子会社にすると発表したが、パナホームの5%を保有する第2位の株主である香港のファンド、オアシスが株価が過小評価されており、少数株主に不公平だと主張した。その後、パナソニックは株式交換を断念して株式公開買付に変更、取得価格も20%引き上げた。

このように、親子上場には投資家から厳しい目が向けられるようになっている。野村資本市場研究所によると、親子上場している子会社数は2018年3月末で263社と、ピークの07年3月末（400社超）から4割弱減っている（「日本経済新聞」2018年6月28日付）。

5. 議決権の異なる株式

一株一議決権の法則と種類株式

株式会社では、出資によるリスク負担の割合に応じて、株主に議決権、配当を受ける権利、及び残余財産の分配を受ける権利が付与される。議決権は出資比率に応じて付与されるのが一般的で、「一株一議決権（One Share One Vote）の法則」と呼ばれる。これは少数者による経営権の濫用を防止し、経営の効率化を図るのが目的とされる。

長い間、日本ではこの原則からの逸脱を限られた範囲でしか認めてこなかった。旧商法では、配当を優先する優先株式は無議決権株式とすることができ、当該優先配当が支払われない場合は議決権が復活するとされていた。この規定に基づいて、1980年代に日立造船、日本冶金工業が無議決権優先株式を発行し、90年代末には多くの銀行が自己資本増強のために優先株式を発行した。

当時、多額の不良債権で資本を棄損した銀行は、普通株式による資金調達が困難だったため、優先株式を発行した。優先株式は、普通株式よりも前に配当が支払われ、あらかじめ定めた一定金額を支払うなど、金額面でも普通株式よりも優先されることが多い（未払い額は累積して翌期以降に支払われる）。議決権はないが、配当が支払われない場合、議決権が復活する。つまり、優先株式は普通株式と社債の間に位置するものと考えられる。このように、配当、議決権など、権利の内容が異なる株式を「種類株式」というが、優先株式を含む種類株式は、企業にとっては資金調達の選択肢が増えるというメリットがある。

日本では2001年の商法改正により、多様な種類株式の発行が可能となったが、海外では以前から異なる議決権株式を広く認めてきた。米国の各州法は、一般に無議決権普通株式、多議決権株式（Super Voting Stock）を認めている。例えば、米国のフォード自動車は、1956年のNYSE上場の際、創業者一族に40％の議決権を維持できる種類株式を発行した。イギリスでも多議決権株式は認められており、フランスでは、一定の長期保有要件を満たす株式に二倍議決権を付与できるフロランジュ法が、2014年に制定された。

本節では日本企業が発行した種類株式をいくつか紹介し、ガバナンス上の課題を検討する。

優先株式

優先株式は前述のように、業績不振の企業の再建のために利用されることが多かった。近年の例では、リコール問題で経営危機に陥った三菱自動車が、2004-06年に約6000億円の優先株式を発行して三菱グループ企業から資金を調達した。普通株式よりも配当が優先されるので、引受先の企業（投資家）にとっては普通株式よりもリスクが低く、発行体にとっては、早期に業績を回復してコストの高い優先株式を消却（または普通株式に転換）するインセンティブが生まれる。

経営再建以外の目的の優先株式の事例として、ベンチャー企業における活用と、伊藤園が発行した上場優先株式を取り上げる。

◆ベンチャー企業における優先株式の活用

2005年の会社法制定により種類株式の法制が柔軟化されたので、最近はベンチャー企業による上場前の資金調達に優先株式が広く用いられている。これには、①創業経営者に対するガバナンス、②ストックオプションの活用、などのメリットがある。

①創業者経営者に対するガバナンス
　優先株式を用いることにより、創業経営者に会社の支配権や大きな経済的インセンティブを与えつつ、投資家は適切なガバナンスを行い、リスクをコントロールし、キャピタルゲインを確保できる
②ストックオプションの活用
　ベンチャー企業では、従業員に報酬の一部としてストックオプションを

付与するのが一般的である。ストックオプションが税制適格要件を満たすためには、行使価額はストックオプション割当時の普通株式の価額以上でなければならない。仮に投資家が普通株式に投資すると、ストックオプションの行使価額はそれ以上になってしまう。投資家と同じ株価では、リスクの高いベンチャー企業に優秀な人材を集めることは難しくなるだろう。だが、投資家に優先株式を割り当てれば、ストックオプションの行使価額を低く抑えられるので、ストックオプションをインセンティブとして活用することができる

ベンチャー企業における優先株式の例

会社設立時、創業者が普通株式を1株100円で1万株取得し、その後投資家がA種優先株式を1株1,000円で5,000株取得したとする。A種優先株式には、残余財産分配請求権として、普通株主に先立って1株当たり2,000円が分配され、さらに残額について普通株式と同様に分配を受けられることになっている。また、上場時には強制的に普通株式に転換される。

会社が上場した場合、新株を2,000株発行し、上場時の株価が4,000円だとすると、優先株式が普通株式に転換されるので、会社の価値は以下のようになる。

　　4,000円 × (1万株 + 5,000株 + 2,000株) = 6,800万円

上場後、創業者の持株比率は58.9%、優先株式投資は29.4%、一般株主は11.8%となる。創業者は投資家の10分の1の株価で株式を取得しているので、上場によるキャピタルゲイン（創業者利得）も大きい。

一方、上場までたどり着かなかったり、他の会社に買収されたりする場合は、企業価値を残余財産の分配条項に従って分配する。

優先株式発行後の会社の価値は、投資家が購入した株価と発行済み株式数をかけて

　　1,000円 × (1万株 + 5,000株) = 1,500万円

となり、これを創業者と投資家に配分することになる。

投資家にはまず、優先的な残余財産分配請求権に従って2,000円 × 5,000株 = 1,000万円が分配され、残り500万円を投資家と創業者で按分する。

投資家には
　　500万円 ÷ (1万株 + 5,000株) × 5,000株 ≒ 166万7,000円

が分配され、残りが創業者へ分配される。結局、
　　創業者：333万3,000円（1株当たり333円）
　　投資家：1,166万7,000円（1株当たり2,333円）
となるので、残余財産の分配に関しては、創業者には22.2%、投資家には77.8%となり、創業者が保有する株式の潜在的な価値が抑えられている。言い換えれば、優先株式の方がリスクが小さいストラクチャーになっており、このような条件があるからこそ、投資家は、当初の創業者株式の取得価格の10倍の株価での資金調達に応じるのである。

　優先株主に特定の株主総会決議事項についての拒否権、役員の選解任権を付与することもある。上記の例では、優先株主の保有比率は33.3%だが、拒否権や役員選解任権を持つことによって、創業経営者に対する牽制、監督機能を発揮できる。

　このように、優先株式を用いることによって、創業者には支配権の確保、大きなキャピタルゲインの可能性、投資家にはガバナンス、リスクのコントロール、キャピタルゲインの確保、などのメリットを実現できる。

◆伊藤園の優先株式

　これまで紹介した優先株式は未上場だが、優先株式が上場された事例として、伊藤園の第1種優先株式がある。2007年9月に発行された優先株式は、同社の普通株主全員にその所有する普通株式1株に対して0.3株の比率で割り当てられた。**図表12−9**にあるように、議決権はないが、配当が優先して支払われるばかりでなく、配当金額も普通株式よりも25%多い。

　発行時に同社の本庄社長は、「個人株主の意見を聞いていると配当を増やして欲しいという要求が非常に多い。一方で個人株主の議決権行使比率は上昇してきているものの約3割にとどまっている。配当が高く議決権の無い株式はこうした投資家のニーズに応えるものだ」（「日本経済新聞」2007年9月4日付）と述べており、創業者一族の保有比率を維持しつつ個人株主を増やす目的があったと考えられる。実際、優先株式の方が、普通株式に比べて個人株主の比率が高くなっている。

　優先株式は利回りが普通株式より25%高いにもかかわらず、株価は普通株式を下回る水準で推移している。これは議決権がないことによるディスカウントというよりも、機関投資家の投資対象に含まれないなどによる流動性の欠如

● 図表12-9　伊藤園の優先株式

	優先株式	普通株式
議決権	なし	あり
配当	優先配当 普通配当額の125% 未払額は累積	普通株配当は累積しない
残余財産分配権	普通株と同等	
転換権	株主による転換権なし	

出所：伊藤園のHPの情報をもとに筆者作成

が理由であると考えられる。TOPIXなどの株価指数に連動する運用をしている機関投資家の中には、割り当てられた優先株式を運用対象外として売却する動きがあったと報道された。

デュアルクラス・ストラクチャー

　シリコンバレーの新興企業の間では、創業経営者の持株比率を維持するためにデュアルクラス・ストラクチャー（Dual Class Structure）が広く用いられるようになっている。これは、2004年にGoogleが株式公開（IPO）する際に、ペイジとブリンの2人の創業経営者に一般株主の10倍の議決権を与えるClass Bという種類株式を割り当て、2つのクラスの株式を発行したのが始まりである。将来のビジョンを示して牽引する2人のリーダーが経営権を握り続けることが同社の成長に不可欠である、というのがその理由だった。上場前には機関投資家を中心に、一株一議決権の法則を守るべきだといった批判の声もあったが、Googleの好業績と成長への期待にかき消され、IPOも大成功に終わった。

　その後、このストラクチャーはシリコンバレーの新興企業の間に広まり、日本でも、2014年3月にサイバーダインが上場した際に用いられた。サイバーダインは筑波大学教授の山海嘉之が創業した会社で、サイバニクス技術を利用したロボットスーツを開発、製造している。上場に当たって、同社はB種類株式を発行し、議決権は、普通株式100株について1議決権に対し、B種類株式10株について1議決権を付与した。B種類株式には譲渡制限を課す一方、B種類株主は会社に対して、B種類株式1株と引き換えに普通株式1株の交付を請求できることとした。創業者の山海は、普通株式の1%、B種類株式の

42%を保有することにより、発行済み株式総数ベースで約43％、議決権ベースで約88％を保有することとなった。

デュアルクラス・ストラクチャーによって、創業者の経営権を保持しながら、一般株主から広く資金を調達できるので、資金調達の柔軟性、選択肢が増える。それによって、会社の長期的な成長や価値向上が担保されるという利点もあるだろう。一株一議決権の法則に反するという批判がありながら、多くの会社の株式公開に採用され、投資家に受け入れられた実績は無視できない。

一方、経済的持分は出資によるリスク負担の割合によるが、議決権はリスク負担と無関係に分配されるので、それに対する機関投資家からの批判は続いている。創業者（種類株式保有者）は議決権に比して経済的持分が少ないので、株主価値最大化に対するインセンティブが弱くなり、普通株主の利益が損なわれるのではないか、という意見がある。また、支配権の移動が制限されるので、コントロールプレミアム（支配権の価値）が縮小するという懸念を表明する者もいる。また、株主によるガバナンス機能が低下するという批判も根強い。

トヨタAA型種類株式

トヨタ自動車は、2015年7月、AA型種類株式を個人投資家を対象に発行して話題を集めた。この株式は普通株式と同等の議決権を持つが、剰余金分配の優先権があり、配当は0.5％から段階的に引き上げられる（5年目以降2.5％）。非上場で譲渡制限がついているものの、5年経過以降には普通株式に転換可能、もしくは発行価格での取得を会社に請求できる。発行価格は発行価格決定日の普通株式の株価120％以上としたが、最終的に1万598円に決定された（決定日終値8,153円を30％上回る水準）。トヨタの狙いは、今後政策保有株式の縮減が見込まれるなかで、個人株主を増やすことだった。

この新しいタイプの種類株式の発行に当たり、トヨタは発行体として慎重な手続きを踏んだ。種類株式の発行には定款変更を要し、それには株主総会の特別決議が必要だが、それに加えて当該種類株式の発行についても特別決議を行うこととした。株主の平等原則に基づいて、既存の株主よりも有利な条件で株式を発行する場合には株主総会の特別決議が必要とされている。今回の種類株式は既存の普通株式の株主と比べて有利とは言えないので、このような特別決議は不要と解されるが、念のために特別決議を経たという。また、種類株式の発行は4,991億円の資金調達となるが、同時に6,000億円の自社株買いを公

表し、希薄化への懸念にも対応した。

　前例のない種類株式の発行に対しては、様々な見方が交錯した。譲渡制限と引き換えに、5年経過以降に買い取り請求権を付与していることに注目して、「これは実質的な元本保証であり、『株式』と言いながら、実質的には『議決権付きのステップアップ型劣後転換社債』ではないか」とする見方もあった。劣後転換社債の保有者に議決権を付与するのが妥当かという意見もあるだろう。この種類株式が個人株主を対象としていたことから、機関投資家からの批判もあった。議決権行使助言会社のISSは、経営規律の緩みに対する懸念を表明した。

第 13 章

M&Aと買収防衛策

1. コーポレートガバナンスから見たM&Aの課題

　日本企業による M&A（合併・買収）は、2018 年 1－8 月に、件数が前年同期比 29％増の 2,467 件、金額は 2.8 倍の 22.7 兆円となり、ともに最高を更新した。特に、海外企業に対する M&A が拡大し、金額が 13.6 兆円、件数も 488 件とどちらも過去最高になった（レコフ調べ）。海外に成長機会を求める動きが幅広い業種に広がっており、M&A が日本企業の経営戦略の選択肢として定着したことを示す。

　本章ではコーポレートガバナンスから見た M&A の課題を述べた後、敵対的買収や買収防衛策について説明する。

　経済学的な観点からは、資本市場は、株式の譲渡を通じて資産を最も有効に活用できる所有者の下に移転させる役割を担う。つまり、M&A の目的は企業価値を最大化できるような相手に経営権を移転することに他ならない。場合によっては、自社の事業（あるいは自社そのもの）を他社の傘下に置くように規律付けることが重要であり、それが取締役として受託者責任を果たすことにつながる。

　これまで日本企業は、会社の買収はするが、売却はしないという傾向が強かった。だが、最近、企業戦略上中核でない事業を他社に売却する動きが見られる。例えば、武田薬品工業が子会社の和光純薬工業の株式を富士フイルムに売却、日立製作所が子会社の日立工機を投資会社コールバーグ・クラビス・ロバーツ（KKR）傘下の HK ホールディングスへ売却、などがある。2017 年には、中核でない事業や子会社を切り離す取引を促進するために、スピンオフ税制[1]も導入された。

　敵対的買収も、日本ではこれまで成功した事例はほとんどなかったが、2017 年に佐々木ベジ氏による独立系電子部品商社ソレキアの敵対的買収が成

立する（後述）など、日本企業の経営者や取締役会が、株主の利益を配慮した意思決定を行うようになった。買収防衛策を導入する企業の数も徐々に減っている。近年は、**図表7-4**（130ページ）のような、市場の株価とかけ離れた合併比率に基づく合併も激減した。

このように、従来は難しかった大胆な組織再編や業界再編も実現するようになり、日本企業のガバナンスには構造的な変化が起こっている。これが、M&A増加の大きな要因である。

買収案件に関する留意事項

もう一つの要因は、冒頭に述べた海外事業を拡大する動きで、国内市場の収縮が背景にある。しかし、外国企業の買収はリスクも大きい。M&A案件は取締役会の議題となることが多く、買収した会社のガバナンスや内部統制が課題となることもある。

買収案件に関しては、下記のような点に留意する必要がある。

◆買収価格

企業価値評価にはいくつかの手法があり、複数の手法を組み合わせて多角的に分析するのが望ましい。特にDCF（Discounted Cash Flow Analysis 割引キャッシュフロー分析）による企業価値評価は、前提条件が変わると大きく変動するので注意が必要である。買収競争のなかで買収価格がつり上がって「高値づかみ」をしてしまう企業も少なくない。それを避けるには、常日頃から買収候補先のリストを作成し、積極的に相手にコンタクトして売却の意思を確かめ、1対1の交渉に持ち込むことである。

経営権を取得する場合、市場の株価を上回るプレミアム（コントロール・プレミアム）を支払う。高い買収価格でのれんが大きくなると、将来、減損処理を迫られる可能性が生じる。のれんの会計処理は日本の会計基準とIFRSで異なる。

◆シナジー

買収のメリットは、シナジー（synergy 相乗効果）と呼ばれる。2つの会社が一緒になることで、その和以上の価値が生まれる（$1 + 1 = 2 + \alpha$）という

---

1) 従来の税制では、自社の事業や子会社を切り離す場合、自社においては譲渡損益、株主においては（みなし）配当に課税されたので、ほとんど行われなかった。2017年税制改正により、一定の事業または子会社の切り離しを適格組織再編とするスピンオフ税制が新たに導入され、それらの課税の適用を受けないことになった。

考え方で、買い手が市場の株価にプレミアムを加えた買収価格を支払う根拠となっている。だが、デューディリジェンス（Due Diligence）から得られる限られた情報に基づいて、シナジーに過大な金額を見積もることは避けなくてはならない。売却側は楽観的なシナリオに基づく情報を提供する傾向があることに、留意すべきである。

シナジーは買収価格に大きな影響を与える。だが、実証研究によると、M&Aにより、売り手企業の株価は上昇するが、買い手企業の株価はほとんど変化しない。つまり、シナジーによって創造された価値の大部分を、売り手企業の株主が受け取っていることになる。

◆企業文化

企業買収の検討では、自社の戦略との適合性、シナジー、買収価格の妥当性などに焦点を当てることが多い。しかし、企業文化の一致も重要な要素である。人材のリテンションやPMI（後述）に大きな影響を及ぼす。

◆買収後の統合計画（Post-Merger Integration；PMI）

買収を成功させるには、早期から詳細な買収後の統合計画（PMI）を策定しておくことが重要である。入札の場合、事前の準備期間も限られるが、案件の評価や交渉と同時に統合計画を練り、買収完了までに完成させる必要がある。計画作成の過程でシナジーの実現や統合のための課題が明確になり、それを買収交渉にも反映させることができる。経営陣のリテンション、重複する部門の統合計画、部門買収の際の管理機構の構築などは特に重要である。

買収後の統合では、役員の人事、重複する部門の集約など、困難な意思決定を次々と行わなくてはならない。PMIは、①経営統合（理念・戦略、マネジメントフレームの統合）、②業務統合（業務・インフラ、人材・組織・拠点の統合）、③意識統合（企業風土や文化の統合）、から成る。迅速に進めるにはトップのリーダーシップが重要で、100-Day Plan（百日計画）というように最初の3カ月がポイントである。

経営管理の手法は会社や状況により異なるが、適切な経営管理指標（KPI）を定めて、コントロールしつつ権限移譲を行うのが肝要である。

2. 敵対的買収と株式公開買付

1980年代の米国では、それまでタブーとされていた敵対的買収に対する抵

抗感がなくなって、大手投資銀行が敵対的買収の助言や資金調達を行うようになり、大型の M&A や LBO が増加した。そのなかで、経営権を争う市場（market for control）や敵対的買収を仕掛けられるかもしれないという脅威が、経営者を規律付けるという肯定的な見方も台頭した（Jensen, 1988；Jensen and Ruback, 1983 など）。

敵対的買収とは何か

　敵対的買収とは、買収者が、買収対象会社の取締役会の同意を得ないで買収を仕掛けることを指す。ここで留意すべきは、会社の正式の意思決定機関である取締役会の同意であって、必ずしも経営陣の同意ではないことである。

　平時には両者の意見の相違は少ないものの、敵対的買収の場合は意見が分かれることがある。敵対的買収が多い米国では、現在の株価を大きく上回る価格での買収提案を受け、経営陣が反対しても取締役会が同意する、というケースも散見される。

　敵対的買収は通常、上場会社に対する発行済株式の買い集めとして始まる。この取引の当時者は買収者と対象会社の株主である。仮に、敵対的買収者が、現在の株価を大きく上回る価格で買い取る提案をした場合、取締役会は受託者責任に則って、その提案を受け入れるべきかを判断しなければならない。現経営陣を守るために、取締役会が買収防衛策を講じて、会社や株主にとってメリットの大きい提案を排除すれば、取締役としての責任を問われることがある。

株式公開買付

　株式公開買付[2]とは、株式会社の株式などの買い付けを行う際に、買付期間・買付数量（株数）・買付価格などを公告し、不特定多数の株主から株式市場外で株式などを買い集める制度のことである。支配権の移転に関する情報を開示する（透明性の確保）、株主に公平に売却の機会を与える（公正性）、が目的で同様の制度は海外にもある。株式公開買付は、敵対的買収のためばかりでなく、友好的な買収においても、両社が合意した後に被買収企業の株式を買い集めるために使われる。

---

[2] 日本では、takeover bid を略した TOB という語が定着している。米国では tender offer と呼ばれることが多い。

金融商品取引法では、有価証券報告書を提出する義務のある会社の株式の買付で株券等所有割合が3分の1を超える場合には、原則として、公開買付の形で行わなければならないと定めている。買収者は3分の1の株式を保有することで株主総会の特別決議を拒否できる。また、過半数を取得することで子会社化して、経営への支配権を掌握できる。

　2005年2月、ライブドアが時間外取引を利用してニッポン放送株式の29.5%を取得、グループとして発行済み株式のうち35%を保有したことが問題となった。そこで、法改正により、買付後の株券等所有割合が3分の1を超えるものについては、公開買付が義務付けられたという経緯があった。

　買収者は公開買付届出書を提出し、目的、期間、買付予定数量、買付価格、経営方針などを開示しなければならない。期間に関しては20-60日の間で買収者が選択する。開始後株価が上昇した場合、買付価格の引き上げはできるが、引き下げなど株主に不利な方向での条件変更は認められない。応募株数が買付予定数を上回る場合には、全部買い付けるか、または按分比例による部分的な買い付けとするかを選択できる。

　100%の株式買い付けを目指しても、公開買い付けに応募しない株主が残ることがあり、その場合スクイーズアウト（Squeeze Out）により残存株主を排除するのが一般的である。これは、支配株主が、他の少数株主が保有する株式の全部を、個別の承諾を得ることなく現金を対価として強制的に取得し、少数株主を会社から締め出すことを指す。

　スクイーズアウトの手法としては実務上、株式併合か特別支配株主の売渡請求が用いられる。前者では、少数株主の保有株式数が1株未満となるような割合での株式併合（株主総会の特別決議が必要）を用いて少数株主の保有株式を強制取得する。後者は、特別支配株主（議決権の90%以上を保有する株主）が対象会社の承認を得て、他の株主全員に対し保有株式全部の売り渡しを請求できる制度である。

日本における敵対的買収の事例

　1980年代後半には、光進グループによる蛇の目ミシン工業の株式買い占めなど、買収者が経営陣の意向に反して株式を買い集める事件が何件かあったが、主に市場内取引を利用していた。株式公開買付による敵対的買収は、元経済産業省官僚の村上世彰が立ち上げた村上ファンドが、2001年に昭栄に対し

て仕掛けたものが最初である[3]。2003年には米国のファンド、スティール・パートナーズがユシロ化学工業、ソトーにそれぞれ株式公開買付を仕掛けたが、いずれも不成立に終わった。

2005年1月にフジテレビがニッポン放送株式の株式公開買付を開始した後、2月にライブドアがニッポン放送株式29.5％を取得した事件では、買収防衛策を巡って高裁まで争われた（この事例は第4節で詳述）。同年10月には、楽天が東京放送株式15.5％を取得したと発表した（その後19.1％にまで買い増した）。両社は業務提携についての協議を始めたが、東京放送は2009年に放送持株会社（東京放送ホールディングス）に移行し、楽天保有の株式を買い取って経営権問題は終結した。

2006年8月には、製紙業界最大手の王子製紙が、業界6位の北越製紙に対する株式公開買付を実施し、明治創業の老舗大手企業による戦略的な敵対的買収として注目を集めた。

王子は同年3月ごろより北越製紙に経営統合を打診したが、北越は反発して、7月、買収防衛策を導入、三菱商事への第三者割当増資を発表した。王子はこれに対抗して、8月1日に株式公開買付を発表した。ところが、業界2位の日本製紙が北越株8.9％を取得したため、三菱商事の24.4％と合わせた保有比率は33％超となった。9月4日に締め切られた王子製紙の公開買付への応募は5.3％にとどまったため、同社は戦略的な経営統合を断念した。

2007年にスティール・パートナーズがブルドックソースに株式公開買付を仕掛けた際は、株主総会を経て買収防衛策が実際に発動され、失敗に終わった（第4節で詳述）。2009年にスティール・パートナーズがアデランスホールディングス（現アデランス）の株式の27％を取得した際は、8名の取締役選任の株主提案が可決され、取締役会を掌握した。ファンドによる敵対的買収の初めての成功例となったが、投資として成功したかは不明である。

2013年の投資会社サーベラスグループによる西武ホールディングス株式の株式公開買付も失敗に終わるなど、日本企業の敵対的買収で成功した例はほとんどなかったが、2017年のソレキアの買収は成功事例となった。フリージア・マクロスの佐々木ベジ会長が、独立系電子部品商社ソレキアに一株2,800円

---

[3] それ以前に1999年の英ケーブル・アンド・ワイヤレス（C&W）による国際デジタル通信（IDC）の買収、2000年の日本ベーリンガーインゲルハイムによるエスエス製薬の買収で株式公開買付が使われたが、いずれも敵対的買収ではない。

で敵対的買収を仕掛けたことから、ソレキアと取引のあった富士通が「長年の取引先を守る」と完全子会社にするため1株3,500円で株式公開買付に踏み切り、買収合戦となった。しかし、最終的に富士通は「投資判断として合理的な水準を超える」として、5,000円から買収価格引き上げを断念したので、佐々木氏が32.9％を取得、筆頭株主となった。

　上場企業の経営者が株主の利益を意識するようになり、「富士通が買い付け価格の引き上げを踏みとどまったことこそ、企業統治の充実を象徴している」（牛島信弁護士）と指摘された（「日本経済新聞」2017年5月25日付）。

3. 米国の買収防衛策

　1980年代のM&A急増を背景に敵対的買収が台頭した米国では、様々な買収防衛策が考案された。以下に代表的な防衛策を紹介した後（**図表13-1参照**）、企業防衛に関する議論、現在の買収防衛策の位置付けについて述べる。米国の判例は日本で直接適用されることはないものの、基本的な考え方は参考になるだろう。

買収防衛策を巡る判例の動向

　買収防衛策を巡る争いは裁判に発展することも多い。米国では、敵対的買収に関する判例が多く蓄積されるなかで、経営判断の原則を前提として、防衛策を講じた取締役の行為が忠実義務違反となるかについて、実質的な判断基準が確立されてきた。

　1985年に石油会社ユノカル社（Unocal Corporation）に対するメサ石油（ブーン・ピケンズ）の敵対的買収に関する判決では、買収への防衛策が適法かどうかを、①敵対的M&Aが対象会社の経営や効率性に脅威となるか、②防衛策が脅威との関係で相対的に適切かどうか、の2つの基準に基づき判断すべきとした。買収防衛策が、敵対的買収がもたらす脅威との関係において合理的な範囲であるかの立証責任を対象会社の取締役に課し、過度な防衛策の導入を抑制したのがポイントである。だが、判決では、取締役が株主以外の利益にも配慮することを認め、会社側が勝訴した。

　これは「ユノカル基準」と呼ばれ、その後の判例に大きな影響を与えた。
　ところが、同年の化粧品大手レブロン社（Revlon Corporation）に対する

図表13-1　敵対的買収に対する防衛策

敵対的買収の予防策

◆ ライツプラン（Rights Plan）　買収者が一定の議決権を取得した場合、その他の株主が市場よりも低い価格で株式を取得できる権利（新株予約権、ライツ）をあらかじめ付与することにより、買収者の持株比率を希薄化する。ポイズンピル（Poison Pill）、毒薬条項とも呼ばれる

◆ ゴールデンパラシュート（Golden Parachute）　買収後に役員が解任された場合、通常の退職時に比べて莫大な退職金を支払う契約をあらかじめ締結することにより、企業価値を下げる。従業員を対象としたものは「Tin Parachute」（錫のパラシュート）と呼ばれる

◆ 黄金株（Golden Share）　会社の合併、取締役選解任など重要な議案に拒否権がある種類株式を一部の友好的な株主・創業者・政府（民営化された元国営企業の場合）などに付与する

◆ チェンジ・オブ・コントロール条項（Change of Control Provisions）　重要な契約や合弁パートナーとの株主契約などに「支配権が変わった場合、相手方が契約を破棄できる」などの条項を付す

◆ サメ除け（Shark Repellents）　買収防衛のために以下のような条項を定款に定めることを指す。しかし、ゴールデンパラシュートなど他の予防策を含めることもある
 - 期差任期取締役制度（Staggered Board）　取締役の任期が3年の場合、3分の1ずつ就任時期をずらせば、敵対的買収者が取締役会の過半を支配するのに2年かかる。このように異なるクラスを設けて取締役会を防衛することを指し、Classified Boardとも呼ばれる
 - スーパーマジョリティ条項（Super Majority Provisions）　株主総会における決議要件を厳しくする条項を定款に定めることにより、買収者が買収後の重要な意思決定をしにくくする

敵対的買収を仕掛けられてからの防衛策

◆ ホワイトナイト（White Knight）　友好的な第三者に敵対的買収者よりも有利な条件で買収してもらうことにより、買収者を退ける。過半数の株式を取得して支配権を握る「白馬の騎士」の意味であるが、少数株式を取得する場合は、ホワイトスクワイヤー（White Squire 白馬の従士）と呼ばれる

◆ 焦土作戦（Scorched Earth）　重要な事業や資産の売却や多額の負債引き受けにより、会社の価値を引き下げる。買収者が狙う重要な資産はクラウンジュエル（Crown Jewel 王冠の宝石）といわれる

投資家グループによる敵対的買収を巡る裁判では、買収防衛策が過剰かが争われて会社側が敗訴した。裁判所は、①経営陣が、会社自体を売却するか、会社の分割を含む再構築を行うことを決定した場合、②支配権の移動を伴う組織の再編があり、再編後に支配株主が生じる場合、には、取締役は防衛策を講じてはならず、株主利益の最大化を目的として行動しなければならないとした。す

なわち、裁判所は「経営者は会社を一旦売りに出すと決めたら、高い値段の相手に売る義務がある」という判断を下したのである。

これは「レブロン基準」と呼ばれ、買収防衛策の適法基準の一つとなった。

1990年代以降、機関投資家の影響力の増大を背景に、過度の企業防衛が見直されるようになった。そのなかで、ライツプランは買収防衛策として定着し、長期的な企業価値の増大に寄与するとして投資家から一定の理解を得ている。

ライツプランでは、敵対的買収者の権利行使を制限する条項を付けて、新株予約権を全株主を対象に割り当てる。新株を購入する権利（ライツ）を用いるというのでライツプランと呼ばれている。例えば、敵対的買収者が20％取得した場合、それ以外の全株主に1：4の比率で新株予約権を割り当てると、敵対的買収者の持株比率が5％に低下する。その結果、支配権を獲得するために必要なコストが倍増するので、敵対的買収が困難になる。そのため、買収者は取締役会にライツプランの消却を求めて交渉を行なわなくてはならず、会社は買収者と交渉したり、企業価値を向上させるための提案を練ったりする時間を確保できる。英語でポイズンピル（poison pill 毒薬）というのは、体中に毒が回って体力を消耗するイメージから付けられたのだろう。

最近の傾向──ライツプランの廃止

近年、米国の大企業の経営者の間では、最良の買収防衛策は、長期的に企業価値を高める経営戦略を実行して株価を引き上げ、敵対的買収を仕掛けられないようにすることだという考え方が浸透してきている。機関投資家の反対などを背景にライツプランの廃止が増えており、2004年8月時点で導入していた企業はS&P500企業（488社）のうち、6割に当たる273社だった[4]。大手企業では導入していない会社の方が多く、導入しているのはS&P500時価総額上位10社ではゼロ、11-20社で2社、21-30社で3社であった。**図表13-2**に示すように、その後も新規に導入する会社数は減少し続け、2011年末でS&P500企業の中の導入社数の比率は10％を切り、8％となった。

しかし、米国でも、ライツプランは引き続き、長期的な企業価値を損なう買収者から企業を防衛するために効果的な手段と位置付けられている。市場環境

---

[4] 出所は、経済産業省企業価値研究会『企業価値報告書──公正な企業社会のルール形成に向けた提案』2005年5月27日。

● 図表13-2　S&P500企業におけるライツプランと期差任期制度の導入比率

年	ライツプラン導入企業	期差任期制度導入企業
2002	60	61
03	57	57
04	53	53
05	45	47
06	34	41
07	29	36
08	21	34
09	17	33
10	13	30
11	10	24
12	8	17
13	7	11

注：非米国企業も含む
出所：Latham Watkins（2014），The Resilient Rights Plan：Recent Poison Pill Development and Trends
https://www.lw.com/thoughtLeadership/2014-poison-pill-developments-and-trends

に対応した新たな工夫や試みも続けられている。

　米国の法律事務所 Latham and Watkins のレポート（2014年版）によると、①新規の導入件数は年々減少しているが、比較的小規模な会社の間で新規導入が多い、②期間は短くなっている（3-5年が最も多く、1-3年がそれに次ぐ）、③平時に導入する企業が減ったことから、敵対的買収を仕掛けられてから導入する企業の比率が上昇している、④株主の異動で Net Operating Loss Carry Forward（純営業損失繰越）による節税効果の喪失を予防するためのプランが2-3割を占める、⑤トリガー条項の定義にデリバティブ、スワップなどの Synthetic Equity Positions（合成エクイティポジション）も含めるプランが7割以上を占める、などの傾向が見られる。

4. 日本の買収防衛策

日本企業による買収防衛策の導入

　2001年以降、日本でもファンドなどによる敵対的買収が増えたことを受けて、2005年に経済産業省と法務省が、ライツプランを中心にして買収防衛策

● 図表13-3　買収防衛策を導入及び中止した会社数の推移

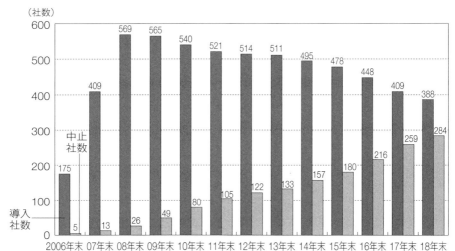

注：各年末時点での導入社数、中止社数（2018年は8月末の数）を示す（中止社数は導入社数の外数）
出所：レコフ調べ

の導入原則を示した指針を発表し、経済産業省の企業価値研究会が提言を行った。その後、多くの企業が買収防衛策を導入し、導入社数は2008年に569社とピークに達したが、2018年8月末時点では388社に減った（**図表13-3**参照）。近年は中止する会社が増え、導入した会社の42％が中止している。防衛策の内容についても、株主の意思を確認する仕組みを取り入れるなどの見直しの動きがある。

　企業価値研究会の提言は、買収防衛策導入に当たって、株主への情報開示、経営陣の保身のための防衛策濫用を防ぐための第三者によるチェックや株主総会の承認などを求めている。また、あくまでも経営陣に考える時間や交渉する時間を与えるためのものであって、敵対的買収を完全に拒否できるような過剰な防衛策は認められないとしている。

　日本企業が導入したライツプランには、①事前警告型ライツプラン、②信託型ライツプラン、の2種類がある。

　事前警告型ライツプランは、平時に敵対的買収者が従うべきルール（情報の提供、検討期間の確保）を設定しておく。買収者がそれを守らない場合、企業価値を毀損する濫用的な買収行為として、取締役会で新株予約権の発行を決議

し、ライツプランを発動する。

信託型ライツプランは、平時に新株予約権を発行して信託銀行に預託しておき、取締役会の判断で新株予約権の交付・行使を決定する。事前警告型ライツプランでは、プランの発動の判断はルール遵守という形式的な要件によるのに対し、信託型ライツプランでは、実質的な買収提案の内容によるため、取締役会の判断には客観性が求められる。また、導入時に新株予約権を発行するので、株主総会の特別決議が必要である。

買収防衛策を導入した大部分の企業が、事前警告型ライツプランを選択している。最近は、プランの発動の要件を、ルールの不遵守だけではなく、第三者委員会（社外取締役・社外監査役・社外有識者などから構成される）を設置し、その承認を前提とする方法が主流となっている。

ケーススタディ——新日鉄住金の買収防衛策

　新日鉄住金が 2006 年 3 月に導入した事前警告型ライツプランでは、第三者委員会の設置ではなく、株主の意思を確認する仕組みを組み合わせた。買収者がルールを遵守しない場合及び買収が企業価値を明らかに損なう「4 類型」（後述のニッポン放送事件参照）の場合、取締役会限りで防衛策を発動できるとしたが、そうでない場合は、書面投票または株主意思確認総会（株主総会に準じて開催する株主の集会）での投票により決定することとした。

　同社はその後、取締役会で買収防衛策の継続を認めていたが、2016 年に見直し、新しい買収防衛策導入の賛否を株主総会で株主に問うことにした。発動の要件も、社外取締役などによる独立委員会を設けることとし、期間も 6 年から 3 年に縮小した。

買収防衛策に対する投資家の見方と企業の対応

　新日鉄住金の買収防衛策見直しは、買収防衛策に対する株主や投資家の厳しい目を反映している。機関投資家は、経営陣の保身につながる恐れがあるとして買収防衛策に対して批判的である。企業年金連合会は 2006 年に買収防衛策に関する議決権行使基準を公表し、株主総会の承認などの基準を満たした買収防衛策に賛成するとしていた。だが、2008 年に基準を改訂し、反対に転じた。基本的な考え方について「買収防衛策は株主価値を高める買収や効率的な経営

を阻害し、経営者の保身に利用される恐れがあるので、肯定的に判断することはできない」としている。

　最近は株主総会の議案の中でも反対率が高く、議決権行使助言会社のISSも反対を推奨している。2017年11月に公表された議決権行使に関する助言方針では、買収防衛策導入議案について総継続期間が3年を超える場合は反対投票を推奨するとの改定も行われた（第一段階の形式基準に基づく賛否の判断で、これまでの「有効期限が3年以内である」に加えて、「総継続期間が3年以内である」との基準が新設された）。この背景には、買収防衛策を漫然と継続するのは認めるべきでないという考え方がある。ただし、本来の価値を下回る価格での買収が行われる恐れがある場合、一時的な手段として賛成の余地はあるとしている。

　ゲームソフトメーカーのカプコンは2008年から買収防衛策を導入、2年ごとに更新してきたが、近年海外投資家比率が高まり、2014年の株主総会では52％の反対で否決されてしまった。そこで、IR改革に力を入れ、取締役会の議論の内容の開示、社外取締役と機関投資家の面談なども行った。翌年の株主総会に、発動要件を厳しくした防衛策を再提案し、過半数で可決された。

　従来は取締役会の決議によっていた発動要件を、株主総会の決議事項に変更した上に、ROEを3年平均で8–10％に引き上げる方針を初めて明記したことが株主に評価された。しかし、2017年、国内外の機関投資家の姿勢が買収防衛策に対して厳しくなっていることに鑑み、防衛策を継続せず、廃止した。

　最近、同様に株主からの反発の声を受けて、買収防衛策を廃止する企業が増えている。また、既に導入した企業で、買収防衛策の発動時に株主総会を開催し、株主意思を確認する仕組みを取り入れる動きが増えている。さらに、継続時の手続きとしても株主総会へ付議することが一般的となってきている。このように、多くの企業が株主を重視した買収防衛策を模索し始めている。

　企業価値を高める経営戦略を実行し、株主や投資家とのエンゲージメントを通じて会社に対する理解を深め、株価を引き上げる。これ以上に効果的な買収防衛策はない。これが海外の経営者や投資家に共通する考え方であり、日本でも少しずつ同様の方向に流れが変わりつつあると考えられる。

買収防衛策の事例

　買収防衛策の事例として、敵対的買収者の4類型を示したニッポン放送事

件、買収防衛策が実際に発動されたブルドックソース事件を紹介する。

◆ニッポン放送事件

2005年のニッポン放送の経営権を巡る争いは、フジテレビの筆頭株主が、時価総額も資産規模もはるかに小さいニッポン放送（1954年に開局）で、22.5％を所有していたといういびつな構造に端を発している。同年1月、このねじれを解決するため、フジテレビはニッポン放送の株式公開買付を発表したが、2月8日、ライブドアが東証時間外取引で29.5％を取得、既得持株と合わせて35％の筆頭株主となった。

そこで、2月23日、ニッポン放送はフジテレビに対する新株予約権の発行を発表した。これは当時の発行済み株式の1.44倍に当たる4,720万株の新株の発行で、実行されれば、ライブドア側がそれ以外の株をすべて取得しても、ニッポン放送はフジテレビの子会社になる水準だった。そこで、ライブドアは翌2月24日、商法で禁じられた「（フジテレビによる）支配権の維持や争奪目的の新株発行」に当たるとして、新株予約権の発行を差し止める仮処分を東京地方裁判所に申請し、この事案は高裁まで争われた。

高裁判決は「敵対的買収者」の4類型を示し、それに該当する場合は、株主全体の利益の保護という観点から、企業の買収防衛策が認められるとした。その4類型とは、①株式を高値で対象企業に買い取らせる場合（グリーンメーラー）、②知的財産権や企業秘密を奪う、いわゆる焦土経営を行う目的、③会社の資産を債務の担保や弁済原資として流用する予定（敵対的LBO）、④資産売却による一時的高配当、株式の高値売り抜けをする目的、である。

ライブドアはこの4類型に該当しないとして、3月16日東京地裁は仮処分を認めた。その後のニッポン放送による抗告も、23日東京高裁は棄却した。この4類型は、その後買収防衛策に関する指針となっており、次のブルドックソース事件の高裁判決でも使われている。

最終的には、3月24日、ニッポン放送がソフトバンクグループ（SBI）と提携し、SBIにフジテレビ株を貸し出すと発表したため、ライブドアとフジテレビは和解した。4月18日、両社が業務提携するとともに、ライブドアが所有するニッポン放送株式をフジテレビに譲渡し、フジテレビがライブドアに出資すると発表された。

◆ブルドックソース事件

ライツプランは、買収者以外の株主に、市場よりも低い価格で株式を取得で

きる権利（ライツ）をあらかじめ付与することにより、買収者の持株比率を希薄化するものである。買収者と交渉する時間を確保するのが目的で、実際の発動は想定していない。ところが、2007年、米国の投資ファンド、スティール・パートナーズがブルドックソースに株式公開買付を仕掛けた際は、株主総会を経て買収防衛策が初めて発動された。

　2007年5月、スティール・パートナーズがブルドックソース株式の公開買付を公告した。当時の株価に18.56％のプレミアムを上乗せして、1,584円で買い取るというものだった。ブルドック社はスティールに対して買収の目的などに関する質問状を送り、それに対するスティールの回答を受け、ブルドック社は買収防衛策を策定した。

　買収防衛策は6月24日の株主総会で83.4％の賛成をもって可決され、同社は新株予約権無償割当を実行した。その内容は、全株主は保有株式1株に付き3個の新株予約権の割当を受けるが、スティールは非適格者として新株予約権を行使できず、代わりに他の株主と同等の1株当たり396円の現金を受け取る（3株では1,118円）というものだった。その結果、同社の発行済み株式数は1,902万株から6,977万株に急増し、これに関連する経費28億円により、当期利益は23億円の赤字となった（経費の内訳は新株予約権購入金額21億円、財務アドバイザー・弁護士費用7億円）。

　スティールはこれに先立って、6月13日に新株予約権無償割当は株主平等の原則に反するとして、差し止めを求める仮処分の申し立てを行ったが、東京地裁は6月28日、東京高裁は7月9日、それぞれスティールの申し立てを却下した。高裁決定は、スティールがニッポン放送の高裁判決で出された4類型に該当するとし、「濫用的買収者」に当たるとして防衛策の有効性を認めた。しかし、その直後の最高裁では、株主の意思決定に重心を置いた判断基準が採用され、買収者が「濫用的買収者」か否かという判断基準は用いられなかったので、現在の判例では「濫用的買収者」の概念は存在しない。

第 14 章

企業を取り巻く多様なステークホルダー

1. 企業の社会的責任

　グローバル化や業界再編により、大企業の影響力が大きくなるなかで、企業の社会的責任（Corporate Social Responsibility 以下 CSR とする）を問う声が増している。先進諸国で行政改革・規制緩和が進み、小さな政府が志向されるようになった結果、噴出した社会問題の解決の矛先が大企業に向かったことが背景にある。

　1999 年、アナン国連事務総長（当時）は、国連グローバル・コンパクト（United Nations Global Compact）を通じて、企業に人権・労働権・環境・腐敗防止に関する 10 原則を遵守し実践するよう要請し、責任ある市民として行動するように求めた。日本でも 2000 年代から CSR に対する関心が高まり、特にコンプライアンス、社会貢献活動、環境問題などに焦点が当てられてきた。

　近年、機関投資家に対しても同様に、投資が環境や社会に与える長期的なインパクトを考慮して投資判断を行うことが求められるようになった。本章では、企業の社会的責任と様々なステークホルダーに対する責任について論じた後、投資家の ESG 投資に対する取り組みや統合報告書について述べる。

CSRの変遷

　CSR の概念、定義は時代を経て変化した。初期の頃は、企業による自発的な利他的活動（corporate philanthropy）、本業外の社会貢献活動として捉えられていた。しかし、近年、地球環境の持続可能性や社会的課題への企業の対応に対する社会の期待が高まったため、経営に直結した義務的な活動、企業価値に大きな影響を及ぼす戦略的な活動、という性格を帯びるようになった。

　1960 年代以降の米国では、公民権運動などをきっかけに資本主義社会の在

り方を問い直す動きが台頭し、企業の経済的側面以外の役割や責任が問われるようになった。1970年代には企業の社会的責任の議論が活発になり、80年代に入るとビジネス倫理が議論され、ステークホルダー・モデルが支持を得るようになった。

　欧州での発展はやや遅れたが、1990年代以降、環境、女性、人権などの社会的課題への取り組みが積極的に推進された。欧州では環境、労働などに対する市民の意識が高いこともあり、CSRは、社会的な存在としての企業が、企業の存続に必要不可欠な社会の持続的発展に対して必要なコストを払い、未来に対する投資として必要な活動を行うことであると考えられてきた。そのため、CSRに対する取り組みは包括的である。

　日本でも1960年代以降、公害などの社会問題、利益至上主義への批判などに対応して、企業の社会貢献活動は行われてきた。90年代後半から企業不祥事、地球温暖化などを受けて企業の意識が高まり、2000年以降CSRに対する取り組みが本格化した。

　企業がCSRに積極的に取り組むべきかどうかも、議論の焦点となってきた。CSRに消極的な者は、本業に関係のない慈善事業や寄付は株主の利益に反する行為だと論じた。その代表例は経済学者のフリードマンで、企業の社会的責任は、企業経営から利益を生み出して株主への配当を支払ったり、納税したりすることであるとして、社会貢献活動に否定的な見方を示した（Friedman, 1970）。しかし、CSRに積極的な意見が次第に多くなり、これらの議論を踏まえて両者の議論を統合しようとする動きも見られた。

　その例として、キャロルのCSRピラミッド（Social Responsibility Pyramid）を紹介する。**図表14-1**に示すように、キャロルは、企業の社会的責任は①経済的責任、②法的責任、③倫理的責任、④社会貢献的責任の4つの要素から構成されると考えた（Carroll, 1991）。

　競争力のある商品を提供して利益を生み、ゴーイングコンサーン（継続的事業体）として存続することが、他のすべての責任の基礎で、経済的責任は他のすべてに優先されなければならないと考えた。第二の法的責任も企業が最低限果たすべき責任と位置付けた。製造物責任、労働者保護、環境関連、独占禁止法など、企業は様々な法律の遵守を求められている。第三の倫理的責任は、社会が期待する価値や規範を守るべきというもので、企業が独自に定めた企業理念・倫理規定にも拘束されるとされる。最後の社会貢献的責任は、企業が自発

● 図表14-1　キャロルのCSRピラミッド

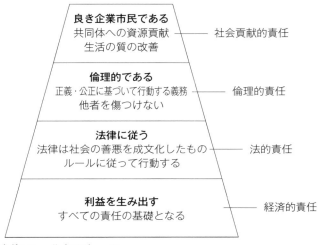

出所：Carroll（1991），p. 42.

的に行う地域や社会への貢献で、この責任を果たさなくても非倫理的とは見なされないとした。

CSRの位置付けの変化——リスクマネジメントと価値創造

　CSRに対する社会の期待が高まるにつれて、その位置付けが、良き市民としての慈善活動・本業に付随した活動から、企業経営の本質や企業価値に関わる戦略的な活動に変質した。キャロルのモデルでは、企業は必ずしも4つ目の社会貢献的責任を果たさなくてもよいとされたが、近年は企業の社会貢献が強く求められ、企業のリスクマネジメントの観点からも重視されるようになったので、企業経営に本質的な活動と見なされるようになった。

　図表14-2はこうした変化を踏まえたCSRの3つの側面を示す。以下に、社会貢献以外の2つの側面の詳細を述べる。

◆経営の在り方を問うリスクマネジメントとしてのCSR

　CSRに関しては様々な定義やガイドラインがあったが、2010年に発行された国際規格ISO26000「社会的責任に関する手引」（Guidance on Social Responsibility）[1]は、先進国から途上国まで含めた国際的な場で、複数の主要なステークホルダー（消費者、政府、産業界、労働、NGO、学術研究機関他）

● 図表14-2　CSRの3つの側面

	内容	目的	戦略的なインパクト	メリット
社会貢献	本業外の企業市民活動	資金及びスキルの提供	小	対象が幅広い
リスクマネジメント	環境・社会へ及ぼす影響への責任	コンプライアンス	中	事業リスクの軽減 ステークホルダーとの良好な関係
価値創造	強みを生かした社会的課題解決への貢献	競争力強化 持続可能なビジネスモデル	大	共有価値（CSV）創造 イノベーション、競争力向上 企業戦略の一環

出所：各種資料から筆者作成

によって議論され、策定されたことから、国際的な標準と位置付けられている。

そこでは、CSRを「透明かつ倫理的な行動を通じた、企業の意思決定と事業活動が社会と環境に及ぼす影響に対する企業の責任」と定義している。実践においては、「法令遵守を超えた行動」「法的拘束力のない他者に対する義務の認識」も必要とされており、かなり広い概念である。

この定義からも、CSRが企業経営の在り方そのものを問う活動だということがわかる。CSRを慈善活動・社会貢献活動として捉えると、企業経営の本質とは関係ないと考えられるかもしれない。だが、自社の事業が環境に悪影響を与えていないか、社会的課題を助長していないか、をチェックして改善するのは、企業にとって重要なリスクマネジメントの一環である。自社製品のライフサイクルを通しての環境への負荷、海外の契約工場での児童労働など、サプライチェーンも含めた広範な企業活動を点検し、改善することが求められている。例えば、海外で重大な人権侵害に加担していることが大きく報道されればブランドが傷つく恐れもある。そのようなリスクを回避するためにも、極めて重要な活動である。

企業の意思決定と事業活動が及ぼす社会、環境、経済面の顕在的・潜在的なマイナスの影響を包括的に分析した上で（CSR監査あるいはデューディリジェンスと呼ばれる）、優先順位をつけ、時間軸を定めて戦略的に対応・実践す

---

1) 企業に限らずあらゆる組織が、ステークホルダーとのエンゲージメントを通じて、組織全体に社会的責任を効果的に統合するための手引き（ガイダンス）として作られた。

ることが求められている。

◆企業価値創造のためのCSR

　企業が保有する技術や資源を活かして社会的課題を解決すると同時に、企業自身の競争力も強化する活動も、CSRとして位置付けることができる。例えば、企業が操業する地域で事業基盤を強化することにより、雇用や需要を生み出し、地域に貢献できる。このように、企業戦略と社会的課題の解決を統合することにより、競争力を強化し、企業価値を高めることができる。これは、Porter and Kramer（2011）が提唱したCSVと同じような概念である。企業にとっては企業戦略の一環であり、価値創造のための活動として位置付けられる。

企業の法人格と社会的責任

　企業は、社会的責任を含む様々な責任を負う存在として位置付けられているが、これは企業が法人格を持つことが前提となっている。第1章で述べたように、株式会社はリスクの大きい事業を営むために、多数の出資者を集める仕組みとして発達してきた。

　初期の株式会社では、会社の出資者は無限責任を負ったので、事業が失敗した場合、納入業者、貸付業者などの債権者は出資者に支払いを求めることができた。ところが、出資者のリスクを限定するために有限責任が導入されると、債権者は債権の回収が難しくなる。そこで、債権者を納得させるために、最初の頃は航海が終わると解散していた会社を永続的な存在とし、それに法人格を持たせることが考案された。それにより、特定の航海で失敗しても長い期間で複数の航海で成功すれば、債権者も十分な支払いを受けられることになる。会社に法人格を持たせた上で、その経営に誰が責任を負うのかも明確にした。こうして、出資者（株主）の責任は出資額に限定され、それ以外の責任はすべて株式会社に転嫁されたのである（髙, 2013）。

　このように企業に転嫁された責任は、企業の社会における影響力が増大するにつれて大きくなった。ステークホルダーの意識が成熟化したことにより、企業の責任はさらに広がった。例えば、環境保全、人権尊重などについての社会の期待が10年前、20年前と大きく変わっていることからも、これは明らかだろう。こうして、初期は法的、経済的なものが中心だった株式会社の責任も、社会の中での企業の影響力が大きくなるにつれて、倫理的な責任も求められるようになった。

企業経営者の考え方の変化

　CSR に対する企業経営者の考え方にも変化が見られる。経済同友会は CSR に対する経営者の意識に関するアンケート調査を継続的に行っているが、「貴社にとって、CSR はどういう意味を持っていますか（複数回答）」に対する回答は、2003 年には「社会に存在する企業として払うべきコストである」が最も多く 65％だったが、14 年には 42％に減少した。一方、「経営の中核に位置付けるべき重要課題である」は、2003 年の 51％から 14 年の 71％に増加

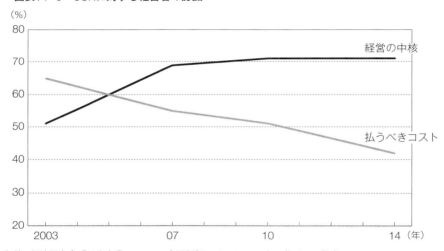

● 図表14-3　CSRに対する経営者の認識

出所：経済同友会「日本企業のCSR―自己評価レポート 2014」に基づいて作成
https://www.doyukai.or.jp/policyproposals/articles/2014/140514a.html

● 図表14-4　社会的課題解決における企業の役割

	2010年 (％)	2014年 (％)	増減 (ポイント)
社会的課題解決の主体的役割を果たすべきで、取り組んでいる	44	58	＋14
社会的課題解決の主体的役割を果たすべきで、取り組んでいない	42	34	−8
社会的課題解決の主体的役割を果たすべき	86	92	＋6
経済的価値の最大化に専念すべきで、期待されても難しい	8	3	−5

出所：経済同友会「日本企業のCSR――自己評価レポート 2014」に基づいて作成

した（**図表14-3** 参照）。

また、企業が社会的課題解決に主体的役割を果たすべきであると考える経営者の比率は2014年に9割超となっており、実際に取り組んでいるとの回答も6割近くに達した（**図表14-4** 参照）。

経営者の責任

企業の社会的責任といっても、その意思決定は経営者（執行役員、取締役の両方を含む）が行うので、最終的には経営者の責任が問われる。経営者は、①事業活動を通じて価値を創造する経済的な責任、②法律を遵守する法的な責任（形式的に法律を守るばかりでなく、社会的ルールの遵守、法の精神の体現も含まれる）、③社会の倫理的な要請に応える倫理的な責任、の3つを負っている[2]（**図表14-5** 参照）。

経営者は、株主・投資家ばかりでなく、顧客、従業員、社会など幅広いステークホルダーに対してこれらの責任を果たさなくてはならない。そのためには、企業を取り巻く環境や課題を客観的に分析し、意思決定を行う必要がある。その際、異なるステークホルダーの利益が相反したり、経済的・法的・倫理的責任の間に衝突が生じたりして、困難な判断を求められることも多く、最終的には経営者自身の倫理観、哲学が問われることになる。

● 図表14-5　経営者の責任

---

2) この枠組み、及び第2節の各ステークホルダーに対する責任については、ハーバードビジネススクールの必修科目 Leadership and Corporate Responsibility の教材を参照した。

2. ステークホルダーとの関係

　前節で述べたCSRの位置付けの変化に伴い、企業とステークホルダーとの関係が深化している。本節では、その変化について説明した後、重要なステークホルダーとして、顧客、従業員、株主に対する責任をどのように考えるべきかについて述べ、最後にソーシャルライセンスという概念を紹介する。

ステークホルダーとの関係の深化

　企業とステークホルダーの関係も時代を経て変化した。ステークホルダーとの関係構築の重要性を早くから指摘したフリーマンは、ステークホルダーを「組織の目的の実現に影響を与え得る、あるいはそれから影響を被るすべてのグループあるいは個人」（Freeman, 1984）と定義した。企業を中心にして車軸のように周りにステークホルダーを並列的に配置し、各ステークホルダーとの相互関係を経営者の視点から分析した。

　他の研究者も企業とステークホルダーの関係のモデルを提唱し、パワー、資源、コミュニケーションなどの関係からステークホルダーを捉えた。だが、いずれも企業や経営者の視点に立って、ステークホルダーをいかに管理すべきかを論じた。

　しかし、2000年以降、企業の観点からステークホルダーをどのように管理するかという捉え方でなく、ステークホルダーとの双方向の対話や協議が模索され、ステークホルダー・エンゲージメント（Stakeholder Engagement）が重視されるようになった（**図表14-6**参照）。

　ISO26000で、ステークホルダー・エンゲージメントは「組織の決定に関する基本情報を提供する目的で、組織とステークホルダーの間に対話の機会を作り出すために試みられる活動」と定義され、CSRの中心的な要素として位置付けられている。さらに、エンゲージメントの一形態として、企業とステークホルダーが具体的な課題解決や価値創造のために協働するような場合は、パートナーシップと位置付けられる。

　以上をまとめると、ステークホルダーとの関係は次のように深まった。

1) 企業からの一方的なコミュニケーション（ステークホルダー・マネジメ

● 図表14-6　CSRの位置付け及びステークホルダーとの関係の変遷

	環境・社会との関係	ステークホルダーとの関係	CSRの位置付け
20世紀型産業社会の確立	経済成長が中心。環境・社会は予件	企業社会システムにステークホルダーが組み込まれている	
1970年代：社会問題の台頭 1980-90年代：グローバリゼーションへの批判	経済成長と環境・社会とのバランス	社会からの批判やNPO/NGOの台頭に対応するステークホルダー・マネジメント	社会貢献活動（フィランソロピー）として、本業外の付加的な活動として位置付ける
2000年代以降：持続可能な発展の追求	企業は環境・社会の中で成り立つ	ステークホルダーとのエンゲージメント、マルチステークホルダー・プロセス	企業経営の本質に関わり、企業価値に影響を与える

出所：谷本（2013）などを参考に筆者作成

　　ント）
2) ステークホルダーとの双方向の対話・協議（ステークホルダー・エンゲージメント）
　　課題解決・価値創造のための協働（パートナーシップ）

　企業がCSRに本気で取り組むと、ステークホルダーとの双務的な関係が重要となり、さらにマルチ・ステークホルダー・プロセス（3グループ以上のステークホルダーが対等な立場で参加する合意形成のプロセス）も必要となる[3]。
　企業とステークホルダーとの関係は、企業の周りに様々なステークホルダーが存在すると捉えられることが多いが、これは企業を中心にしたものの見方である。むしろ、社会を中心に考えて、企業はその一員として社会に受け入れられ、他のステークホルダーとも関係を築くと捉える方が適切である。

---
3) 1999年のグローバル・コンパクトの発表の際、アナン国連事務総長（当時）は、それまで政府とだけ関わってきた国連が、国際組織・産業界・市民社会を含む多様なパートナーと連携する必要性を訴えて、マルチ・ステークホルダー・プロセスを提唱したが、最近、グローバルガバナンスばかりでなく、企業のガバナンスにおいてもマルチ・ステークホルダー・プロセスが重視されるようになっている。これは企業が中心となるのではなく、三者以上が相互にステークホルダーとなり、説明責任を負う双務的な関係が前提となる。例えば、企業が継続的に環境問題に取り組むには、消費者がその企業の製品を購入し続けることが不可欠であり、持続可能なライフスタイルを広める上で消費者に身近なNPOや消費者団体が果たす役割は大きいため、企業も良い関係を築く必要がある。

顧客に対する責任

　米国企業のジョンソン・エンド・ジョンソンが経営のよりどころとしている「我が信条」（Our Credo）の中で最初に掲げられているのが、顧客への責任である。企業活動のアウトプットである製品やサービスが顧客のニーズを充足するのは、企業が社会に受け入れられるための第一歩と考えられる。

◆情報の非対称性による問題

　企業の商品やサービスが顧客が求める水準に達していない場合、どうなるだろうか。契約自由の原則の観点からは、購入する商品やサービスが、自らが求める条件に適合しているかを確認するのは買い手の責任であり、売り手はカタログや仕様書に明示した性能・条件を満たしている限りは責任を問われないと考えられる。これを買い手危険負担（caveat emptor）の原則という。

　これの逆の考え方が、売り手危険負担（caveat venditor）の原則である。売り手は買い手より多くの情報を持っていても、それを自発的に顧客に知らせるインセンティブはほとんどないので、規制などで売り手に責任を持たせる考え方である。一般的に、英米などアングロサクソン型の資本主義の国では前者、ライン型の国では後者の考え方が採られてきた。

　商品の品質について売り手と買い手の間に情報の格差（情報の非対称性）がある場合、市場が成立しないという問題がある。経済学者アカロフは、「レモン」[4]と呼ばれる中古車の市場を例としてこれを指摘した。中古車市場では、売り手は取引する財の品質をよく知っているが、買い手は購入するまで品質がわからないので、情報の非対称性が存在する。そのため、売り手は買い手の無知につけ込んで、悪質なものを良質なものと称して販売する危険性がある。すると、買い手は良質なものの購入を控えるようになり、結果的に市場に出回る財はレモンばかりになってしまう[5]（Akerlof, 1970）。

---

4) レモンは英語で「良くない」という意味があり、転じて「欠陥品」などを指す。米国の俗語で質の悪い中古車を意味する。

5) 具体的な例で説明する。市場に高品質の中古車と低品質の中古車が、それぞれ半々の割合で存在するとする。中古車の品質を熟知している売り手は、高品質の中古車は150万円以上、低品質の中古車は50万円以上なら販売してもよいと考えている。しかし、買い手は中古車の品質を正確に判断するのは難しく、半分の確率で中古車が低品質であると考えるので、買い手にとっての中古車の価値は高品質な場合の150万円と低品質な場合の50万円の平均の100万円となり、それ以上は支払いたくないと考える。売り手はこれを予想して100万円より高い中古車を市場に出すのを諦め、それ以下の中古車だけが取引されるようになる。すると、今度は買い手が支払ってもよいとする平均価格も50万円まで低下し、売り手は50万円以上の中古車を市場に出すことを諦める。結局、売り手は高品質の中古車を売ることができず、低品質の中古車ばかりが市場に出回り、市場が機能しなくなってしまう。

つまり市場を機能させるためには、売り手に責任を持たせる必要がある。そこで、事故などを契機に、消費者保護、商品に対する責任に関する法律が各国で制定されるようになり、今日ではあらゆる国で、消費者を対象として売り手責任が求められるようになった。これには、明示的保証（文言で明示した条件に対する担保責任）ばかりでなく、黙示的保証も含まれる。取引の性質や状況、当事者間の相互関係から、商品が一定の品質を有することを買い手が信頼するのが正当な場合など、担保責任が認められるのである。

◆企業の責任範囲の拡大

顧客（消費者）に対する企業の責任範囲は、以下の理由で徐々に拡大してきた。その結果、企業の負担が拡大したが、情報の非対称性の問題が解決されて市場が広がるという企業側のメリットもあった。

第一に、消費者向けの商品の場合、企業の過失の有無にかかわらず、責任が問われるようになった。1994年に制定された製造物責任法は、この考え方に基づいている。

従前は製品に欠陥があっても、被害者（消費者）が加害者（製造者）の過失を立証しなければ損害賠償を受けられなかった。だが、そのような証明は困難なので、製造者の過失ではなく、製造物に欠陥があったことを要件として、損害賠償責任を追及しやすくしたのが、製造物責任の意義である。

米国では、早くから過失を要件としない厳格責任（strict liability）の考え方が判例で確立されてきた。欧州でも1985年、EC閣僚理事会で製造物責任に関する法律の統一に関する指令が採択され、その後、各国で製造物責任に関する立法が導入された。製造者に幅広い責任を負わせることにより、商品の品質向上に努めるようになるなどの理由で合理的であると考えられる。

第二に、企業は自らの製品の品質ばかりでなく、消費者に影響を与える第三者の行動、商品のライフサイクルやサプライチェーン上で生じる問題などに関しても、責任を問われるようになった。近年、OECDが提唱した拡大生産者責任（Extended Producer Responsibility、EPR）の考え方によれば、製品に対する生産者の物理的・経済的責任は、製品ライフサイクルの使用後の段階にまで拡大され、製品設計において環境に対する配慮を取り込むことが求められている。また、企業が入手した顧客情報がハッカーによる攻撃で外部に流出した場合でも、企業が責任を問われるようになっている。

第三に、技術革新による商品やマーケティング手法などの変化により、企業

の略奪的行為の危険性が広がっていることである。例えば、デリバティブなどを用いた複雑な金融商品が増え、特に高齢者への勧誘には、適合性原則[6]に基づく慎重な対応が求められる。また、顧客のウェブの閲覧履歴などを通じて蓄積した情報に基づく、カスタマイズされた広告なども問題となる可能性がある。

◆**ブランドへの影響**

商品・サービスの品質は企業の社会的評価、ブランドに大きな影響を与える。集団中毒事件、牛肉偽装事件により信用を失墜し、グループの解体・再編を余儀なくされた雪印のように、経営の屋台骨を揺るがすこともある。一方、前述のジョンソン・エンド・ジョンソンは、危機に際して顧客の命を守る姿勢を貫いたことが、長期的に同社の社会的評価を高めることになった（コラム参照）。

近年、インターネットの普及、SNS（Social Networking Services）の拡大により、製品の品質問題、不適切な広告などのネガティブな情報が短時間に広範囲に広がり、企業のブランドに大きな影響を与えるようになった。不測の事態に際して、企業価値の棄損を最小限にとどめるためにも、平時から顧客への責任を全うし、信頼関係を築いておく必要がある。

ジョンソン・エンド・ジョンソン（J&J）のタイレノール事件

1982年、シカゴで7人の市民が突然死を遂げた。シカゴ警察はシアン化合物による死亡で、いずれも直前にタイレノールを服用していたと発表した。当時、タイレノールは頭痛薬として広く普及しており、このニュースは全米を震撼させた。この時点では死亡原因は明らかでなかったが、ジョンソン・エンド・ジョンソンは直ちにマスコミを通じて「タイレノールを一切服用しないこと」という警告を発信し、自主的に商品の回収を行った。衛星放送を使った30都市にわたる同時放送、専用フリーダイヤルの設置、新聞の一面広告、テレビ放映などの手段で回収と注意を呼びかけ、数日後にはタイレノール全製品のリコールを発表した。およそ3,100万本の瓶を回収するに当たり約1億ドル（当時の日本円で約277億円）の損失が発生したとされる。

さらに、異物混入を防ぐために「3層密封構造」と呼ばれる特殊な形状のパッケージを開発し、タイレノールを再発売した。自社には責任がないと言い逃れを

---

[6] 適合性原則とは、投資家保護の観点から、顧客の知識、経験、財産の状況、金融商品取引契約を締結する目的に照らして、不適当な勧誘を行ってはならないという規制で、金融商品取引法の第40条が根拠条文となっている。

> することもなく、消費者を守ることを最優先して迅速に行動したCEOのジェームズ・バークは「優れた経営者」として賞賛され、事件の2カ月後には、タイレノールの売り上げは事件前の80%にまで回復した。
> 　ジョンソン・エンド・ジョンソンには「消費者の命を守る」ことを謳った「我が信条」(Our Credo) という経営哲学があり、社内に徹底されていた。このため、対応方針を決めるのに時間もかからず、組織一丸となって対処できた。

従業員への責任

　企業のステークホルダーの中でも、従業員は企業価値創造に重要な役割を果たす。人的資源という語に表されるように、企業の戦略達成に貢献する機能を担うが、人材育成政策や本人のやる気によってパフォーマンスは大きく変わる。また、従業員は生身の人間で、個人の尊厳の問題も忘れてはならない。経営者は、従業員に対して広範な経済的・法的・倫理的責任を負っている。

　従業員と企業は、従業員が労働に従事することを約束し、それに対して企業が報酬を支払う契約を通じて雇用関係に入る。両者の関係は契約を結ぶまでは対等だが、雇用されると、従業員は一定の労働環境・条件を受け入れて、経営者の指示に従って働いたり、転勤などにも応じたりしなくてはならないという意味で、権力関係に置き換わる。

　従業員が容易に転職できれば雇主（企業）に対する交渉力が高まり、権力関係は大きな問題にならないが、実際にはそうではない。経済学的には、①従業員は企業特殊的投資を行って生産性を高めることで、より多くの報酬を得られる（他社に転職すると報酬が下がる）、②転職は時間も労力もかかる上にリスクもある、などの理由で、従業員は同じ企業に留まる傾向がある。

　このような従業員の立場を守るために、雇用・昇進における権利・公平性、報酬（最低賃金等）、社会保険（雇用保険、労災保険、年金保険等）、労働時間や有給休暇、病気・出産・慶弔等のための休暇、解雇の手続き・退職金、労働者の団結等について、様々な法規制・制度が整備されている。

　日本では、戦後の高度成長時代に、年功序列に基づく終身雇用制度が定着し、海外に比べて転職者が少ない一方、従業員の保護が手厚いとされる。だが、企業活動のグローバル化、競争激化のなかで、成果主義が取り入れられ、人材の流動化・多様化（外国人や派遣従業員の増加等）も進んで、「日本的経

営」の人事制度は変わりつつある。

　従業員は動機づけ、経験や研修による成長によってパフォーマンスが大きく変わる。また、個々の従業員にとって、仕事は生活の糧を稼ぐ以上に重要な意義がある（仕事のやりがいなど）。そのため、人材の育成・評価・処遇においては、過程の公正性（procedural fairness）と分配の公正性（distributional fairness）に配慮する必要がある。

　過程の公正性とは、評価のように結果が不平等になることがわかっている場合に、評価結果に至るプロセスに関する情報を開示し、さらに被評価者が異議申し立てをする機会を提供することにより、評価に対する納得性を高めることを指す。

　分配の公正性とは、結果としての分配の公正を重視する考え方で、職場外の要素を考慮することもある。例えば、乳幼児のいる従業員のベビーシッター料金を補助するのはこの考え方に基づく。評価や処遇の納得性を高めるには、基準やルールの明確化、オープンなコミュニケーション・フィードバックが欠かせない。

　近年、人事制度のグローバル化、従業員のダイバーシティ、ワークライフバランスなども重視されるようになり、従業員に対する責任は一層大きく、複雑になっている。

株主（投資家）への責任

　米国の会社法では、経営者は株式会社の株主と会社の両方に対して、受託者責任・信認義務を負っている。対等な立場の者がそれぞれ自らの利益の最大化を図ることを目的とする「契約」と異なり、信認関係では、受託者と委託者の間に大きな情報格差があるので、受託者は委託者の利益の最大化を図るために、合理的かつ思慮ある行動をとらなくてはならないとされる。

　日本の会社の取締役は、会社に対する忠実義務と善管注意義務を負っているが、同様の義務は海外の会社にもあり、さらに誠実義務（duty of candor）が加えられる場合もある。契約関係であれば、自らに不利な場合は、相手に重要な影響を及ぼす情報を相手に開示しなくてもよいとされるが、信認関係では、委託者に重要な影響を及ぼす情報は進んで開示しなくてはならない。日本の会社法では、これは忠実義務の一部と考えられている。投資家に対する情報開示に関しては第11章で詳述した。

ソーシャルライセンス

　企業は、株主、顧客、取引先、従業員、金融機関、政府、地域社会など多様なステークホルダーとの関わりのなかで事業活動を営んでいる。企業が Going Concern（継続企業）として事業を続けていくには、多様なステークホルダーの利益に配慮しながら「社会の公器」としての正当性や信頼を獲得することが重要である。

　このような企業と社会との関係を表す言葉として、「ソーシャルライセンス」(Social License) という語がある。企業が社会の中で事業を営むために、行政府からの事業免許が必要な場合がある。鉄道業、銀行業を営むには国土交通省、金融庁の許可が求められるし、身近な例でも飲食店を営むには保健所などの許可が必要である。

　このような許可は、事業を営むために十分な人的・技術的能力、財務的基盤など最低限の条件を備えていることを示すが、反社会的勢力の関与など公序良俗への悪影響が懸念される場合は認められない。行政府からの許認可を得ても、環境保全や労働者・地域住民に十分に配慮しないと抗議運動が起こったり、訴訟に直面したりして、事業の継続が難しくなることもある。

　このように企業が継続して事業を営むには、行政府からの事業許可を得るばかりでなく、社会の信頼を獲得し、社会に受け入れられること、つまり「社会的免許」ともいえるソーシャルライセンスも必要となる。

　これは海外で事業を営む際にも重要で、単に雇用を創出し、地域の経済発展に貢献するだけでなく、事業そのものが現地社会に受け入れられることが必須条件となる。例えば、英シェル社によるフィリピンでの大規模な天然ガスパイプライン事業では、計画段階から数年間にわたって住民との対話を行い、住民の意見を尊重してパイプラインの経路を変更したり、雇用創出の基金を作ったりした。その結果、ウィンウィンの関係を築いて、事業を成功に導くことができたとされる。

◆正当性と信頼

　事業を営むためのライセンスは、最低限の条件を充足すれば獲得できる。だが、ソーシャルライセンスを獲得するには、時間をかけて地域社会との関係を築き、信頼を得る必要がある。

　醬油メーカーのキッコーマンは、1973年に初の海外生産拠点を米国中西部ウィスコンシン州に設立した。ホンダ、トヨタなどの自動車メーカーによる現

地生産よりも約 10 年前で、当時、原材料の現地調達まで行う食品工場の建設は異例だった。

工場建設に当たっては「経営の現地化」を方針として、地元企業との取引、現地社員の登用を積極的に行った。さらに、日本人社員も進んで地域社会と接点を持ち、同社が現地の「よき企業市民」となることを目指した。それが功を奏して、同社は地域社会に受け入れられ、事業も順調に推移した。現在、北米市場は全社営業利益のおよそ半分を占める。

このように、正当性に加えて社会の信頼を獲得することにより、ソーシャルライセンスを手に入れることができる。

三方よし

江戸時代から明治時代にかけて活躍した近江商人の「三方よし」(売り手よし、買い手よし、世間よし) は広く知られている。これは、売り手と買い手がともに満足し、また社会貢献もできるのがよい商売である、という商売の心得を表したものであり、日本では古くから、ステークホルダーの利益や社会貢献が重視されてきたことを示す。

その根底には、「商売は世の為、人の為の奉仕にして、利益はその当然の報酬なり」(近江商人の商売十訓の一つ) という考え方がある。商人は、自らの利益ばかりでなく顧客の利益も考慮することにより、顧客の信用を獲得し、商売を繁盛させることができた。そうして蓄積した利益を学校の建設や橋の建設などに投じて、社会にも大きく貢献したとされる。近江商人が近江以外の地域でも広く活躍したのには、このような背景があった。

---

3. SRIとESG投資

本節では、前節までに述べた企業の社会的責任について、機関投資家がどのように捉えてきたか、その変遷と現状を解説する。

SRI投資の歴史

SRI は Socially Responsible Investment の略で、「社会的責任投資」と訳される。経済的な利益のみならず、社会、環境への影響など企業の社会的責任に

も配慮して投資を行うことを指す。

　初期のSRIは1920年代の米国で、教会に寄付された資産の運用先に対する信者の関心から始まった。タバコ、ギャンブル、アルコールなどの事業は非倫理的であるとされ、投資対象から除外された。

　その後1960年代になると、米国社会の関心事はベトナム戦争、人権問題、環境問題などへ広がり、SRIも軍事、人権（女性や少数派の権利）、雇用、地域貢献などに関連する投資運動になった。倫理的に許容できないものを投資対象からはずすネガティブ・スクリーニング（Negative Screening）の手法から、株主の立場から企業の行動変革を促す運動に変化したのである。

　1970年代から80年代にかけて米国で盛んになった南アフリカに対する不投資運動は、アパルトヘイトの終焉に結び付いたとされ、投資を利用した社会運動の成功事例となった。イギリスでも宗教団体の教義に基づく投資から、1960年代に金融モラルを求める運動が、事前運動団体や教育機関などに広がった。

　米国のSRI関連の資産残高は1984年時点で400億ドルだったが、90年代以降も成長を続けた。やがて、SRIの動向にウォールストリートも注目するようになり、1999年にダウ・ジョーンズ社がSRIに関するグローバルインデックスとしてDow Jones Global Sustainability Group Index（DJSGI）を発表した。Sustainability（持続可能性）への関心が高まり、この頃からSRIをSustainable and Responsible Investmentと理解する者も現れた。一部のリベラルな社会運動家の活動から、人類共通の課題への取り組みに変わったことで、さらに大きく広がったのである。

　従前、社会的な目的のために投資パフォーマンスを犠牲にするのは年金の受託者責任違反に当たるのではないかという議論があったが、1998年にSRI運用機関カルバート社が、パフォーマンスが他の戦略と同等であれば、年金基金のSRIは問題がない、という米国労働省の見解を引き出した。

　米国で始まったこの投資運動は欧州にも広がった。2001年に施行されたイギリス年金法改正によるSRI運用に関する開示の義務化が、結果的に年金基金の「社会的・環境的・倫理的運用」を促した。他の欧州諸国も年金受託機関の投資方針開示制度を導入した。2001年にはイギリスのFTSEグループ（Financial Times and London Stock Exchange Group）がFTSE4Goodという名のSRIのグローバル・インデックスを発表した。

これらの動きによって、欧州におけるSRI資産残高は2005年末の約1兆ユーロから、09年末には5兆ユーロにまで膨らんだ（欧州社会投資フォーラムの調査による。なお、この数字は調査対象の拡大も含んでいる）。

責任投資原則

　こうして成長したSRI投資をさらに後押ししたのが、2005年初頭にアナン国連事務局長（当時）が、世界中の21の大手機関投資家に策定を呼びかけた「責任投資原則」（Principles of Responsible Investment；PRI）である（**図表14-7**）。

　その背景には、「金融は世界経済の原動力となっているものの、投資判断には環境・社会・ガバナンスの視点——言い換えれば持続可能な発展の原則が、十分に反映されていない」という認識があった。PRIは2006年4月に公表され、その前文には「環境、社会及び企業統治（ESG）が投資ポートフォリオのパフォーマンスに影響する可能性がある」とある。ESGは倫理投資、SRIなどそれまで投資家が実践していたものを集約した造語である。

　これまでは、投資対象の選別の際に、社会、環境への影響など企業の社会的責任にも配慮するという姿勢だったが、ESG要因が長期的な投資の収益率を向上させるとの認識を示し、責任投資を実践すべきとしたのである。そのため社会的な目的は必須でなくなり、SRIのSをなくして単に責任投資とした。言い換えれば、責任投資は投資パフォーマンス追求のためにESG要因を考慮する投資である。

　PRIの署名機関は世界各国で増えており、2018年4月現在、1,961機関（運用資産合計81.7兆ドル超）である。従前SRI投資に関心が高かった欧州

● 図表14-7　国連責任投資原則

1. 私たちは投資分析と意思決定プロセスにESGの課題を取り入れます
2. 私たちは活動的な（株式）所有者になり、（株式の）所有方針と（株式の）所有慣習にESG問題を組み入れます
3. 私たちは投資対象に対してESGの課題に関する適切な開示を求めます
4. 私たちは資産運用業界において本原則が受け入れられ、実行に移されるように働きかけます
5. 私たちは本原則を実行する際の効果を高めるために協働します
6. 私たちは本原則の実行に関する活動状況や進捗状況について報告します

出所：筆者和訳

の機関投資家は、リーマン・ショックと金融危機を受けてESG投資を重視するようになり、署名機関数においても大きな比率を占めている。日本は62機関が署名しているが、世界第10位と他の先進諸国に比べて遅れている。2015年9月に世界最大の機関投資家である年金積立金管理運用独立行政法人（GPIF）がPRIに署名したことは、資産運用業界でも注目された。

ESG投資の現状

The Global Sustainable Investment Alliance（GSIA）がまとめたレポート（2016年）によると、世界のESG投資残高は2014年から16年にかけて25％増え、22.9兆ドルとなった（図表14-8参照）。2012年から14年にかけての増加率61％から低下したものの、ESG投資は2012年の11.4兆ドルから、4年間でほぼ倍増したことになる。

ESG投資の運用資産残高の地域別分布をみると、欧州が全世界の52.6％を占め、12兆ドル超となっており、米国が8.7兆ドルでそれに次ぐ（38.1％）。欧州のESG投資の成長率が全世界よりも低いのは、欧州でESG投資の定義が厳格になったからである。日本の急増も調査手法の変更によって調査の精度が高まったのが背景で、ESG投資が急拡大したわけではない。日本のESG投資は全世界の中で2.1％にとどまる。日本のESG投資残高は、投資運用資産残高に占める比率でも世界平均を大きく下回り、3.4％にすぎない。

図表14-9は、日本のESG投資の資産規模の推移を示す。2014年から15

● 図表14-8　国・地域別のESG投資残高（10億米ドル）

国・地域	資産残高		増加率（％）	投資運用資産残高に占めるESG投資残高の比率（％）
	2014	2016		
欧州	10,775	12,040	11.7	52.6
米国	6,572	8,723	32.7	21.6
カナダ	729	1,086	49.0	37.8
豪州・ニュージーランド	148	516	247.5	50.6
アジア（日本除く）	45	52	15.7	0.8
日本	7	474	6,689.6	3.4
合計	18,276	22,890	25.2	37.8

出所：*2016 Global Sustainable Investment Review* をもとに作成

● 図表14-9　日本におけるESG投資の資産規模の推移

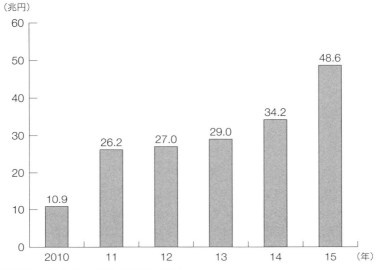

出所：日興リサーチセンター、中嶋（2016）による

年にかけて大きく伸びたのはスチュワードシップ・コードを受け入れる機関投資家が増加したことが原因と考えられる。ESGの課題について議決権行使やエンゲージメントを通じて企業に働きかけるアプローチをとる投資家が多い。欧米では、ネガティブ・スクリーニング（たばこ産業、動物事件など特定の業種、テーマに関連する企業を投資対象から除外する）、ESGインテグレーション（投資の意思決定プロセスにESG要素を組み入れて銘柄選択を行う）のアプローチが主流であるのと大きく異なる。

ユニバーサル・オーナーとダイベストメント

　ESG投資に関心が高まった背景に、「ユニバーサル・オーナー」という考え方がある。これは運用資産の規模が大きく、中長期的な視点で幅広い資産に分散投資を行っている機関投資家を指す。例えば、カリフォルニア州職員退職年金基金（CalPERS）、ノルウェー政府年金基金、年金積立金管理運用独立行政法人（GPIF）があげられる。

　ユニバーサル・オーナーは、事実上、経済・市場全体を輪切りにした一部（スライス）を所有した状態になっているので、個々の投資先企業の直接的なリス

ク・リターンばかりでなく、経済の持続的成長、社会・市場の健全な発展、自然環境などが長期的にポートフォリオに与える影響などについても考慮せざるを得ない。それらの課題を解決するために、企業に対して積極的に働きかけ（エンゲージメント）を行うばかりでなく、業界全体や規制当局にも働きかける。

近年、「脱石炭投資」（石炭資源への依存が強い企業から投資を引き上げること）を対外的に宣言する投資家が世界的に急増している。この動きは「ダイベストメント」（divestment）と呼ばれ、世界で6兆ドル超、1000の機関投資家に達したとの報道もある（英「ガーディアン」2018年9月10日付）。背景には、地球温暖化の抑制に向けて、今後石炭火力発電への規制が強化され、将来的に資産価値を失うかもしれないという懸念、投資撤退を通じて企業の行動を変えようという姿勢がある。

4. 非財務情報の重要性と統合報告書

非財務情報への関心が高まった背景

企業の非財務情報に対する関心が高まるにつれ、財務業績のみを評価するのではなく、環境的側面、社会的側面も視野にいれて評価しようという動きが現れた。その一つがトリプル・ボトムライン（Triple Bottom Line）と呼ばれるもので、1997年、イギリスのサステナビリティ社のジョン・エルキントンが提唱した。決算書の最終行（ボトムライン）で収益・損失の結果を述べるように、社会面の人権配慮や社会貢献、環境面の資源節約や汚染対策などについて評価するべきとした[7]。

機関投資家が長期的な投資リターン向上のためにESG投資を重視するようになった背景として、①企業の無形資産の比率の拡大、②経営環境の変化、が挙げられる。

◆無形資産の比率の拡大

企業の資産に占める知的財産やブランドなどの価値が高まると同時に、経済の中でソフトウェア、サービスなどの事業の比率が高まったことで、企業価値

---

[7] この考え方は、その後、CSRレポーティング（CSRレポートなど、対外的な報告活動）の基本となる「GRIガイドライン（Global Reporting Initiative Guideline）」にも反映された。

● 図表14-10　S&P500企業の時価総額に占める無形資産の比率

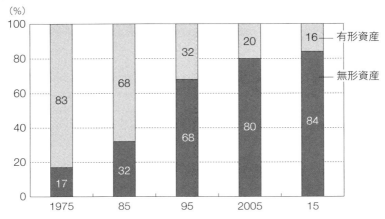

出所：Ocean Tomo
http://www.oceantomo.com/intangible-asset-market-value-study/

に占める無形資産の価値が拡大している。米国の Ocean Tomo の調査によれば、S&P500 企業の時価総額に占める無形資産の比率は、1975 年の 17％から 2015 年の 84％に大きく増えている（**図表 14-10** 参照）。有形資産中心の会計基準で作成された財務諸表では、企業の真の競争力や将来性を見抜くことが難しくなってきている。

◆経営環境の変化

現代は多様なリスクが出現し[8]、そのインパクトも増大した結果、企業が持続的に利益を出し続けることが困難になり、過去の財務諸表から企業の将来性を判断しにくくなっている。長期の投資リターンを確保するには、現在顕在化していないが、将来の収益に大きな影響を与える要因を把握しておく必要がある。そこで、複雑化するリスクに対する事前の対応策や事業戦略、首尾一貫した中長期の経営方針、将来見通しなどの非財務情報が、企業の価値を判断する上で重要となった。

統合報告書

第 11 章で述べたように、近年、財務情報及び非財務情報の関連性をわかり

---

[8] 現代の経営環境を表す 4 つの語、Volatility（変動性・不安定さ）、Uncertainty（不確実性）、Complexity（複雑性）、Ambiguity（曖昧性・不明確さ）の頭文字を取って「VUCA」ということがある。

● 図表14-11　日本の統合報告書発行企業数の推移

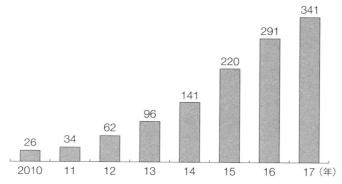

出所：『日本企業の統合報告書に関する調査2017』KPMGジャパン

やすく、比較可能な形で取りまとめ提供する統合報告書（integrated report）に対して投資家の関心が高まっている。2017年には341社の日本企業が統合報告書を発行した（**図表 14-11 参照**）[9]。

統合報告書は決められたフォーマットがなく、体裁も内容も多様である。中には従前のアニュアルレポートとCSRレポートを合わせただけのようなものもあり、作成の目的を実現するためには中身の充実が今後の課題である。

統合報告書が求められたのは、企業もCSR報告書など様々な非財務情報を開示してきたが、情報量が増えて複雑になった上に、情報が相互に関連付けられていないため、投資家にとって企業価値の判断がかえって難しくなってしまったからである。企業価値に最も影響を及ぼすと経営者が判断する情報を選択・整理し、財務情報と非財務情報を関連付けて、企業の持続可能性を理解できるように、簡潔にまとめた報告書が求められるようになった。

2013年にIIRC（International Integrated Reporting Council 国際統合報告評議会）[10]が公表した統合報告のフレームワークでは、**図表14-12**のような原則と内容が示されている。ところが、ESGの情報開示に関しては、GRI

---

9) これは全世界の統合報告書発行企業数の2-3割に相当し、日本では統合報告書を発行する企業が海外に比べて多い。
10) 2010年にイギリスで創設された国際的NGOで、「統合報告」という情報公開のフレームワークの開発・推進を主な活動としている。監督当局、国際機関、企業、投資家、NGO、会計事務所及び会計士団体の代表者などから構成される。

● 図表14-12　IIRCによる統合報告のフレームワーク

7つの指導原則	
戦略的焦点と将来志向	戦略や目標が何か。短・中・長期の価値創造にどのように関わるかを伝える
情報の結合性	価値創造に影響を与える諸要素の関連性も含めた全体像、ストーリーを伝える
ステークホルダーとの関係性	主要なステークホルダーとの関係、ニーズへの対応状況について説明する
重要性	短・中・長期の価値創造に重大な影響を与える情報を開示する
簡潔性	簡潔に伝える
信頼性と完全性	ポジティブ、ネガティブともすべての重大な情報をバランスよく伝える
首尾一貫性と比較可能性	毎年一貫性を保ちつつ、他の組織と比較できるような情報を伝える

8つの内容要素
組織概要と外部環境
ガバナンス
ビジネスモデル
リスクと機会
戦略と資源配分
実績
見通し
作成と表示の基礎（開示基準）

出所：国際統合フレームワーク日本語訳に基づいて筆者作成

● 図表14-13　IIRCによる統合報告のフレームワーク（オクトパス・モデル）

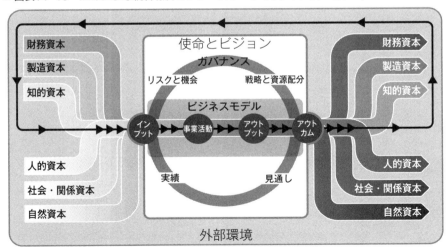

出所：国際統合フレームワーク日本語訳

（Global Reporting Initiative）[11]、SASB（Sustainability Accounting Standards Board）、CDP（Carbon Disclosure Project）など様々なガイドライン、フレームワークが存在し、混乱も生じたため、2014年にIIRCが「企業報告ダイアログ」（The Corporate Reporting Dialogue）を提唱した。異なる企業報告フレームワークの整合性や一貫性、比較可能性を高めることにより、企業・投資家の負担を軽減し、今後の企業報告における包括的な展望を示すことを目指している。

　統合報告書では、資本と事業活動（ビジネスモデル）との関係性を把握し、それが長期にわたる価値創造にどう結び付いているかを簡潔に説明することが求められている。**図表14-13**に示すように、経営資源（国際統合フレームワークでは、財務資本、製造資本、知的資本、人的資本、社会・関係資本、自然資本の6つが例示されている）が企業へのインプットとして利用され、事業活動を通してアウトプット（製品・サービス等）に変換され、アウトカム（成果）として企業の内部・外部的な資本に影響をもたらす、というつながりのあるストーリーで企業活動を説明することが提唱されている。

　経営資源は、既に保有しているものだけでなく、現状では組織外に存在しているものも含み、社会・関係資本、自然資本など従来の概念を拡張した資本を含めるマルチキャピタリズムの考え方が特徴である。

　統合報告書では未来に関する定性的な情報をわかりやすく示すだけでなく、定量的な要素も組み入れつつ、過去から現在、現在から将来につながる骨太なストーリーとして示すことが求められている。これまでの開示情報が過去の財務情報が中心だったのと対照的である。さらに、マテリアリティと呼ばれる重要課題の特定も求められている。会社の価値創造プロセスに短期的・中期的・長期的に大きな影響を及ぼす重要な事象の評価には、トップや取締役会が主体的に関与する必要がある。

　長い間、長期志向の日本の企業経営者は、株主の利益にのみ焦点を当てる短期志向の株主に違和感を持っていた。今日では、投資家も、より長期的な企業価値、幅広いステークホルダーの利益に関心を寄せるようになり、経営者とのギャップは縮小した。次の課題は、ステークホルダーの利益と長期的な企業価

---

11) 1997年に米国で設立された、サステナビリティに関する情報開示の基準の策定を使命とする国際的NGO。UNEP（国連環境計画）の公認団体として、国際基準「サステナビリティ・レポーティング・ガイドライン」を策定。2002年に本部がアムステルダムに移転した。

値向上という共通の目標を実現するための行動であり、そのためにインベストメントチェーンの最適化・高度化が重要である。投資家とのエンゲージメントを積極的に行い、トップがリーダーシップを発揮して、長期的な価値創造に向けた意思決定を行っていくことが求められている。

おわりに——21世紀の会社の姿

　2015年に制定されたコーポレートガバナンス・コードは、株主との対話を強調している。それを受けて日本企業の経営者も株主の利益に配慮し、ペイアウトやROEを重視するようになった。だが、海外のコーポレートガバナンスの議論は周回先を行っているように見える。投資家は企業に対して、長期的な企業価値向上のために、幅広いステークホルダーの利益や社会への貢献に配慮するように求めている。また、グーグルをはじめとする米国の高成長企業は、株主に議決権も配当も渡さずに、株主よりもさらに長い時間軸でイノベーションに挑む姿勢を示している。

　2004年に株式公開したグーグルは、議決権が10分の1の種類株式を発行して創業者のコントロール権を固守した。さらに2014年には株式分割を通じて議決権がないClass C株式を発行した。いずれに対しても批判はあったが、株価の動向からは市場の投資家や株主は賛同していると考えられる。

　議決権の異なる二種類の株式を発行して、創業者のコントロール権を維持する仕組みは、シリコンバレーの他のスタートアップ企業でも用いられ、それらの高成長会社は無配を続けている。つまり、株主に対して議決権も配当も渡さない。会社の進むべき未来は、株主ではなく創業経営者が決め、キャッシュフローも還元せず、次の成長への投資に向ける。そのような姿勢を鮮明にしているのである。

　日本企業はようやく20世紀型企業としての責務を果たす姿勢を整えつつあるが、機関投資家や海外の先進企業は、その先の21世紀の会社の姿を見据えて手を打っているように見える。

　21世紀の会社はどのように変わるのだろうか。本書で展開したガバナンスの議論は、19世紀末から20世紀の初めに確立した株式会社の姿を前提にしている。当時は資本が希少な資源だったので、株主に会社のコントロール権が配分された。会社は工場や機械設備など大きな資産を抱え、従業員は代替可能だと考えられた。会社という組織形態が成立したのは、複雑で継続的な取引の場合、市場を通じた取引・調整よりも企業内取引の方がコストが低いからである、

と考えられてきた。

　ところが、今日ではこれらの前提が大きく変わった。IT革命でコミュニケーション費用が激減した。取引・調整にかかるコストの前提が大きく覆され、市場を通じた取引と企業内の取引のコストの差が小さくなった。今日では、異なる企業やフリーランスの個人の間で——仮に海外であっても——あたかも一つの組織に属しているように共同作業がスムーズにできる。その結果、垂直統合した大企業の競争優位性が薄れ、企業の境界そのものが問い直されている。環境変化にスピーディに対応するために、むしろ小さな組織や外部とのコラボレーションが望ましいとされることさえある。

　従業員の位置付けや組織の在り方も変わった。初期の会社の従業員の多くは、チャップリンの「モダン・タイムス」の主人公のように、機械的な作業に従事して代替可能とされた。労働時間と業績がおおよそ比例していたので、報酬は労働時間に応じて支払われた。経験を積むと機械や工具の扱いに習熟するので、年功に応じた報酬体系が生まれ、それが従業員の動機付けにも寄与した。組織は中央集権型のコマンド・アンド・コントロールのヒエラルキーで、何層もの管理職がいた。

　今日の会社では、従業員への権限委譲、エンパワーメントが重視され、分権型のフラットな組織が志向される。また、労働時間と業績・成果が結び付かない仕事が増え、生産性を上げるために、オフィスに張り付くばかりでなく、自宅やサードプレイスでの柔軟な働き方も広がっている。勤務時間の15-20%を自分の仕事以外の自由なプロジェクトに充てることを奨励する会社も多い。社員も金銭的な報酬や昇進の機会ばかりでなく、仕事の意味やミッションなどを重視して会社や仕事を選ぶようになっている。

　株式会社の前提も大きく変わり、金融市場・IT技術の発達により巨額の資本を集めるのが容易になった。資本の重要性が相対的に低下し、代わって上昇したのが人的資産の価値である。単純労働の多くが機械に代替され、今日では人が関わる業務は創造的な要素を多く含むようになった。AI（人工知能）によりこの傾向はさらに加速していく。イノベーションが喫緊の課題となり、従業員の貢献の重要性が飛躍的に高まった。従業員は代替可能などころか、付加価値の源泉となったのである。

　大きな資産を抱え、垂直統合した20世紀の企業に対して、21世紀の企業は高度な知的生産が中心になるので、実物資産の比率が激減する。2015年の米

国S&P500企業の時価総額の84％が無形資産と推定されているのはその証左である。

　20世紀的な企業は「契約の束」「物的資産の集合体」と見なされ、1970年代以降、エージェンシー問題を解決するための規律付けの仕組みの研究が進んだ。だが、そのような規律付けの仕組みは、高度な知的生産に特化する21世紀の企業に最適とは限らない場合もあるのではないか。人的資産が競争力の源泉であれば、従業員もコントロール権を共有する方が合理的だという考え方もあり得るかもしれない。不確実性の高いイノベーションを促すには、市場による資源配分よりも、企業組織に蓄積された人的・物的資源を内部者が配分する方が適しているという指摘もある（O'Sullivan, 2000）。

　20世紀初頭の産業構造を前提にした株式会社の制度を見直して、高度な知的生産に特化する21世紀の企業にふさわしいガバナンスの仕組みを考える必要がある。ITを利用した幅広い外部資源の活用、金融資本の役割の低下、人的資産の重要性、イノベーションの重要性などが、21世紀の会社の前提条件となるだろう。このような会社にはどのようなガバナンスの仕組みがふさわしいのか。コーポレートガバナンスに関心を持つ、本書の読者には、このような問題もぜひ、考えていただきたい。

参考文献

【和文】

青木昌彦（1996）「コーポレート・ガバナンス——双対的コントロール下の企業行動」青木昌彦・奥野正寛編『経済システムの比較制度分析』東京大学出版会

赤石雅弘・馬場大治・村松郁夫（1998）「構造変革期における我が国企業の財務行動」森昭夫・赤松雅弘編『構造変革期の企業財務』千倉書房

淺羽茂（2015）「日本のファミリービジネス研究」『一橋ビジネスレビュー』2015年秋号、pp. 20-30

阿部武司（1995）「近代経営の展開——明治後期から昭和初年の企業経営」宮本又郎・阿部武司・宇田川勝・沢井実・橘川武郎編著『日本経営史』有斐閣

——・中村尚史編著（2010）『講座日本経営史 2　産業革命と企業経営 1882-1914』ミネルヴァ書房

新井富雄（2009）「資本市場と株主アクティビズム」『証券アナリストジャーナル』47（1）：7-16

——・日本経済研究センター編（2007）『日本の敵対的買収』日本経済新聞出版社

蟻川靖浩・宮島英昭（2015）「銀行と企業の関係——歴史と展望」『組織科学』49（1）：19-31

池尾和人（1985）『日本の金融市場と組織——金融のミクロ経済学』東洋経済新報社

——・幸田博人編著（2017）『日本経済再生 25年の計——金融・資本市場の新見取り図』日本経済新聞出版社

砂川伸幸（2014）「社外取締役の役割とコーポレートファイナンス」『月刊監査役』634：38-46

——（2016）「コーポレートガバナンスとファイナンス」『月刊監査役』653：8-16

——（2017）『コーポレートファイナンス入門＜第2版＞』日本経済新聞出版社

——・鈴木健嗣（2008）「株主優待の導入が株価に与える影響」『神戸大学経営学研究科 Discussion paper 2008-03』

石井寛治（1999）『近代日本金融史序説』東京大学出版会

——（2010）「企業金融の形成」阿部司・中村尚史編著『講座日本経営史 2　産業革命と企業経営 1882-1914』ミネルヴァ書房

伊丹敬之（1987）『人本主義企業——変わる経営変わらぬ原理』筑摩書房

——（1991）「株式会社と従業員『主権』」『経済法学会年報』第12号（通巻第34号）

——（2000）『日本型コーポレートガバナンス——従業員主権企業の論理と改革』日本経済新聞出版社

——編著（2006）『日米企業の利益率格差』（一橋大学日本企業研究センター研究叢書）有斐閣

伊藤邦雄（1993）「株式持ち合い——その螺旋型ロジック・シフト」伊丹敬之・加護野忠男・伊藤元重編『リーディングス日本の企業システム第1巻　企業とは何か』有斐閣

——（2017）「コーポレートガバナンス改革のPDCA」『一橋ビジネスレビュー』2017年冬号、pp. 8-31

――・加賀谷哲之・鈴木智大・河内山拓磨（2017）「日本におけるガバナンス改革の「実質的」影響をめぐる実証分析」『一橋ビジネスレビュー』2017年冬号、pp.76-91
伊藤秀史編著（2002）『日本企業変革期の選択』東洋経済新報社
――（2003）『契約の経済理論』有斐閣
――（2005）「企業の境界と経済理論」伊丹敬之・藤本隆宏・岡崎哲二・伊藤秀史・沼上幹編『リーディングス日本の企業システム第2期第2巻　企業とガバナンス』有斐閣
伊藤靖史・大杉謙一・田中亘・松井秀征（2009）『会社法』有斐閣
井上光太郎・加藤英明（2006）『M&Aと株価』東洋経済新報社
入江和彦・野間幹晴（2008）「社外役員の独立性と企業価値・業績」『経営財務研究』28：38-55
入山章栄・山野井順一（2014）「世界の同族企業研究の潮流」『組織科学』48（1）：25-37
岩井克人（2002）「株式会社の本質――その法律的構造と経済的機能」大塚啓二郎・福田慎一・中山幹夫・本多佑三編『現代経済学の潮流2002』東洋経済新報社
内田交謹（2012）「社外取締役割合の決定要因とパフォーマンス」『証券アナリストジャーナル』50（5）：8-18
江川雅子（2008）『株主を重視しない経営』日本経済新聞出版社
――（2010）「戦後日本の経営者による株主の権利の侵害」『組織科学』43（3）：86-102
――（2017）「社外取締役の役割――取締役会改革、女性社外取締役の現状分析」『証券経済研究』100：37-54
大崎貞和（2014）「種類株式の多様化と議決権」『証券アナリストジャーナル』52（11）：7-14.
太田洋（2015）「上場会社による種類株式の活用と課題（上）――株式の中長期保有促進に向けた動きとトヨタのAA型種類株式」『商事法務』2084：4-12
――（2015）「上場会社による種類株式の活用と課題（下）――株式の中長期保有促進に向けた動きとトヨタのAA型種類株式」『商事法務』2086：27-33
大村敬一・増子信（2003）『日本企業のガバナンス改革――なぜ株主重視の経営が実現しないのか』日本経済新聞出版社
岡崎哲二（1993）「企業システム」岡崎哲二・奥野正寛編『現代日本経済システムの源流』日本経済新聞出版社
――（1994）「日本におけるコーポレート・ガバナンスの発展――歴史的パースペクティブ」『金融研究』第13巻、第3号
――・奥野正寛（1993）「現代日本の経済システムとその歴史的源流」岡崎哲二・奥野正寛編『現代日本の経済システムの源流』日本経済新聞出版社
――・浜尾泰・星岳雄（2005）「戦前日本における資本市場の生成と発展――東京株式取引所への株式上場を中心として」『経済研究』56（1）：15-29
奥村宏（1972）「昭和40年代における株式所有の集中化傾向について」『証券経済』第114号、1972年7月
――（1975）『法人資本主義の構造――日本の株式所有』日本評論社
――（1989）「株式持合いの根本問題」『商事法務』No. 1195、10月5日・15日号
小佐野広（2001）『コーポレート・ガバナンスの経済学――金融契約理論からみた企業論』日本経済新聞出版社

加護野忠男（2000）「企業統治と競争力」『一橋ビジネスレビュー』2000年夏・秋号
――・小林孝雄（1988）「見えざる出資――従業員持分と企業成長」伊丹敬之・加護野忠男・小林孝雄・榊原清則・伊藤元重『競争と革新――自動車産業の企業成長』東洋経済新報社
――・砂川伸幸・吉村典久（2010）『コーポレート・ガバナンスの経営学――会社統治の新しいパラダイム』有斐閣
――・野中郁次郎・榊原清則・奥村昭博（1983）『日米企業の経営比較――戦略的環境適応の理論』日本経済新聞出版社
笠谷和比古（1988）『主君「押込」の構造――近世大名と家臣団』平凡社
加藤貴仁（2018）「スチュワードシップ・コードの理論的考察」『ジュリスト』（特集「機関投資家とコーポレート・ガバナンス」）2018年2月号、PP. 16-21
加藤英明・木村友則（2005）「日本企業の経営者交代」『国民経済雑誌』192（2）：15-30
株式会社日本取引所グループ（2017）『日本経済の心臓　証券市場誕生！』集英社
亀川雅人（2018）『株式会社の資本論――成長と格差の仕組み』中央経済社
河合隼雄・加藤雅信編著（2003）『人間の心と法』有斐閣
川上理一郎（1966）「タナ上げ株放出をめぐる問題点――放出論議の前進のために」『アナリスト』1966年9月号
川北英隆（2018）「アクティビストとの向き合い方――資本コストを意識した真の経営力を！」『企業会計』70（5）：594-600
川口幸美（2004）『社外取締役とコーポレート・ガバナンス』弘文堂
川島いづみ（2016）「上場会社における種類株式の利用とロングターミズム」『法律のひろば』2016年8月号、pp. 11-17.
川村一博（2016）「上場会社による種類株式活用事例と展望」『ビジネス法務』2016年10月号、pp. 116-121
川村雅彦（2015）『CSR経営パーフェクトガイド』ウィズワークス
神作裕之・小野傑・今泉宣親編（2018）『コーポレートガバナンスと企業・産業の持続的成長』商事法務
神田秀樹（2006）『会社法入門』岩波書店
――（2010）『会社法』弘文堂
――・小野傑・石田晋也編（2011）『コーポレート・ガバナンスの展望』中央経済社
――・武井一浩・内ケ崎茂編著（2016）『役員報酬改革論（増補改訂版）』商事法務
神田眞人（2018）『金融規制とコーポレートガバナンスのフロンティア』財経詳報社
企業と社会フォーラム編（2012）『持続可能な発展とマルチ・ステイクホルダー』（企業と社会シリーズ1）千倉書房
菊池敏夫・平田光弘編著（2000）『企業統治の国際比較』文眞堂
北川哲雄（2015）『スチュワードシップとコーポレートガバナンス――2つのコードが変える日本の企業・経済・社会』東洋経済新報社
――編著（2017）『ガバナンス革命の新たなロードマップ』東洋経済新報社
橘川武郎（1992）「戦後型企業集団の形成」法政大学産業情報センター・橋本寿朗・武田晴人編『日本経済の発展と企業集団』東京大学出版会
――（1996）『日本の企業集団――財閥との連続と断絶』有斐閣

久保克行（2010）『コーポレート・ガバナンス——経営者の交代と報酬はどうあるべきか』日本経済新聞出版社
——・齋藤卓爾（2009）「配当政策と経営者持株——エントレンチメントの観点から」『経済研究』60（1）：47-59
栗原脩（2016）「社外取締役の歴史——英・米・仏・独における制度の沿革とその特色」『企業会計』68（2）：34-41
小池和男（2015）『なぜ日本企業は強みを捨てるのか——長期の競争 vs. 短期の競争』日本経済新聞出版社
——（2018）『企業統治改革の陥穽——労組を活かす経営』日本経済新聞出版社
郷原信郎（2007）『「法令遵守」が日本を滅ぼす』新潮社
小西大・趙ファンソク（2003）「自己株取得に対する株価の反応」『一橋論叢』130（5）：452-469
小宮隆太郎（1988）「日本企業の構造的・行動的特徴（1）（2）」『経済学論集』7月号・10月号
齋藤卓爾（2011）「内部ガバナンスと組織アーキテクチャ　日本企業による社外取締役の導入の決定要因とその効果」宮島英昭編著『日本の企業統治』東洋経済新報社、pp. 181-213
——・宮島英昭・小川亮（2017）「企業統治制度の変容と経営者の交代」宮島英昭編著『企業統治と成長戦略』東洋経済新報社、pp. 304-335
佐藤淑子（2017）「IR の視点で考える望ましいアナリスト像」日本証券アナリスト協会編『企業・投資家・証券アナリスト　価値向上のための対話』日本経済新聞出版社
宍戸善一（1993）「経営者に対するモニター制度——従業員主権と株式会社法」伊丹敬之・加護野忠男・伊藤元重編『リーディングス日本の企業システム第 1 巻　企業とは何か』有斐閣
——・後藤元編著（2016）『コーポレート・ガバナンス改革の提言——企業価値向上・経済活性化への道筋』商事法務
柴田典男・高田義幸（1990）「エクイティ・ファイナンスと株式持合い」『企業会計』42（7）
沈政郁（2014）「血縁主義の弊害——日本の同族企業の長期データを用いた実証分析」『組織科学』48（1）：38-51
白井正和（2016）「アクティビスト・ヘッジファンドとコーポレート・ガバナンス」『商事法務』No. 2109, pp. 34-47
末永國紀（1997）『近代近江商人経営史論』有斐閣
菅山真次（1996）「企業民主化」『戦後日本経済と経済同友会』岩波書店
杉田浩治（2016）「発足から 40 年を迎えるインデックスファンド——その軌跡と今後の展開」『証券レビュー』56（1）：172-193
鈴木一功（2013）「マネジメント・バイアウト再考」『証券アナリストジャーナル』51（6）：47-51
鈴木邦夫（1992）「財閥から企業集団・企業系列へ——1940 年代後半における企業間結合の解体・再編過程」『土地制度史学』第 135 号
鈴木裕（2007）「注目集めるアクティビスト——様々な目的・多様な行動」『DIR 経営戦略研究』2007 年秋季号　VOL.14

首藤惠（2015）「コーポレートガバナンスとステークホルダー関係」『証券アナリストジャーナル』53（10）：52-57
関孝哉（2006）『コーポレート・ガバナンスとアカウンタビリティー』商事法務
芹田敏夫・花枝英樹（2015）「サーベイ調査から見た日本企業の財務政策」『組織科学』49（1）：32-44
髙巖（2013）『ビジネスエシックス［企業倫理］』日本経済新聞出版社
─── （2017）『コンプライアンスの知識』日本経済新聞出版社
高崎達之助（1954）「昔の経営者と今の経営者」『経団連月報』1954年3月
高橋亀吉（1930）『株式会社亡国論』万里閣書房
─── （1956）『我国企業の史的発展』東洋経済新報社
高山与志子（2015）「取締役会評価の実際と課題」『証券アナリストジャーナル』53（11）：39-48
武井一浩編著、井口譲二・石坂修・北川哲雄・佐藤淑子・三瓶裕喜著（2015）『コーポレートガバナンス・コードの実践』日経BP社
武田晴人（1999）『日本人の経済観念──日本の50年　日本の200年』岩波書店
田中一弘（2014）『「良心」から企業統治を考える』東洋経済新報社
田中亘（2017）「企業統治改革の現状と展望」宮島英昭編著『企業統治と成長戦略』東洋経済新報社
─── ・中林真幸編（2015）『企業統治の法と経済』有斐閣
谷本寛治（2013）『責任ある競争力──CSRを問い直す』NTT出版
─── （2014）『日本企業のCSR経営』千倉書房
田村俊夫（2014）「アクティビスト・ヘッジファンドと企業統治革命」『証券アナリストジャーナル』52（5）：56-68
─── （2018）「日米エンゲージメントの新潮流」『月刊資本市場』2018年4月号、No. 392、pp. 26-34
円谷昭一（2015）「本当に必要とされる『四半期情報開示』とは」『企業会計』67（11）：52-59
─── 編著（2017）『コーポレート・ガバナンス「本当にそうなのか？」──大量データからみる真実』同文舘出版
手嶋宣之（2000）「経営者の株式保有と企業価値──日本企業による実証分析」『現代ファイナンス』7：41-55
寺西重郎（1993）「メインバンク・システム」岡崎哲二・奥野正寛編『現代日本経済システムの源流』日本経済新聞出版社
─── （2006）「戦前日本の金融システムは銀行中心であったか」『金融研究』25（1）：13-40
東京海上日動リスクコンサルティング（2006）『実践事業継続マネジメント』同文舘出版
─── （2012）『最新リスクマネジメントがよ〜くわかる本トップカンパニーが教える「危機管理学」（第2版）』秀和システム
中神康議（2016）『投資される経営　売買される経営』日本経済新聞出版社
中嶋幹（2016）「わが国のESG投資の現状」『月刊資本市場』2016年9月号、No. 373、pp. 44-51

中野誠（2016）『戦略的コーポレートファイナンス』日本経済新聞出版社
中林真幸編（2013）『日本経済の長い近代化』名古屋大学出版会
仁科一彦（1995）『財務破壊──市場メカニズムの浸透と財務戦略』東洋経済新報社
西山賢吾（2009）「議決権行使の変遷とコーポレートガバナンス」『証券アナリストジャーナル』47（1）：31-42
日本経済団体連合会（2006）『我が国におけるコーポレート・ガバナンス制度のあり方について』
沼上幹・加藤俊彦・田中一弘・島本実・軽部大（2007）『組織の〈重さ〉──日本的企業組織の再点検』日本経済新聞出版社
野口悠紀雄（1995）『1940年体制』東洋経済新報社
橋本寿朗（1995）「1940年体制は現在と直結していない」『エコノミスト』5月2/9号、pp. 49-64
──編（1996）『日本企業システムの戦後史』東京大学出版会
花枝英樹・榊原茂樹（2009）『資本調達・ペイアウト政策』（若杉敬明・榊原茂樹・坂本恒夫・小松章編『現代の財務経営 3』）中央経済社
花崎正晴（2008）『企業金融とコーポレート・ガバナンス──情報と制度からのアプローチ』東京大学出版会
羽田正（2007）『東インド会社とアジアの海』（興亡の世界史15）講談社
馬場大治・若林公美（2016）「日本企業の資本コストに対する 認識の変遷とその背景」『甲南経営研究』57（2）：85-121
樋口範雄（1999）『フィデュシャリー「信認」の時代──信託と契約』有斐閣
日高千景・橘川武郎（1998）「日本のメインバンク・システムとコーポレート・ガバナンス」『社会科学研究』49（6）：1-29
広田真一（1996）「日本の金融・証券市場とコーポレート・ガバナンス」橘木俊詔・筒井義郎編著『日本の資本市場』日本評論社
──（2012）『株主主権を超えて──ステークホルダー型企業の理論と実証』東洋経済新報社
深尾光洋・森田泰子（1997）『企業ガバナンス構造の国際比較』日本経済新聞出版社
藤田友敬（2014）「『社外取締役・取締役会に期待される役割──日本取締役協会の提言』を読んで」『商事法務』2038：4-17
藤本隆宏（2003）『能力構築競争──日本の自動車産業はなぜ強いのか』中央公論新社
堀内昭義（1993）「展望：日本における企業金融の構造」『フィナンシャル・レビュー』第28号、1993年6月
三隅隆司（1993）「コントロールメカニズムとしてのメインバンク」『ビジネスレビュー』40（3）：56-72
宮島英昭（1991）「企業集団の歴史的形成──日米構造協議へのインプリケーション」『企業系列総覧 1991年版』東洋経済新報社
──（1995）「専門経営者の制覇──日本的経営者企業の成立」山崎広明・橘川武郎編『日本経営史4「日本的」経営の連続と断絶』岩波書店
──（1998）「戦後日本企業における状態依存的ガヴァナンスの進化と変容──Logitモデルによる経営者交代分析からのアプローチ」『経済研究』49（2）：97-112

――編著（2017）『企業統治と成長戦略』東洋経済新報社
――・小川亮（2012）「日本企業の取締役会構成の変化をいかに理解するか――取締役会構成の決定要因と社外取締役の導入効果」『商事法務』No. 1973、pp. 81-95
――・近藤康之・山本克也（2001）「企業統治・外部役員・企業パフォーマンス――日本企業システムの形成と変容」『日本経済研究』43, 18-45.
――・新田敬祐（2007）「日本型取締役会の多元的進化――その決定要因とパフォーマンス効果」神田秀樹・財務省財務総合政策研究所編『企業統治の多様化と展望』金融財政事情研究会、pp. 28-77
――・新田敬祐・宍戸善一（2011）「親子上場の経済分析」宮島英昭編著『日本の企業統治』東洋経済新報社
――・保田隆明・小川亮（2017）「海外機関投資家の企業統治における役割とその帰結」宮島英昭編著『企業統治と成長戦略』東洋経済新報社
宮本又郎・阿部武司編（1995）『日本経営史2　経営革新と工業化』岩波書店
三輪晋也（2010）「日本企業の社外取締役と企業業績の関係に関する実証分析」『日本経営学会誌』第25号、pp. 15-27
三和裕美子（2009）「米国における機関投資家の株主アクティビズムの現状――ヘッジファンドによる株主アクティビズムを中心に」『証券アナリストジャーナル』47（1）：17-30
茂木美樹・谷野耕司（2017）「敵対的買収防衛策の導入状況――2017年6月総会を踏まえて」『旬刊商事法務』No. 2152、2017年12月5日
森川哲郎（1972）『史料日本株主総会百年史』日種顕彰
森川英正（1991）『経営者企業の時代』有斐閣
守島基博（2004）『人材マネジメント入門』日本経済新聞出版社
森・濱田松本法律事務所編（2015）『変わるコーポレートガバナンス』日本経済新聞出版社
森宮康（1985）『リスク・マネジメント論』千倉書房
安岡重明（1970）『財閥形成史の研究』ミネルヴァ書房
柳川範之（2006）『法と企業行動の経済分析』日本経済新聞出版社
山一證券株式会社社史編纂室編（1958）『山一證券史』山一證券株式会社
山田克史（2000）「時価総額最大化に向けたグループ戦略――企業側から見た親子上場問題」『証券アナリストジャーナル』38（11）：16-26
山本功（2000）「グループ経営と子会社公開」『証券アナリストジャーナル』38（11）：6-15
結城武延（2013）「企業統治の成立――合理的な資本市場と紡績業の発展」中林真幸編『日本経済の長い近代化』名古屋大学出版会
吉村典久（2007）『日本の企業統治――神話と実態』NTT出版
――（2012）『会社を支配するのは誰か――日本の企業統治』講談社
――・田中一弘・伊藤博之・稲葉祐之（2017）『企業統治』中央経済社
吉森賢・齋藤正章（2009）『コーポレート・ガバナンス』放送大学教育振興会
若杉敬明・大村敬一・宮下一典（1994）「株式の持合に関する実証研究」『証券アナリストジャーナル』32（5）：30-60
渡辺茂（1994）『ROE（株主資本利益率）革命――新時代の企業財務戦略』東洋経済新報社

【英文】

Adams, R. and D. Ferreira (2007) "A Theory of Friendly Boards," *Journal of Finance*, 62：217-250.
—— (2009) "Women in the Boardroom and Their Impact on Governance," *Journal of Financial Economics*, 94：291-309.
Adams, R., B. Hermalin, and M. Weisbach (2010) "The Role of Boards of Directors in Corporate Governance：A Conceptual Framework and Survey," *Journal of Economic Literature*, 48 (1)：58-107.
Aggarwal, R., I. Erel, M. Ferreira, and P. Matos (2011) "Does Governance Travel Around the World? Evidence from Institutional Investors," *Journal of Financial Economics*, 100 (1)：154-182.
Agihon, P. and J. Tirole (1997) "Formal and Real Authority in Organizations," *Journal of Political Economy*, 105 (1)：1-29.
Agrawal, A. and C. Knoeber (1996) "Firm Performance and Mechanisms to Control Agency Problems between Managers and Shareholders," *Journal of Financial and Quantitative Analysis*, 31 (3)：377-397.
Agrawal, A. and C. Knoeber (2001) "Do Some Outside Directors Play a Political Role?" *Journal of Law and Economics*, 44：179-198.
Aguilera, R., J. Desender, M. Bendnar, and J. Lee (2015) "Connecting the Dots：Bringing External Governance into the Corporate Governance Puzzle," *Academy of Management Annals*, 9 (1)：483-573.
Ahmadjian, C. and G. Robbins (2005) "A Clash of Capitalisms：Foreign Shareholders and Corporate Restructuring in 1990s Japan," *American Sociological Review*, 70 (3)：451-471.
Akerlof, G. (1970) "The Market for Lemons：Quality Uncertainty and the Market Mechanism," *Quarterly Journal of Economics*, 84 (3)：488-500.
Albert, M. (1991) *Capitalism contre Capitalism*, Edition du Sueli（小池はるひ訳『資本主義対資本主義（新装版）』竹内書店新社、2008 年）
Alchian, A. and H. Demsetz (1972) "Production, Information Costs, and Economic Organization," *American Economic Review*, 62 (5)：777-795.
Allen, F. and D. Gale (2000) *Comparing Financial Systems*, MIT Press.
Andrade, G., M. Mitchell, and E. Stafford (2001) "New Evidence and Perspectives on Mergers," *Journal of Economic Perspectives*, 15 (2)：103-120.
Aoki, M. (1994) "The Contingent Governance of Teams：Analysis of Institutional Complementarity," *International Economic Review*, 35 (3)：657-676.
—— and H. Patrick (eds.) (1994) *The Japanese Main Bank System：Its Relevance for Developing and Transforming Economics*, Oxford University Press.（白鳥正喜監訳、東銀リサーチ・インターナショナル訳『日本のメインバンク・システム』1996 年、東洋経済新報社）
Argyris, C. (1973) "Organization Man：Rational and Self-Actualizing," *Public*

Administration Review, 33 (4): 354-357.

Arregle, J., M. Hitt, D. Sirmon, and P. Very (2007) "The Development of Organizational Social Capital: Attributes of Family Firms," *Journal of Management Studies*, 44 (1): 73-95.

Balsmeier, B., L. Fleming, and G. Manso (2017) "Independent Boards and Innovation," *Journal of Financial Economics*, 123 (3): 536-557.

Barclay, M. and C. Holderness (1989) "Private Benefits from Control of Public Corporations," *Journal of Financial Economics*, 25 (2): 371-395.

Baker, H. and R. Anderson (2010) *Corporate Governance*, John Wily & Sons.

Baker, M. and P. Gompers (2003) "The Determinants of Board Structure at the Initial Public Offering," *Journal of Law & Economics*, 46 (2): 569–598.

Bebchuck, L., A. Brav, and W. Jiang (2015) "The Long-Term Effects of Hedge Fund Activism," *Columbia Law Review*, 115 (5): 1085, 1087.

Bebchuck, L. and J. Fried (2006) "Pay without Performance: Overview of the Issues," *Academy of Management Perspectives*, 20 (1): 5-24.

Bebchuck, L. and M. Weisbach (2010) "The State of Corporate Governance Research," *Review of Financial Studies*, 23 (3): 939-961.

Becht, M., P. Bolton, and A. Roell (2003) "Corporate Governance and Control," in Constantinides, G., M. Harris, and R. Stulz (eds.) *Handbook of the Economic of Finance*, Vol. 1, Part A: 1-109.

Becht, M., J. Franks, C. Mayer, and S. Rossi (2008) "Returns to Shareholder Activism: Evidence from a Clinical Study of the Hermes UK Focus Fund," *Review of Financial Studies*, 23 (3): 3093-3129.

Becht, M., F. Julian, G. Jeremy, and H. Wagner (2017) "Returns to Hedge Fund Activism: An International Study," *Review of Financial Studies*, 30 (9): 2933-2971.

Bergstrom, C. and K. Rydqvist (1990) "The Determinants of Corporate Ownership: An Empirical Study on Swedish Data," *Journal of Banking & Finance*, 14 (2-3): 237-253.

Berle, A. and G. Means (1932) *The Modern Corporation and Private Property*, The Macmillan Company（北島忠男訳、明治大学経済学研究会編『近代株式会社と私有財産』文雅堂書店、1958年、森杲訳『現代株式会社と私有財産』北海道大学出版、2014年）

Bertrand, M. and S. Mullainathan (2000) "Agents with and without Principals," *American Economic Review*, 90 (2): 203-208.

—— (2001) "Are CEOS Rewarded for Luck? The Ones without Principals Are," *Quarterly Journal of Economics*, 116 (3): 901-932.

—— (2003) "Enjoying the Quiet Life? Corporate Governance and Managerial Preferences," *Journal of Political Economy*, 111 (5): 1043-1075.

Bhagat, S. and B. Black (1999) "The Uncertain Relationship between Board Composition and Firm Performance," *Business Lawyer*, 54 (3): 921-963.

Black, B. (1998) "Shareholder Activism and Corporate Governance in the United States," in Newman, P. (ed.) *The New Palgrave Dictionary of Economics and the Law*, 3:

459-465.

Blair, M. (1995) *Ownership and Control : Rethinking Corporate Governance for the Twenty-First Century*, Brookings Institution Press.

—— and L. Stout (1999) "A Team Production Theory of Corporate Law," *Virginia Law Review*, 85 (2) : 247-328.

Boone, A., L. Field, J. Karpoff, and C. Raheja (2007) "The Determinants of Corporate Board Size and Composition : An Empirical Analysis," *Journal of Financial Economics*, 85 (1) : 66-101.

Borokhovich, K., R. Parrino, and T. Trapani (1996) "Outside Directors and CEO Selection," *Journal of Financial and Quantitative Analysis*, 31 (3) : 337-355.

Bower, J. and L. Paine (2017) "The Error at the Heart of Corporate Leadership," *Harvard Business Review*, May-June 2017 : 50-60.

Brandes, P., M. Goranova, and S. Hall (2008) "Navigating Shareholder Influence : Compensation Plans and the Shareholder Approval Process," *Academy of Management Perspectives*, 22 (1) : 41-57.

Bratton, W. and J. McCahery (2015) *Institutional Investor Activism : Hedge Funds and Private Equity, Economics and Regulation*, Oxford University Press.

Brav, A., W. Jiang, F. Partnoy, and R. Thomas (2008) "Hedge Fund Activism, Corporate Governance, and Firm Performance," *Journal of Finance*, 63 (4) : 1729-1775.

Bris, A., N. Brisley and C. Cabolis (2008) "Adopting Better Corporate Governance : Evidence from Cross-Border Mergers," *Journal of Corporate Finance*, 14 (3) : 224-240.

Buchanan, J., D. Chai, and S. Deakin (2012) *Hedge Fund Activism in Japan : The Limits of Shareholder Primacy*, Cambridge University Press.

Bushee, B. (1998) "The Influence of Institutional Investors on Myopic R&D Investment Behavior," *Accounting Review*, 73 (3) : 305-333.

Byrd, D. and M. Mizruchi (2005) "Bankers on the Board and the Debt Ratio of Firms," *Journal of Corporate Finance*, 11 (1-2) : 129-173.

Cadbury, A. (1999) "Forward," in *Corporate Governance : A Framework for Implementation —— Overview*, World Bank.

Carroll, A. (1991) "The Pyramid of Corporate Social Responsibility : Toward the Moral Management of Organizational Stakeholders," *Business Horizons*, 34 (4) : 39-48.

Certo, T. (2003) "Influencing Intial Public Offering Investors with Prestige : Signaling with Board Structures," *Academy of Management Review*, 28 (3) : 432-446.

Chandler, A. (1976) *The Visible Hand : The Managerial Revolution in American Business*, Belknap Press. (鳥羽欽一郎・小林袈裟治訳『経営者の時代――アメリカ産業における近代企業の成立』東洋経済新報社、1979 年)

Charan, R., D. Carey, and M. Useem (2013), *Boards That Lead : When to Take Charge, When to Partner, and When to Stay Out of the Way*, Harvard Business School Press (川添節子訳『取締役会の仕事』日経 BP 社、2014 年)

Charkham, J. (1994) *Keeping Good Company : A Study of Corporate Governance in Five Countries*, Oxford University Press.

Coffee, J. (1991) "Liquidity versus Control: The Institutional Investor as Corporate Monitor," *Columbia Law Review*, 91 (6): 1277-1368.
Coles, J., N. Daniel, and L. Naveen (2008) "Boards: Does One Size Fit All?" *Journal of Financial Economics*, 87 (2): 329-356.
—— (2014) "Co-opted Boards," *Review of Financial Studies*, 27: 1751-1796.
Cotter, J., A. Shivdasani, and M. Zenner (1997) "Do Independent Directors Enhance Target Shareholder Wealth During Tender Offers?" *Journal of Financial Economics*, 43 (2): 195-218.
Dahya, J., J. McConnell, and N. Travlos (2002) "The Cadbury Committee, Corporate Performance and Top Management Turnover," *Journal of Finance*, 57 (1): 461-483.
Daily, C., D. Dalton, and A. Cannella (2003) "Corporate Governance: Decades of Dialogue and Data," *Academy of Management Review*, 28 (3): 371-382.
Dalton, D., C. Daily, S. Certo, and R. Roengpitya (2003) "Meta-Analyses of Financial Performance and Equity: Fusion or Confusion?" *Academy of Management Journal*, 46 (1): 13-26.
Dalton, D., C. Daily, A. Ellstrand, and J. Johnson (1998) "Meta-Analytic Reviews of Board Composition, Leadership Structure, and Financial Performance," *Strategic Management Journal*, 19 (3): 269-290.
Dalton, D., M. Hitt, S. Certo, and C. Dalton (2007) "The Fundamental Agency Problem and Its Mitigation: Independence, Equity, and the Market for Corporate Control," *Academy of Management Annals*, 1 (1): 1-64.
Davis, J., F. Schoorman, and L. Donaldson (1997) "Toward a Stewardship Theory of Management," *Academy of Management Review*, 22 (1): 20-47.
Demsetz, H. and K. Lehn (1985) "The Structure of Corporate Ownership: Causes and Consequences," *Journal of Political Economy*, 93 (6): 1155-1177.
Denes, M., J. Karpoff, and V. McWilliams (2017) "Thirty Years of Shareholder Activism: A Survey of Empirical Research," *Journal of Corporate Finance*, 44: 405-424.
Denis, D. and D. Denis (1995) "Performance Changes Following Top-Management Dismissals," *Journal of Finance*, 50 (4): 1029-1055.
Diamond, D. (1984) "Financial Intermediation and Delegated Monitoring," *Review of Economic Studies*, 51 (3): 393-414.
Dodd, E. (1932) "For Whom Corporate Managers Are Trustees?" *Harvard Law Review*, 45 (7): 1145-1163.
Donaldson, T. and L. Preston (1995) "The Stakeholder Theory of the Corporation: Concept, Evidence, and Implications," *Academy of Management Review*, 20 (1): 65-91.
Dore, R. (2000) *Stock Market Capitalism: Welfare Capitalism: Japan and Germany versus the Anglo-Saxons*, Oxford University Press(藤井眞人訳『日本型資本主義と市場主義の衝突』東洋経済新報社、2001年)
——, W. Lazonick, and M. O'Sullivan (1999) "Varieties of Capitalism in the Twentieth Century," *Oxford Review of Economic Policy*, 15 (4) 102-120.

Duchin, R., J. Matsusaka, and O. Ozbas (2010) "When Are Outside Directors Effective?" *Journal of Financial Economics*, 96 (2): 195-214.

Eells, R. (1960) *The Meaning of Modern Business: An Introduction to the Philosophy of Large Corporate Enterprise*, Columbia University Press（企業制度研究会訳『ビジネスの未来像——協和的企業の構想』雄松堂書店、1974 年）

Eisenberg, M. (1976) *The Structure of the Corporation: A Legal Analysis*, Little Brown.

Eisenberg, T., S. Sundgren, and M. Wells (1998) "Larger Board Size and Decreasing Firm Value in Small Firms," *Journal of Financial Economics*, 48, 35-54.

English, P., T. Smythe, and McNeil (2004) "The 'CalPERS Effect' Revisited," *Journal of Corporate Finance*, 10 (2004): 157-174.

Fahlenbrach, R., A. Low, and R. Stulz (2010) "Why Do Firms Appoint CEOs as Outside Directors?" *Journal of Financial Economics*, 97 (1): 12-32.

Fama, E. and K. French (2001) "Disappearing Dividends: Changing Firm Characteristics or Lower Prospersity to Pay?" *Journal of Financial Economics*, 60 (1): 3-43.

Fich, E. (2005) "Are Some Outside Directors Better than Others? Evidence from Director Appointment by Fortune 1000 Firms", *Journal of Business*, 78: 1943-1970.

—— and A. Shivdasani (2006) "Are Busy Boards Effective Monitors?" *Journal of Finance*, 61 (2): 689-724.

Flath, D. (1993) "Shareholding in the Keiretsu, Japan's Financial Groups," *Review of Economics and Statistics*, 75 (2): 249-257.

Freeman, R. (1984) *Strategic Management: A Stakeholder Approach*, Cambridge University Press.

Frentrop, P. (2003) *A History of Corporate Governance: 1602-2002*, Deminor.

Fried, J. and C. Wang (2018) "Are Buybacks Really Shortchanging Investment?" *Harvard Business Review*, March-April 2018: 88-95.

Friedman, M. (1970) "The Social Responsibility of Business Is to Increase Its Profits," *The New York Times Magazine*, September 13, 1970.

Fuller, K., J. Netter, and M. Stegemoller (2002) "What Do Returns to Acquiring Firms Tell Us? Evidence from Firms That Make Many Acquisitions," *Journal of Finance*, 57 (4): 1763-1793.

Gerlach, M. (1992) *Alliance Capitalism: The Social Organization of Japanese Business*, University of California Press.

Gillan, S. and L. Starks (2000) "Corporate Governance Proposals and Shareholder Activism: the Role of Institutional Investors," *Journal of Financial Economics*, 57 (2): 275-305.

Gillan, S. and L. Starks (2007) "The Evolution of Shareholder Activism in the United States," *Applied Corporate Finance*, 19 (1): 55-73.

Gilson, R. and J. Gordon (2013) "The Agency Costs of Agency Capitalism: Activist Investors and the Revaluation of Governance Rights," *Columbia Law Review*, 113 (4): 863-927.

Giroud, X. and H. Mueller (2011) "Corporate Governance, Product Market Competition, and Equity Prices," *Journal of Finance*, 66（2）：563-600.

Gomez-Mejia J., K. Haynes, M. Nunez-Nickel, K. Jacosn, and J. Moyano-Fuentes (2007) "Socioemotional Wealth and Business Risks in Family-Controlled Firms：Evidence from Spanish Olive Oil Mills," *Administrative Science Quarterly*, 52：106-137.

Gomez-Mejia, J., R. Makri, and M. Kintana (2010) "Diversification Decisions in Family-Controlled Firms", *Journal of Management Studies*, 47（2）：223-252.

Gompers, P., J. Ishii, and A. Metrick (2003) "Corporate Governance and Equity Prices," *Quarterly Journal of Economics*, 118（1）：107-155.

Gordon, N. (2007) "The Rise of Independent Directors in the United States, 1950-2005：Of Shareholder Value and Stock Market Prices," *Stanford Law Review*, 59（6）：1465-1568.

Grossman, S. and O. Hart (1980) "Takeover Bids, the Free-Rider Problem, and the Theory of the Corporation," *The Bell Journal of Economics*, 11（1）：42-64.

Güner, A., U. Malmendier, and G.Tate (2008) "Financial Expertise of Directors," *Journal of Financial Economics*, 88（2）：323-354.

Haley, J. (1991) *Authority Without Power：Law and Japanese Paradox*, Oxford University Press.

Hall, B. and J. Liebman (1998) "Are CEOS Really Paid Like Bureaucrats?" *Quarterly Journal of Economics*, 113（3）：653-691.

Hall, P. and D. Soskice (2001) *Varieties of Capitalism：The Institutional Foundations of Comparative Advantage*, Oxford University Press（遠山弘徳、安孫子誠男、山田鋭夫、宇仁宏幸、藤田菜々子訳『資本主義の多様性――比較優位の制度的基礎』ナカニシヤ出版、2007年）

Hallock, K. (1997) "Reciprocally Interlocking Boards of Directors and Executive Compensation," *Journal of Financial and Quantitative Analysis*, 32（3）：331-344.

Hanazaki, M. and Horiuchi, A. (2000) "Is Japan's Financial System Efficient?" *Oxford Review of Economic Policy*, 16（2）：61-73.

Hansmann, H. and R. Kraakman (2001) "The End of History for Corporate Law," *Georgetown Law Journal*, 89（2）：439-468.

Hart, O. and J. Moore (1990) "Property Rights and the Nature of the Firm," *Journal of Political Economy*, 98（6）：1119-1158.

Hart, O. and L. Zingales (2017) "Companies Should Maximize Shareholder Welfare Not Market Value," *Journal of Law, Finance, and Accounting*, 2（2）：247-275.

Hermalin, B. and M.Weisbach (1998) "Endogenously Chosen Boards of Directors and Their Monitoring of the CEO," *American Economic Review*, 88（1）：96-118.

Hermalin, B. and M.Weisbach (2003) "Boards of Directors as an Endogenously Determined Instituoin：A Survey of the Economic Literature," *Economic Policy Review*, 9（1）：7-26.

Hillman, A. (2005) "Politicians on Board of Directors：Do Connections Affect the Bottom Line?" *Journal of Management*, 31：464-481.

Hillman, A. and T. Dalziel (2003) "Boards of Directors and Firm Performance：

Integrating Agency and Resource Dependence Perspectives," *Academy of Management Review*, 28（3）：383-396.

Himmelberg, C., R. Hubbard, and D. Palia（1999）"Understanding the Determinants of Managerial Ownership and the Link between Ownership and Performance," *Journal of Financial Economics*, 53（3）：353-384.

Hirschman, A.（1970）*Exit, Voice and Loyalty：Responses to Decline in Firms, Organizations, and States*, Harvard University Press（矢野修一訳『離脱・発言・忠誠——企業・組織・国家における衰退への反応』ミネルヴァ書房、2005 年）

Holmström, B.（1979）"Moral Hazard and Observability," *The Bell Journal of Economics*, 10（1）：74-91.

—— and Milgrom, P.（1991）"Multitask Principal-Agent Analyses：Incentive Contracts, Asset Ownership and Job Design," *Journal of Law, Economics & Organization*, 7：24-52.

Hoshi, T., A. Kashyap, and D. Scharfstein（1990）"The Role of Banks in Reducing the Costs of Financial Distress in Japan," *Journal of Financial Economics*, 27（1）：67-88.

——（1991）"Corporate Structure, Liquidity, and Investment：Evidence from Japnaese Industrial Groups," *Quarterly Journal of Economics*, 106（1）：33-60.

Hoshi, T. and A. Kashyap（2001）*Corporate Financing and Governance in Japan：The Road to the Future*, MIT Press.（鯉渕賢訳『日本金融システム進化論』日本経済新聞出版社、2006 年）

Huson, M., R. Parrino, and L. Starks（2001）"Internal Monitoring and CEO Turnover：A Long-Term Perspective," *The Journal of Finance*, 56（6）：2265-2297.

Iwai, K.（1999）"Persons, Things and Corporations：The Corporate Personality Controversy and Comparative Governance," *American Journal of Comparative Law*, 47（4）：583-632.

Jensen, M.（1986）"Agency Cost of Free Cash Flow, Corporate Finance and Takeovers," *American Economic Review*, 76（2）：323-329.

——（1988）"Takeovers：Their Causes and Consequences," *Journal of Economic Perspectives*, 2（1）：21-48.

——（1989）"Eclipse of the Public Corporation," *Harvard Business Review*, September-October 1989：60-70.

——（1993）"The Modern Industrial Revolution, Exit, and the Failure of Internal Control Systems," *Journal of Finance*, 48（3）：831-880.

——（2002）"Value Maximization, Stakeholder Theory, and the Corporate Objective Function," *Business Ethics Quarterly*, 12（2）：235-256.

—— and W. Meckling（1976）"Theory of the Firm：Managerial Behavior, Agency Costs, and Ownership Structure," *Journal of Financial Economics*, 3（4）：305-360.

—— and K. Murphy（1990）"Performance Pay and Top Management Incentives," *Journal of Political Economy*, 98（2）：225-264.

—— and R. Ruback（1983）"The Market for Corporate Control：The Scientific Evidence," *Journal of Financial Economics*, 11：5-50.

Johnson, J., C. Daily, and A. Ellstrand (1996) "Boards of Directors: A Review and Research Agenda," *Journal of Management*, 22: 409-438.

Kahan, M. and E. Rock (2007) "Hedge Funds in Corporate Governance and Corporate Control," *University of Pennsylvania. Law Review*, 155 (5): 1021-1093.

Kang, J. and A. Shivdasani (1995) "Firm Perfomance, Corporate Governance, and Top Executive Turnover in Japan," *Journal of Fiancial Economics*, 38 (1): 29-58.

Kang, J. and A. Shivdasani (1997) "Corporate Restructuring During Performance Declines in Japan," *Journal of Financial Economics*, 46 (1): 29-65.

Kang, J. and R. Stulz (1997) "Why Is There a Home Bias? An Analysis of Foreign Portfolio Equity Ownership in Japan," *Journal of Financial Economics*, 46 (1): 3-28.

Kaplan, S. (1994) "Top Executive Rewards and Firm Performance: A Comparison of Japan and the United States," *Journal of Political Economy*, 102 (3): 510-546.

—— (2008) "Are U.S. CEOs Overpaid?" *Academy of Management Perspectives*, 22 (2): 5-20.

—— and B. Minton (1994) "Appointment of Outsiders to Japanese Boards: Determinants and Implications for Managers," *Journal of Financial Economics*, 36 (2): 225-258.

—— and J. Rauh (2009) "Wall Street and Main Street: What Contributes to the Rise in the Highest Incomes?" *Review of Financial Studies*, 23 (3): 1004-1050.

Karpoff, J. (2001) "The Impact of Shareholder Activism on Target Companies: A Survey of Empirical Findings" (August 18, 2001) SSRN Working Paper.

Kester, W. (1997) "Governance, Contracting, and Investment Horizons: A Look at Japan and Germany," in D. H. Chew (ed.) *Studies in International Corporate Finance and Governance Systems*, Oxford University Press.

Khurana, R. (2004) *Searching for a Corporate Savior: Irrational Quest for Charismatic CEOs*, Princeton University Press. (橋本碩也・加護野忠男訳『カリスマ幻想——アメリカ型コーポレートガバナンスの限界』税務経理協会、2005年)

Khurana, R. and K. Pick (2005) "The Social Nature of Boards," *Brooklyn Law Review*, Vol. 70.

Klein, A. (1998) "Firm Performance and Board Committee Structure," *Journal of Law and Economics*, 41: 275-99.

—— and E. Zur (2009) "Entrepreneurial Shareholder Activism: Hedge Funds and Other Private Investors," *Journal of Finance*, 64 (1): 187-229.

Kor, Y., and V. Misangyi (2008) "Outside Diretors' Industry-Specific Experience and Firms' Liability of Newness," *Strategic Management Journal*, 29: 1345-1355.

Kraakman, R., H. Hansmann, and P. Davies (2004) *The Anatomy of Corporate Law: A Comparative and Functional Approach*, Oxford University Press (布井千博監訳『会社法の解剖学——比較法的 & 機能的アプローチ』レクシスネクシスジャパン、2009年)

Kurtz, L. (2012) "Stakeholder Analysis," in Baker, H. and J. Nofsinger (eds.) *Socially Responsible Finance and Investing: Financial Institutions, Corporations, Investors, and Activists*, John Wiley & Sons.

La Porta, R., F. Lopez-de-Silanes, and A. Shleifer (1999) "Corporate Ownership Around the World," *Journal of Finance*, 52 (2): 417-517.
La Porta, R., F. Lopez-de-Silanes, A. Shleifer, and R. Vishny (1997) "Legal Determinants of External Finance," *The Journal of Fiannce*, 52 (3): 1131-1150.
—— (1998) "Law and Finance," *Journal of Political Economy*, 106 (6): 1113-1155.
—— (2000) "Investor Protection and Corporate Governance," *Journal of Financial Economics*, 58 (1-2): 3-27.
Lazonick, W. and M. O'Sullivan (2000) "Maximizing Shareholder Value: A New Ideology for Corporate Governance," *Economy and Society*, 29 (1): 13-35.
Learmount, S. (2002) *Corporate Governance: What Can Be Learned from Japan?* Oxford University Press.
Leland, H. and D. Pyle (1977) "Informational Asymmetries, Financial Structure, and Financial Intermediation," *Journal of Finance*, 32 (2): 371-387.
Lev, B. and F. Gu (2016) *The End of Accounting and The Path Forward for Investors and Managers*, Wiley（伊藤邦雄監訳『会計の再生――21世紀の投資家・経営者のための対話革命』中央経済社、2018年）
Linck, J., J. Netter, and T. Yang (2008) "The Determinants of Board Structure," *Journal of Financial Economics*, 87 (2): 308-328.
Lintner, J. (1956) "Distribution of Incomes of Corporations Among Dividends, Retained Earnings, and Taxes," *The American Economic Review*, 46 (2): 97-113.
Lipton, M. and J. Lorsch (1992) "A Modest Proposal for Improved Corporate Governance," The *Business Lawyer*, 48 (1): 59-77.
Lorsch, J. (2017) "Understanding Boards of Directors: A Systems Perspective," *Annals of Corporate Governance*, 2 (1): 1-49.
—— and E. MacIver (1989) *Pawns and Potentates: The Reality of America's Corporate Boards*, HBS Press.
Mace, M. (1971) Directors: Myth and Reality, Division of Research, HBS Press.
Manne, H. (1965) "Mergers and the Market for Corporate Control," *Journal of Political Economy*, 73 (2): 110-120.
Marris, R. (1964) *The Economic Theory of Managerial Capitalism*, Free Press.
Mayer, C. (2013) *Firm Commitment*, Oxford University Press.
McNulty, T. and A. Pettigrew (1996) "The Contribution, Power and Influence of Part-time Board Members," *Corporate Governance*, 4 (3): 160-179.
Mehrotra, V., R. Morck, J. Shim, and Y. Wiwattanakantang (2013) "Adoptive Expectations: Rising sons in Japanese Family Firms," *Journal of Financial Economics*, 108 (3): 840-854.
Micklethwait, J. and A. Wooldridge (2003) *The Company*, Weidenfeld & Nicolson（鈴木泰雄訳、日置弘一郎、高尾義明監訳『株式会社』ランダムハウス講談社、2006年）
Moeller, S., F. Schlingemann, and R. Stulz (2005) "Wealth Destruction on a Massive Scale? A Study of Acquiring-Firm Returns in the Recent Merger Wave," *Journal of Finance*, 60 (2): 757-782.

Morck, R. and M. Nakamura (1999) "Banks and Corporate Control in Japan," *Journal of Finance*, 54 (1): 319-339.

Morck, R., A. Shleifer, and R. Vishny (1988) "Management Ownership and Market Valuation: An Empirical Analysis," *Journal Financial Economics*, 20: 293-315.

Nguyen, B. and K. Nielsen (2010) "The Value of Independent Directors: Evidence from Sudden Deaths," *Journal of Financial Economics*, 98 (3): 550-567.

OECD (2015) *G20/OECD Principles of Corporate Governance: OECD Report to G20 Finance Ministers and Central Bank Governors*, OECD.

Olcott, G. (2009) *Conflict and Change: Foreign Ownership and the Japanese Firm*, Cambridge University Press.

O'Sullivan, M. (2000) *Contests for Corporate Control: Corporate Governance and Economic Performance in the United States and Germany*, Oxford University Press.

Palepu, K. (1986) "Predicting Takeover Targets: A Methodological and Empirical Analysis," *Journal of Accounting and Economics*, 8 (1): 3-35.

Perry, T. and M. Zenner (2000) "CEO Compensation in the 1990s: Shareholder Alginment or Shareholder Expropriation?" *Wake Forest Law Review*, 35: 123-152.

Pfeffer, J. and G. Salancik (1978) *The External Control of Organizations: A Resource Dependence Perspective*, Harper and Row.

Pierce, J., S. Rubenfeld, and S. Morgan (1991) "Employee Ownership: A Conceptual Model of Process and Effects," *Academy of Management Review*, 16 (1): 121-144.

Porter, M. (1992) "Capital Disadvantage: America's Failing Capital Investment System," *Harvard Business Review*, September/October 1992: 65-83.

—— and M. Kramer (2011) "Creating Shared Value: How to Reinvent Capitalism—and Unleash a Wave of Innovation and Growth," *Harvard Business Review*, January-February 2011: 2-17.

Prowse, S. (1990) "Institutional Investment Pattern and Corporate Financial Behavior in the United States and Japan," *Journal of Financial Economics*, 27 (1): 43-66.

Pugliese, A., P. Bezemer, A. Zattoni, M. Huse, F. Bosch, and H. Volberda (2009) "Boards of Directors' Contribution to Strategy: A Literature Review and Research Agenda," *Corporate Governance: An International Review*, 17 (3): 292–306.

Rajan, R. and L. Zingales (1998) "Power in a Theory of the Firm," *The Quarterly Journal of Economics*, 113 (2): 387-432.

Romano, R. (2001) "Less is More: Making Institutional Investor Activism a Valuable Mechanism of Corporate Governance," *Yale Journal on Regulation*, 18 (2): 174-251.

Roper, J. (2012) "Stakeholder Engagement: Concepts, Practices and Complexities,"（企業と社会フォーラム編『持続可能な発展とマルチ・ステイクホルダー』千倉書房）

Rosenstein, S. and J. Wyatt (1990) "Outside Directors, Board Independence, and Shareholder Wealth," *Journal of Financial Economics*, 26 (2): 175-191.

Saito, T. (2008) "Family Firms and Firm Performance: Evidence from Japan," *Journal of the Japanese and International Economies*, 22 (4): 620-646.

Sanders, W. and M. Carpenter (1998) "Internationalization and Firm Governance: The

Roles of CEO Compensation, Top Team Composition, and Board Structure," *Academy of Management Journal*, 41：158-178.
Scharfstein, D. (1988) "The Disciplinary Role of Takeovers," *Review of Economic Studies*, 55（2）：185-199.
Sheard, P. (1994) "Main Banks and the Governance of Financial Distress," in M. Aoki and H. Patrick (eds.) *The Japanese Main Bank System：Its Relevance for Developing and Transforming Ecoonomics*, Oxford University Press.
Shivdasani, A. and D. Yermack (1999) "CEO Involvement in the Selection of New Board Members：An Empirical Analysis," *Journal of Finance*, 54（5）：1829-1854.
Shleifer, A. and R. Vishny (1986) "Large Shareholders and Corporate Control," *Journal of Political Economy*, 94：461-488.
—— (1997) "A Survey of Corporate Governance," *Journal of Finance*, 52（2）：737-787.
Simon, B. (1947) *Administrative Behavior*, Macmillan.（二村敏子他訳『新版　経営行動』ダイヤモンド社、2009年）
Smith, A. (1838) *The Wealth of Nations*, Ward Lock, 586.（大河内一男監訳『国富論』中央公論社、1976年）
Smith, C. and B. Warner (1979) "On Financial Contracting：An Analysis of Bond Covenants," *Journal of Financial Economics*, 7（2）：117-161.
Spamann, H. (2010) "The 'Antidirector Rights Index' Revisited,' *Review of Financial Studies,* 23（2）：467-486.
Stewart, G. (2001) *The Quest for Value*, Harper Collines Publishers（日興リサーチセンター／河田剛、長掛良介、須藤亜里訳『EVA創造の経営』東洋経済新報社、1998年）
Stout, L. (2012) *The Shareholder Myth*, Berrett-Koehler Publishers, Inc.
Tirole, J. (2001) "Corporate Governance," *Econometrica*, 69（1）：1-35.
—— (2005) *The Theory of Corporate Finance*, Princeton University Press.
Uchida, K. (2011) "Does Corporate Board Downsizing Increase Shareholder Value? Evidence from Japan," *International Review of Economics & Finance*, 20（4）：562-573.
Vives, X. (ed.) (2000) *Corporate Governance：Theoretical & Empirical Perspectives*, Cambridge University Press.
Wahal, S. (1996) "Pension Fund Activism and Firm Performance," *Journal of Financial and Quantitative Analysis*, 31（1）：1-23.
Weinstein, D. and Y. Yafeh (1998) "On the Costs of a Bank-Centered Financial System：Evidence from the Changing Main Bank Relations in Japan," *Journal of Finance*, 53（2）：635-672.
Weisbach, M. (1988) "Outside Directors and CEO Turnover," *Journal of Financial Economics*, 20：431-460.
Westphal, J. and E. Zajac (1995) "Who Shall Govern - CEO/Board Power, Demographic Similarity, and New Director Selection," *Administrative Science Quarterly*, 40（1）：60-83.
Williamson, O. (1985) *The Economic Institutions of Capitalism：Firms, Markets, Relational Contracting*, Free Press.

Winter, J. (2011) "Shareholder Engagement and Stewardship : the Realities and Illusions of Institutional Share Ownership," Available at SSRN : https://ssrn.com/abstract=1867564

Wright, M., D. Siegel, K. Keasy, and I. Filatotchev (eds.) *The Oxford Handbook of Corporate Governance*, Oxford University Press.

Yan, X. and Z. Zhang (2009) "Institutional Investors and Equity Returns : Are Short-term Institutions Better Informed?" *The Review of Financial Studies*, 22 (2) : 893–924.

—— (1996) "Higher market valuation of companies with a small board of directors," *Journal of Financial Economics*, 40 (2) : 185-211.

Yermack, D. (1997) "Good Timing : CEO Stock Option Awards and Company News Announcements," *Journal of Finance*, 52 (2) : 449-476.

Yoshikawa, T. and A. Rasheed (2009) "Convergence of Corporate Governance : Critical Review and Future Directions," *Corporate Governance*, 17 (3) : 388-404.

Zahra, S. and J. Pearce (1989) "Boards of Directors and Corporate Financial Performance : A Review and Integrative Model," *Journal of Management*, 15 : 291-334.

Zajac, E. and J. Westphal (1996) "Who Shall Succeed? How CEO Board Preferences and Power Affect the Choice of New CEOs," *Academy of Management Journal*, 39 (1) : 64-90.

Zingales, L. (1998) "Corporate Governance" in Peter Newman (ed.) *The New Palgrave Dictionary of Economics and the Law*, Stockton Press, pp. 497-503.

【著者紹介】
江川雅子（えがわ・まさこ）
学校法人成蹊学園学園長、東京大学経済学部非常勤講師及び金融教育研究センター招聘研究員、東京海上ホールディングス社外取締役、三井物産社外取締役、日本証券業協会副会長・自主規制会議議長
ニューヨーク及び東京で外資系投資銀行に勤務の後、ハーバード・ビジネス・スクール日本リサーチ・センター長を経て、東京大学理事として大学経営に携わる。一橋大学大学院経営管理研究科教授等を経て2022年より現職。税制調査会、財政制度等審議会、財務省政策評価懇談会、日米文化教育交流会議ほかの委員、世界経済フォーラムのGlobal Agenda Council メンバーを歴任。東京大学教養学部卒業。ハーバード・ビジネス・スクール修了（MBA）。一橋大学大学院商学研究科博士課程修了、商学博士。
主な著書に『株主を重視しない経営』（日本経済新聞出版社）『ケース・スタディ日本企業事例集』（ダイヤモンド社、共著）『世界で働くプロフェッショナルが語る—東大のグローバル人材講義』（東京大学出版会、共編）『「6つの壁」を超える力』（KADOKAWA）などがある。

現代コーポレートガバナンス

2018年11月22日　1版1刷
2023年5月2日　　3刷

著　者　　江川雅子
　　　　　© Masako Egawa, 2018

発行者　　國分正哉

発　行　　株式会社日経BP
　　　　　日本経済新聞出版

発　売　　株式会社日経BPマーケティング
　　　　　〒105-8308　東京都港区虎ノ門4-3-12

装丁・新井大輔
印刷／製本・中央精版印刷
DTP・マーリンクレイン
ISBN978-4-532-13489-1

本書の無断複写・複製（コピー等）は著作権法上の例外を除き、禁じられています。購入者以外の第三者による電子データ化および電子書籍化は、私的使用を含め一切認められておりません。
本書籍に関するお問い合わせ、ご連絡は下記にて承ります。
https://nkbp.jp/booksQA

Printed in Japan

マネジメント・テキストシリーズ！

生産マネジメント入門（I）
──生産システム編──

生産マネジメント入門（II）
──生産資源・技術管理編──

藤本隆宏［著］／各巻本体価格 2800 円

イノベーション・マネジメント入門（第2版）

一橋大学イノベーション研究センター［編］／本体価格 3600 円

人事管理入門（第3版）

今野浩一郎・佐藤博樹［著］／本体価格 3000 円

グローバル経営入門

浅川和宏［著］／本体価格 2800 円

MOT［技術経営］入門

延岡健太郎［著］／本体価格 3000 円

マーケティング入門

小川孔輔［著］／本体価格 3800 円

ベンチャーマネジメント［事業創造］入門

長谷川博和［著］／本体価格 3000 円

経営戦略入門

網倉久永・新宅純二郎［著］／本体価格 3400 円

ビジネスエシックス［企業倫理］

髙 巖［著］／本体価格 4500 円